Beatrix Hajós · **Die Schönbrunner Schloßgärten**

Beatrix Hajós

Die Schönbrunner Schloßgärten

Eine topographische Kulturgeschichte

BÖHLAU VERLAG WIEN · KÖLN · WEIMAR

Gedruckt mit Unterstützung durch
das Bundesministerium für Wissenschaft,
Forschung und Kunst,
die Heilmittelfirma MADAUS und
das Kulturamt der Stadt Wien

Die Deutsche Bibliothek – CIP-Einheitsaufnahme

Hajós, Beatrix:
Die Schönbrunner Schloßgärten : eine topographische
Kulturgeschichte / Beatrix Hajós. – Wien ; Köln ; Weimar :
Böhlau, 1995
ISBN 3-205-98423-4

Gedruckt auf umweltfreundlichem, chlor- und säurefreiem Papier

Satz: Vogel Medien GmbH, Korneuburg
Druck: Manz, A-1050 Wien

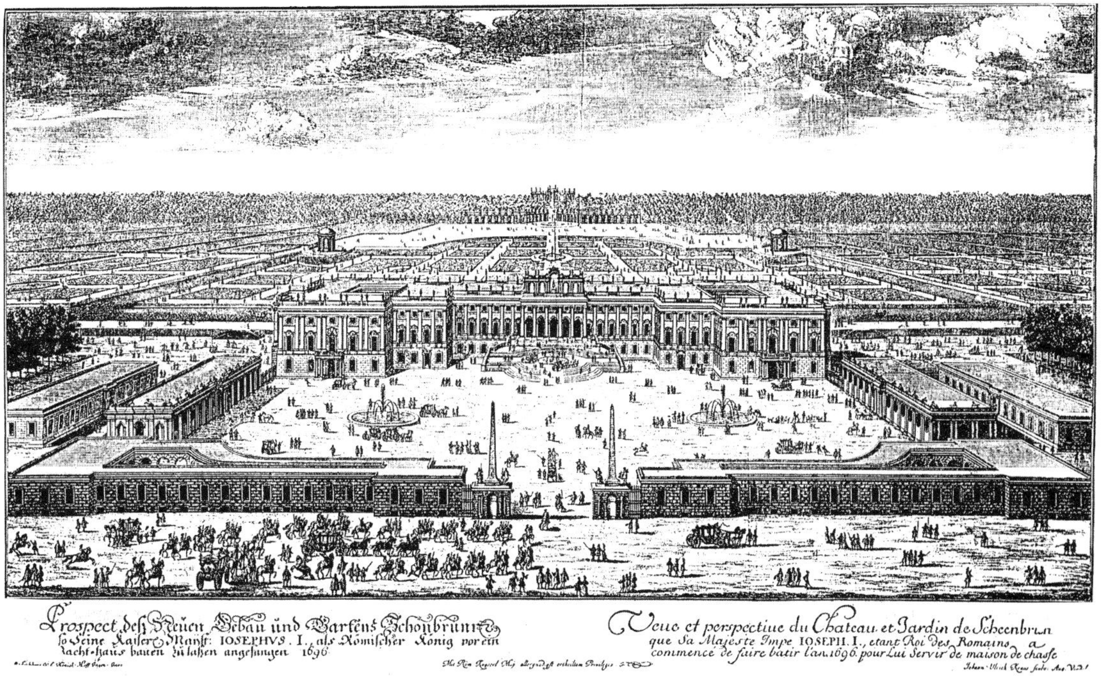

Abb. 1 Das zweite Projekt zu Schönbrunn von Johann Bernhard Fischer von Erlach 1696

Inhalt

Vorwort 8

Vorbemerkung 10

Teil I. Bedeutung und geschichtliche Entwicklung 13
Der geometrische Garten 15
Lage und Struktur 16
Die Entwicklungsphasen 19
– Der Jagdpark und die Katterburg (19) – Trehets Garten (21)
– Rokoko aus Lothringen (25) – Römischer Kaisermythos (29)
– Kaisergarten und städtischer Park (34) – Schönbrunn und die Republik (37)

Teil II. Die Schönbrunner Gartenbereiche 45

Kapitel 1.
Der Ehrenhof 47
– Ereignisse und Feste(50)

Kapitel 2.
Die Meidlinger Kammergärten 53
– Der Kronprinzengarten (53) – Der Garten „Am Keller“ (53) – Der Reservegarten (56)
– Kaiserliches Privatleben (59)

Kapitel 3.
Die Hietzinger Kammergärten 61
– Der eigentliche Kammergarten (61) – Der große Kastaniensaal (64) – Der ovale und der runde Kastaniensaal (66) – Der Reitschulgarten (66) – Rendezvous und Pferde (68)

Kapitel 4.
Die Große Orangerie 69
– Die Schönbrunner Orangerien (67) – „Ein blühender Wintersaal“ (75)

Kapitel 5.
Das Große Parterre und der Schönbrunner Berg 79
– Die Festlegung der Breite des Parterres 1695 (79) – Die Verlängerung des Parterres bis zum Schönbrunner Berg um 1750–1755 (81) – Die Umgestaltung des Parterres und der Ausbau des Schönbrunner Berges um 1770–1780 (84) – Das 19. und das 20. Jahrhundert (92) – Neptunbrunnen (92) – Gloriette und Kleine Gloriette (96) – Illuminationen, Feuerwerke und Pirutschaden (100)

Kapitel 6.
Die Statuenserie – Mythologie und antike Geschichte 105
– Die Entstehung 1773–1780 (105) – Die Figuren des Großen Parterres (108) – Die übrigen Figuren in den verschiedenen Bosketten (137)

Kapitel 7.
Die Alleen 139
– Die Entstehung des Alleensystems (141) – Der Aufbau der Alleen (142) – Die beiden Najadenbrunnen (146)

Kapitel 8.
Die Boskette und die Parkbauten der Meidlinger und der Hietzinger Parkhälfte 147
– Das Boskett „Bei der Kaiserfigur“ (148) – Die Meidlinger Vertiefung (154) – Meidlinger und Hietzinger Lindenwäldchen (155) – Das Rosenwäldchen (156) – Taubenhausanlage (156) – Schöner Brunnen und Engelbrunnen (157) – Das Fichtenwäldchen (163) – Der Obeliskbrunnen (163) – Die Ruine (166) – Das Boskett „Beim Fischbassin“ (170) – Hietzinger Vertiefung, Hietzinger Kobel, Großer und Kleiner Buchengang (170) – Das Kleeblatt (173) – Der ehemalige Irrgarten (173) – Der Schlangenweg (175) – Das Rosarium (175) – Die Boskette um das Rosarium (176) – Der Fächer (178) – Der Sequoienstern (179)

Kapitel 9.
Kaiserstöckl, Postwiese, Dreieckwiese 180

Kapitel 10.
Der Botanische Garten 183
– Der Holländische Garten (183) – Die Expeditionen (186) – Die Erweiterungen des Holländischen Gartens (190) – Heinrich Schott und die Umgestaltung in einen Landschaftsgarten (194) – Das Große Palmenhaus und die umgebenden Anlagen (196) – Die Zeit der Republik (200)

Kapitel 11.
Der Tiergarten 202
– Die Gründung der Menagerie (202) – Der Mittelpavillon (204) – Der Kleine Fasangarten (205) – Die Tierbestände (205) – Die Ära Kraus um 1900 (208) – Die Zeit der Republik (208) – Die Menagerie und ihre Besucher (210)

Kapitel 12.
Der Tirolergarten 211

Stammtafel des Hauses Österreich 216
Verzeichnis der Abbildungen 217
Verzeichnis der Farbtafeln 221
Literaturverzeichnis 222
Register der Personen und mythologischen Gestalten 226

Vorwort

Schloß und Park von Schönbrunn wurden 1995 von der Republik Österreich für die Aufnahme in die World-Heritage-Liste nominiert. Die damit untermauerte Verpflichtung Österreichs, seine bedeutendste Schloßanlage als herausragendstes Gesamtkunstwerk des Barock in seiner überlieferten Erscheinung zu bewahren, erfordert entsprechende denkmalpflegerische Strategien. Dies um so mehr, als es dabei auch darum geht, die seit Jahrzehnten gegebene Situation wahrzunehmen, daß der bedeutende imperiale Komplex auch im Mittelpunkt eines immer intensiveren Kulturtourismus steht, mit allen damit verbundenen positiven, aber auch problematischen Seiten, denen es mit neuen, darauf abgestellten funktionellen Konzepten zu begegnen gilt.

Ein integrativer Teil der Erhaltung des historischen Erbes ist dessen Erforschung. Die Tatsache, daß die kunsthistorische Auseinandersetzung mit Schönbrunn bisher in erster Linie auf den zentralen Schloßbau mit seiner Ausstattung und Einrichtung konzentriert war, ließ den Blick aufs Ganze und insbesondere auch die Beschäftigung mit der Geschichte der Schloßgärten etwas in den Hintergrund treten. In den letzten Jahren ist nun auf breiter Basis eine erfreuliche Entwicklung festzustellen, daß dem Thema des historischen Gartens sowohl von der Forschung als auch von der Öffentlichkeit neues Interesse und Augenmerk entgegengebracht wird. Damit wird auch in Schönbrunn jener Bereich der Schloßanlage, wo im architektonischen Konzept und in der künstlerischen Gestaltung auch „lebende" Teile und Elemente wie Bäume, Hecken, Wiesen, Sträucher, Blumen etc. miteinbezogen sind, in seiner Bedeutung wahrgenommen und als ein gleichwertiger Aspekt des Gesamtzusammenhanges, den es in diesem Zusammenhang verständlich zu machen gilt, gewürdigt. Dafür ist das Wissen um die historischen Konzepte, die den Schloßgärten mit ihren Baulichkeiten zugrunde liegen, eine unabdingbare Voraussetzung. Dasselbe gilt auch für alle Veränderungen, die den uns überlieferten, gewachsenen Zustand der Parkanlagen von Schönbrunn heute prägen. Auch wenn für die Denkmalpflege im aktuellen Verständnis ihres Auftrages in erster Linie die Bewahrung und Pflege des Überlieferten im Vordergrund steht, ist auch die Restaurierung fallweise ein wichtiger, mitzuberücksichtigender Aspekt dieses Auftrages, weil die Präsentation der geschichtlichen, künstlerischen und kulturellen Bedeutung eines solchen Zusammenhanges immer wieder auch restauratorische Maßnahmen notwendig macht. Dies gilt insbesondere für jene Teile des Gesamtkunstwerkes, die als lebende Elemente in besonderem Maß der Vergänglichkeit und der Veränderung unterworfen sind und daher in besonderem Maß derartiger Eingriffe bedürfen.

Es ist eine bekannte Tatsache, daß der Erfolg denkmalpflegerischer Maßnahmen ganz wesentlich davon abhängig ist, wie weit und fundiert diese durch wissenschaftliche Untersuchungen vorbereitet und begleitet sind. Die vorliegende, lange Jahre eingehender Beschäftigung mit dem Thema resümierende Studie von Beatrix Hajós über die Schönbrunner Schloßgärten ist daher nicht nur ein interessantes Kapitel kunsthistorischer Forschung über die größte und bedeutendste historische Gartenanlage Österreichs, ihre Ergebnisse sind auch eine wichtige Grundlage für die künftige denkmalpflegerische Auseinandersetzung mit Schönbrunn als eines unter dem Blickwinkel eines unteilbaren Ganzen wahrzunehmenden geschichtlichen, künstlerischen und kulturellen Gesamtzusammenhanges von europäischem Rang.

Wien, im September 1995

Univ.-Doz. Dr. Ernst Bacher
Generalkonservator des Bundesdenkmalamtes

Vorbemerkung der Autorin

Die Schönbrunner Gärten, einst kaiserlicher Jagdgarten, dann Sommerresidenz und seit dem 19. Jahrhundert zunehmend städtischer Erholungsraum, waren immer untrennbar mit der Schloßarchitektur verbunden, deren festliche Innenräume im streng geometrisch gestalteten Park als „grüne Architektur" ins Freie erweitert wurden.

Das Schloß, als historischer Schauplatz von Größe und Ende der Habsburgermonarchie, ist heute einer der wichtigsten Anziehungspunkte Wiens. Der Park wird als städtischer Erholungs- und Grünraum intensiv genutzt, doch seine kulturelle Bedeutung, die der des Schlosses nicht nachsteht, wird heute kaum noch verstanden und deshalb wenig geschätzt.

Das letzte fundierte Buch, das allein den Gärten gewidmet war, wurde 1923 von Ernst Moritz Kronfeld verfaßt. Die Autorin dieser Publikation – schon seit vielen Jahren mit dieser Anlage befaßt – versucht hier anzuschließen und die Schönbrunner Gärten als eigenständige Leistung der Kunst- und Kulturgeschichte, die dem Schloß gleichwertig gegenüberzustellen ist, nach topographischen Einheiten gegliedert zu würdigen.

Die Grundlage dieser Arbeit waren die drei Bände im Rahmen des Parkpflegewerkes zu Schönbrunn, die die Autorin im Auftrag des Bundesdenkmalamtes zwischen 1990 und 1995 erstellt hat. Diese umfassen in Manuskriptform „Die kunstgeschichtliche Entwicklung der Schönbrunner Gartenbereiche", einen Katalog der alten Pläne und einen Katalog der alten Ansichten zur gesamten Gartenanlage.

Bei der Fertigstellung des Parkpflegewerkes, dessen erwähnte Teile zu diesem Buch geführt haben, leisteten mehrere Institutionen und Personen eine wichtige Hilfe, die hier mit einem Dankeswort erwähnt werden sollten.

An erster Stelle soll die ausgezeichnete Zusammenarbeit mit der zweiten Autorin des Parkpflegewerkes, Frau Dipl.-Ing. Brigitte Mang, die die Bestandsaufnahme und -beurteilung der gegenwärtigen Anlage verfaßt hat, hervorgehoben werden.

An zweiter Stelle möchte die Autorin die Verwaltung der Bundesgärten mit ihrem Direktor, Herrn Hofrat Dr. Peter Fischer-Colbrie und mit den in Schönbrunn verantwortlichen Herren Ing. Otto Rinnerbauer und Ing. Günther Hannes erwähnen, die nicht nur die Sichtung des Planarchivs ermöglicht, sondern auch viele Anregungen zu dieser oft mühsamen Arbeit gegeben haben.

Die Idee dieses Buches geht z. T. auch auf die Kultur- und Betriebsgesellschaft Schönbrunn mit ihrem Leiter Herrn Dipl.-Ing. Wolfgang Kippes zurück, die die Autorin mit einem Spezialführer für Schulen beauftragt hat und immer wieder die Notwendigkeit eines sachlichen Gartenführers mit reichem historischen Informationsmaterial betonte.

Bei der Bearbeitung der wichtigen Pläne des 18. Jahrhunderts in der Sammlung für Architekturzeichnungen der Wiener Albertina war Herr Univ.-Doz. Dr. Richard Bösel behilflich.

Wertvolle Hinweise zur jüngeren Geschichte des Parks gab der Autorin Herr Ing. Franz Weber, der die Schönbrunner Parkanlage seit dem Zweiten Weltkrieg besonders gut kennt.

Im Österreichischen Bildarchiv half Frau Dr. Brigitta Zessner-Spitzenberg und im Österreichischen Staatsarchiv gab Frau Dr. Elisabeth Springer wichtige Ratschläge.

Schließlich möchte die Autorin ihrem Mann, Herrn Univ.-Doz. Dr. Géza Hajós, danken, der nicht nur in zahlreichen Fachgesprächen dieses Thema unterstützt, sondern auch die mühsame Arbeit der Redaktion auf sich genommen hat, sowie dem Böhlau Verlag, seinem Leiter, Dr. Peter Rauch, Frau Prokuristin Ulrike Dietmayer und vielen Mitarbeitern, daß sie dieses Buchprojekt gerne aufgenommen und mitgestaltet haben.

„Sehr verschieden sind diese beiden Gärten in fast allen ihren Teilen; wer das Großartige, das Kaiserliche, das Symmetrische, die bestimmten Formen liebt, den wird Schönbrunn mehr ansprechen als Laxenburg; für den, der das Abwechselnde, das Freundliche, das Wasser, die Natur selbst vorzieht, hat Laxenburg mehr Reiz. Ich jedoch werde immer Schönbrunn höher schätzen als Laxenburg. Diese breiten, hellen und doch Schatten gewährenden Alleen, das ausgedehnte, mit so frischem grünem Wasen geschmückte Parterre haben für mich viel mehr Anziehendes als die engen, von dichtem Gehölz umgebenen, feuchten Gänge Laxenburgs.“

Aus dem Schulheft des dreizehnjährigen späteren Kaisers Franz Joseph. „Vergleichung zwischen dem Garten von Schönbrunn und jenem von Laxenburg“, 17. August 1843.

TEIL I.

Bedeutung und geschichtliche Entwicklung

Abb. 2 Entwurf für das Große Parterre und die angrenzenden Boskette, mit den in Bleistiftlinien angedeuteten ersten Überlegungen für die Diagonalalleen

Der geometrische Garten

Ein geometrischer Garten wie der von Schönbrunn, mit langen geraden Alleen und beschnittenen Bäumen, erschien späteren Generationen oft als eine Vergewaltigung der Natur. Nach den Vorstellungen ihrer Entstehungszeit sind solche Gärten aber das Abbild einer idealen Welt. Schon im Mittelalter und noch bis ins 18. Jahrhundert sah man in der Geometrie die Grundlage aller Wissenschaften. Kreis und Quadrat galten als elementare Formen des Weltgebäudes. Man dachte sogar, daß Gott die Welt in geometrischen Formen geschaffen habe und daß die unregelmäßige Gestalt der Natur (z. B. schroffe Berge) eine Folge des Sündenfalls sei. Man stellte sich daher auch das Paradies geometrisch angelegt vor.

Der geometrische Garten wurde als Darstellung der gottgewollten Ordnung des Kosmos verstanden und diesem System mußte sich auch die einzelne Pflanze unterordnen, ebenso wie sich das menschliche Individuum den Gesetzen des Staates und der Religion, die ja lange Zeit als gottgewollt angesehen wurden, einzufügen hatte. Sehr deutlich wird dies in der Gärtnerszene in Shakespeares „Richard II." ausgesprochen, wo der Garten zu einer Allegorie des Staates wird:

> „Geh Du und hau als Diener des Gerichts
> zu schnell gewachsner Sprossen Häupter ab,
> die allzu hoch stehn im gemeinen Wesen;
> in unserm Staat muß alles eben sein. . ."

Im barocken Garten ist diese geometrische Ordnung meist auf ein Zentrum (das Schloß) ausgerichtet; von hier aus überblickt und beherrscht der Fürst sein Gartenreich, welches so zu einem Sinnbild absolutistischer Macht wird. Dieser Aspekt kann von der Schönbrunner Schloßterrasse sehr anschaulich erlebt werden.

Solchen Vorstellungen wurde, beginnend mit den Gärten von William Kent in England, ein neues Naturideal entgegengehalten, wo man Mannigfaltigkeit, Unregelmäßigkeit und die Individualität der einzelnen Pflanze schätzte und man damit auch das Ideal einer liberaleren Gesellschaftsordnung vertrat, die der Entwicklung des Einzelnen mehr Freiraum geben sollte.

Diese englische Gartenauffassung findet man in Schönbrunn nur ganz am Rande, im Bereich von Postwiese und Dreieckwiese, im Botanischen Garten und im ehemaligen Tirolergarten.

Lage und Struktur

Schloß und Park Schönbrunn liegen im Tal des Wienflusses zwischen den Wiener Gemeindebezirken Meidling im Osten und Hietzing im Westen. Die nördliche Grenze bildet der Wienfluß, der heute zum Teil überdeckt ist. Hinter dem nahe am Wienfluß gelegenen Schloß erstreckt sich der ebene Teil des Parks bis zu einem Bergrücken im Süden, der etwa 60 Meter hoch ist und vom Gebäude der Gloriette bekrönt wird. Die ost-westliche Ausdehnung des Parks zwischen Meidling und Hietzing beträgt etwa 1,2 Kilometer, die nord-südliche vom Ehrenhofgitter bis zur Gloriette etwa 1 Kilometer.

Die wesentlichen Strukturelemente des Parks sind das Große Parterre südlich des Schlosses, das sich den Berghang empor in einer breiten Waldschneise bis zur Gloriette fortsetzt und die beiden flankierenden großen Boskettbereiche östlich und westlich davon. Sie sind gegliedert durch ein sternförmiges Alleensystem mit je einem Kreuzungspunkt im Meidlinger und im Hietzinger Boskettbereich. Dieses System wird auch am bewaldeten Berghang weitergeführt. Dazu kommen noch die Kammergärten an den beiden Seitenfassaden des Schlosses, sowie die Orangerie.

Ein eigener Bereich im westlichen Teil des Parks umfaßt den Tiergarten und den Botanischen Garten.

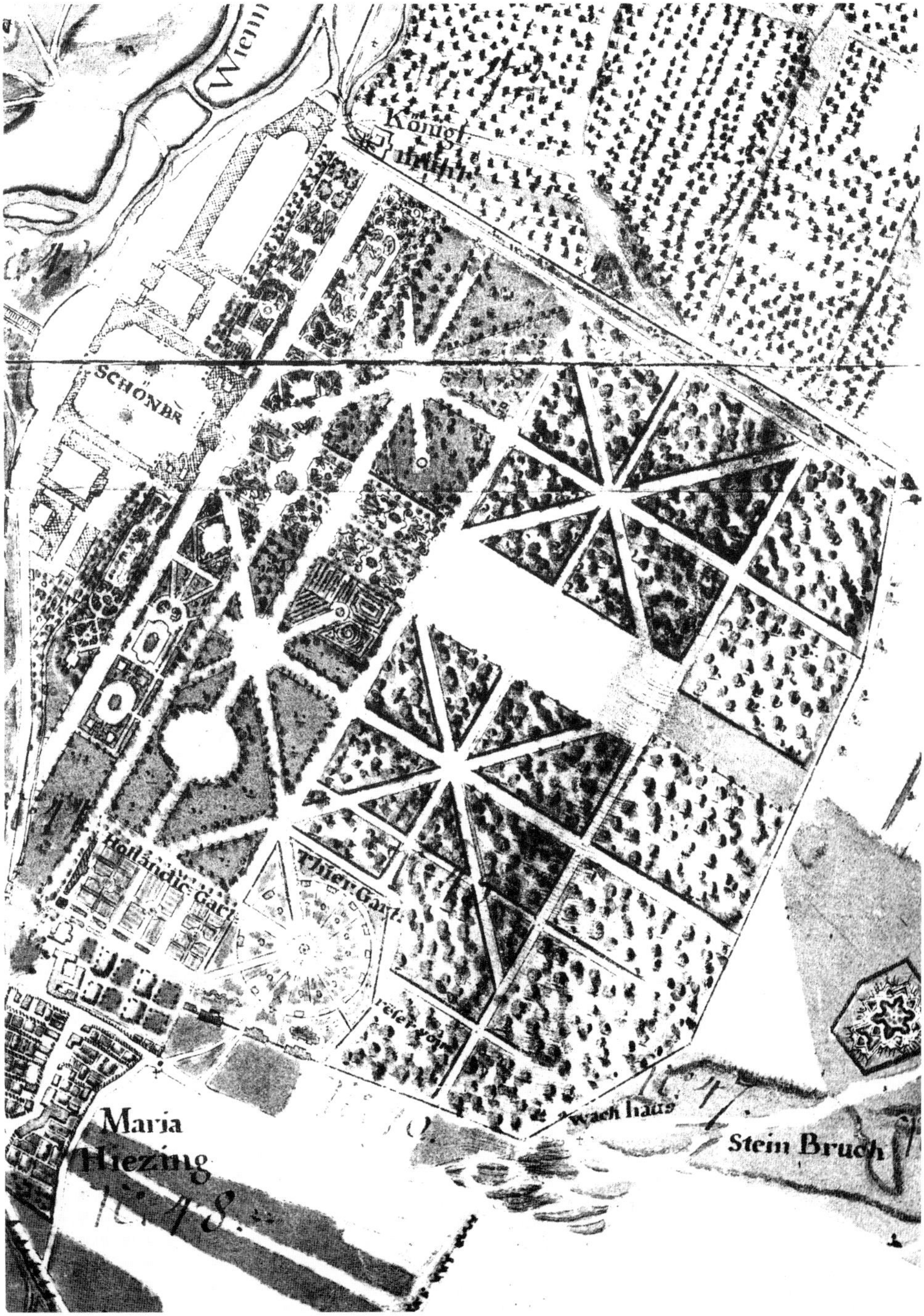

Abb. 3 „Carte des Environs de Schönbrunn . . .“ 1754/55 von Jean Brequin de Demange (Ausschnitt)

Abb. 4 G. M. Vischer, Der kaiserliche Lust- und Tiergarten Schönbrunn, 1672

Die Entwicklungsphasen

Der Jagdpark und die Katterburg

In der Mitte des 16. Jahrhunderts gehörte ein Großteil des heutigen Parkgeländes zum Grundbesitz der Katterburg, einem Anwesen mit einer Mühle am Wienfluß, das sich im Besitz des Stiftes Klosterneuburg befand.

1569 kaufte Kaiser Maximilian II. das Anwesen und ließ den Großteil des Geländes als Tiergarten für Jagdwild und die Haltung von Fasanen mit einem etwa 4,3 Kilometer langen Zaun einfrieden, welcher bald danach durch eine Mauer ersetzt wurde. Neben dem Tiergarten existierte auch ein sorgfältig gepflegter Lustgarten, über den man aber nichts Näheres weiß.

Der Sage nach soll Kaiser Matthias um 1600 auf der Jagd jene Quelle entdeckt haben, die seither wegen ihres guten Wassers geschätzt wird. Sie wurde bald danach gefaßt und mit einer Brunnenfigur geschmückt. Nach diesem „Schönen Brunnen" wurde erstmals 1642 die gesamte Anlage mit dem Namen „Schönbrunn" bezeichnet.

Nach 1637 diente die Katterburg nacheinander zwei Kaiserinnen als Witwensitz. 1637–1655 lebte hier die Kaiserinwitwe Eleonora Gonzaga, die zweite Gemahlin Ferdinand II., welche 1642/43 die Katterburg zu einem Schlößchen mit 16 Fensterachsen in „italienischer Manier" ausbauen ließ. Nahe dem Schloß bestand weiterhin ein anspruchsvoller Lustgarten. Dort „waren schöne lange Gänge mit spanischen Wänden von wilden gemeinen Bäumen und untermengtem spanischen Hollunder (= Flieder). In dem einen Gange stunden über 100 Kübel mit Welschen (= südländischen) Bäumen und Gewächsen; Ferner ein sehr langer, doch etwas enger Gang, darinnen man Palmaille (= ein Schlagballspiel) zu spielen pflegt . . ."

Über den „Schönen Brunnen" wird berichtet, daß er „mit 4 großen Linden besetzet, und mit einem hölzernen Gatter verschlossen, auch sonsten die Quelle gar schön gefasset war, welche einem Bilde von Marmel (= Marmor) zu zweyen Brüsten herausser liefe."

Nach dem Tod der Eleonora von Gonzaga ging Schönbrunn 1655 in den Besitz der dritten Gemahlin Ferdinand III., Eleonora von Mantua (1630–1686) über, mit dem gleichen Recht auf lebenslängliche Nutznießung. 1664/65 wird die Tiergartenmauer repariert und die Kreuzwegstationen mit den Bildern von Pietro Tencalla an der nördlichen Einfriedungsmauer parallel zum Wienfluß errichtet, an der Straße, die zur Wallfahrtskirche Maria Hietzing führte. Die Nähe dieser Wallfahrtskirche war für beide Kaiserinnen, die sich durch große Frömmigkeit auszeichneten, sehr wichtig, ebenso wie später auch für Maria Theresia.

Aus dem Jahr 1669 gibt es einen Hinweis, daß in Schönbrunn Orangen gezüchtet wurden; die Verwalterin Maria Lisbeta Frickin bat damals um die Anfertigung von 24 „Pomeranzen Khübel(n)".

In der Zeit der Eleonora von Mantua, die nicht nur leidenschaftlich religiös, sondern auch literarisch und musikalisch hochgebildet war und der die Kirche genausoviel verdankte, wie die Mode, die Jagd und das Ballett, war Schönbrunn der Schauplatz prunkvoller höfischer Feste und aufwendiger Theateraufführungen. Von Schönbrunn hielt Eleonoras Stiefsohn Leopold I. nach der Kaiserkrönung in Frankfurt am 1. Oktober 1658 seinen feierlichen Einzug in Wien.

Den Zustand der Anlage im Jahr 1672 zeigt eine Ansicht in Georg Matthäus Vischers Topographie von Niederösterreich (Abb. 4). Im Vordergrund erkennt man den Wienfluß und die breite Landstraße, dahinter die Gartenmauer mit einem prächtigen Portal und einer Reihe von Kreuzwegstationen. Die Bäume hinter der Mauer gehörten wahrscheinlich zu einer Allee, die von Hietzing zum Schloß führte. Bei den Gebäuden lassen sich deutlich die alte Katterburg und der 16achsige Neubau der Eleonora Gonzaga unterscheiden. Die Gartenmauer reicht bis auf die Anhöhe des Schönbrunner Berges und zeigt damit den damaligen Umfang der Anlage.

Im Sommer 1683, bei der Belagerung Wiens durch die Türken, wurden der Tiergarten und das Schlößchen schwer verwüstet. Archäologische Grabungen, die vom Bundesdenkmalamt im Herbst 1994 begonnen wurden, haben ergeben, daß die Fundamente der Katterburg unter dem Mittelrisalit des heutigen Schlosses liegen.

Von den damaligen Gärten existieren einige wenige schriftliche Quellenangaben, im heutigen Bestand findet man aber keinerlei Spuren mehr von ihnen.

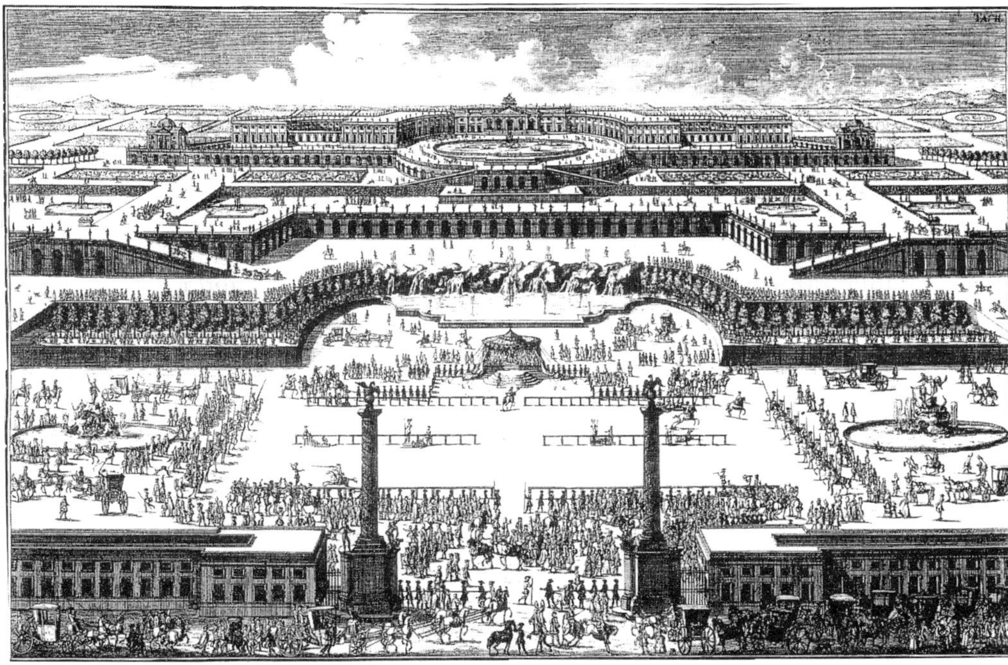

Abb. 5 Das erste Projekt zu Schönbrunn von Johann Bernhard Fischer von Erlach um 1690

Trehets Garten

Einige Jahre nach der Zerstörung der Katterburg entschloß sich Kaiser Leopold I. zu einem vollständigen Neubeginn. Er beauftragte den Architekten Johann Bernhard Fischer von Erlach (1656–1723), hier ein repräsentatives Schloß zu planen. Das erste von Fischer um 1790 präsentierte Projekt war von solcher Pracht und Weitläufigkeit, daß es fraglich ist, ob es jemals für eine Realisierung gedacht war, oder ob Fischer hier vor allem beabsichtigte, die Fülle seiner Fähigkeiten und seine Kenntnisse der antiken, der italienischen und der französischen Architektur vorzuführen (Abb. 5). Man wollte wohl auch, zumindest auf dem Papier, Versailles, die Residenz des Sonnenkönigs Ludwig XIV. übertreffen.

Das Schloß sollte sich auf der Anhöhe des Schönbrunner Berges, an der Stelle der heutigen Gloriette erheben. Nachdem dieser riesenhafte Bau sicher auch die finanziellen Mittel des Kaiserhauses überfordert hätte, blieb dieses Projekt eine nicht realisierbare Vision, doch seine politische Aussage spielt in der weiteren Entwicklung Schönbrunns eine Rolle.

Der Entwurf beinhaltet den mythisch begründeten Anspruch auf die Weltherrschaft des Hauses Habsburg als Erbe und Vollender der vier Weltreiche, die als Figuren auf dem östlichen Ehrenhofbrunnen dargestellt sind. Auf der Spitze des Brunnenfelsens steht das römische Weltreich, das seine drei Vorgänger (das babylonische, das persische und das Reich Alexanders des Großen) besiegt und nach der Prophezeiung des Propheten Daniel als viertes Weltreich bis ans Ende der Zeiten bestehen wird. Der selbe Anspruch kommt auch in dem riesenhaften Bauwerk mit zahlreichen Zitaten aus der Schloß- und Sakralarchitektur seit der Renaissance zum Ausdruck, das vom Viergespann des Sonnengottes Apollo bekrönt wird.

Ein zweites Moment dieses Entwurfes ist der Sieg der positiven Kräfte über die Mächte der Finsternis, verkörpert durch Herkules im Kampf gegen die Hydra in der Grotte des östlichen Brunnens und im Sieg Apollos über die Pythonschlange, dargestellt auf dem westlichen Brunnen. Sowohl Herkules als auch Apollo waren seit der Antike beliebte Identifikationsgestalten verschiedener Herrscher.

Diese beiden Gedanken, der des sieghaften Römischen Reiches und der des Kampfes gegen das Böse wiederholen sich am Eingang zum Ehrenhof mit den beiden römischen Triumphsäulen, die von vier Skulpturen, welche Taten des Herkules darstellen, flankiert sind.

Dieses Konzept steht in Zusammenhang mit der damaligen Auseinandersetzung zwischen dem Sonnenkönig Ludwig XIV. und den österreichischen Habsburgern um das Erbe der spanischen Habsburger mit den amerikanischen Kolonien, um die Vormacht in Europa, aber auch um die Kaiserwürde. Die Krone des „Heiligen Römischen Reiches Deutscher Nation“ war ein Symbol für die Fortsetzung des römischen Reiches unter christlichem Vorzeichen. Der Kaiser war gleichsam der weltliche Stellvertreter Christi auf Erden, der die Mächte des Bösen bekämpfen und das Reich Christi über die ganze Erde ausdehnen soll. Die Bezugnahme auf die Herrschaftstradition des Römischen Reiches sowie die Identifikation des Herrschers mit dem Tugendhelden Herkules und dem Sonnengott Apollo sollten die Legitimität des Anspruchs des Hauses Habsburg auf die höchste Herrscherwürde der Welt begründen.

In der Folge entwarf Fischer einen Plan für ein wesentlich kleineres Schloß, das nun in der Ebene am Wienfluß stehen sollte, während auf der Anhöhe des Schönbrunner Berges ein luftiger Aussichtspavillon vorgesehen war, wie dies sein zweiter, 1696 (Abb. 1) entstandener Entwurf zeigt. Dieses Schloß war für den Thronfolger Joseph I. bestimmt. Zwischen Schloß und Aussichtspavillon sollte sich, von Fischer eher skizzenhaft dargestellt, der Park erstrecken. Einige Elemente dieses Entwurfs waren aber für die weitere Entwicklung des Parks von Bedeutung, vor allem die Mittelachse, welche bis zum Aussichtspunkt führt und durch ein sternförmiges Bassin im Parterre nahe dem Schloß sowie einen großen Brunnen am Fuß des Berghanges akzentuiert wird.

Der politische Inhalt ist ähnlich wie im ersten Schönbrunn-Projekt, aber nicht mehr so allgemein dynastisch, sondern stärker auf die Person Josephs I. bezogen, dessen Reiterstandbild nun in einer offenen Säulenarchitektur das Schloß bekrönt.

Auch eine Gedenkmünze für Schönbrunn aus dem Jahr 1700 zeigt das Schloß mit dem Reiterstandbild. Die lateinische Umschrift besagt, daß der „Sol Romanus“ (der römische Sonnengott) an diesem schönen Brunnen seine Pferde ausruhen läßt. Der Sonnenkönig Ludwig XIV. sollte hier also noch durch den legitimen Anspruch auf die Nachfolge des Römischen Reiches übertroffen werden.

Die Idee der vier Weltreiche verkörpern in Fischers zweitem Entwurf die vier Könige, welche die beiden Obelisken am Eingang flankieren.

Nach diesem zweiten Plan wurde 1696 der Bau des Schlosses in Angriff genommen, aber schon 1695 begann der Franzose Jean Trehet (1654–1740) mit der Anlegung des Gartens, er war 1695–1699 sehr intensiv in Schönbrunn beschäftigt.

Trehet war sowohl Gartenarchitekt als auch Tapisseriekünstler. 1686 wurde er aus Paris nach Wien berufen, um die Tapisserien in den kaiserlichen Residenzen zu reparieren, er webte aber auch neue Bildteppiche. Daneben führte er verschiedene Gartenplanungen für kaiserliche und adelige Gärten aus (Augarten, Favorita, Schwarzenberg-Garten). Sein bedeutendstes Gartenprojekt war sicher Schönbrunn. Im Zuge dieser Arbeit reiste er im Auftrag des Kronprinzen nach Frankreich um „rares Baum- und Blumenwerckh“ zu kaufen sowie alle königlichen Gartenpaläste in und um Paris zu studieren und Pläne zu zeichnen. Er brachte „1000 tapis bäumbl“ mit, die in Schönbrunn eingepflanzt wurden, sowie das Modell einer Wassermaschine, mit der man das Wasser des Mühlbachs in ein Reservoir auf dem Schönbrunner Berg pumpen wollte.

Auf die Entlohnung für seine Schönbrunner Tätigkeit mußte Trehet, wie viele Bauleute, Handwerker und Materiallieferanten, wegen der durch Kriege und politische Wirren erschöpften kaiserlichen Finanzen viele Jahre lang warten. Für die Spesen seiner Frankreich-Reise und für seine Tätigkeit in Schönbrunn wurden ihm von den gefordeten 6.254 Gulden im Jahr 1737, fast vierzig Jahre später, 4.000 Gulden bewilligt.

Trehet hat bereits die heutige Breite des Großen Parterres festgelegt und zu beiden Seiten einen Waldbereich angepflanzt, der von orthogonal verlaufenden Alleen durchzogen wurde. So sind z.B. die Lichte Allee, die unmittelbar am Schloß vorbeiführt, und die als nächste parallel dazu verlaufende Finstere Allee sicher schon damals angelegt worden. Sorgfältiger ausgestaltet wurde wohl vor allem der Bereich nahe dem Schloß, das heißt die Kammergärten und das Große Parterre, das etwa bis zur Hälfte seiner heutigen Länge reichte und mit vier Broderiebeeten um das sternförmige Bassin im Zentrum ausgestattet war sowie die unmittelbar an dieses Parterre angrenzenden Boskette („Bei der Kaiserfigur", „Beim Fischbassin", Meidlinger und Hietzinger Lindenwäldchen).

Aus der Zeit um 1700 stammen wohl auch die beiden Bassins im Ehrenhof, die schon auf Fischers zweitem Projekt zu sehen sind (Abb. 1 und 14).

Der Tier- und Jagdgarten des neuen Schlosses Schönbrunn lag zwischen dem zentralen Lustgarten um das Schloß und der Hietzinger Parkmauer. Vor allem das Gelände der heutigen Menagerie dürfte schon immer zum zentralen Bereich des Tiergartens gehört haben, in dem vor allem Fasane und Rotwild gehalten wurden. Gegen das Schloß und den Lustgarten war der Tiergarten durch einen langen Zaun abgegrenzt, der ungefähr nord-südlich vom Wienfluß bis zur Anhöhe verlaufen sein muß. Diese 706 Klafter (ca. 1400 m) lange Planke überquerte drei (wohl ost-westlich verlaufende) Alleen, die durch eiserne Gittertore abgeschlossen waren und sich demnach also im Tiergarten fortsetzten.

Schon um 1700 bestand ein Orangeriegarten, der 1714 als einer der bedeutendsten im deutschen und italienischen Raum bezeichnet wird. Er muß an ähnlicher Stelle wie heute im östlichen Teil des Parks gelegen sein, genau läßt sich seine Lage aber nicht feststellen. Eine Abbildung des Orangeriegartens um 1720 befindet sich in der Graphischen Sammlung Albertina, (Abb. 25). Sie zeigt eine kreisrunde, von Hecken umschlossene Anlage mit acht radialen und drei ringförmigen Wegen und einem Bassin in der Mitte, in der die Orangenbäumchen kreisförmig aufgestellt sind.

Der sehr begabte und vielseitig interessierte Kronprinz Joseph, der seit 1687 bei Fischer von Erlach Architekturunterricht erhielt, dürfte bei der Planung mitgewirkt haben und interessierte sich auch sehr für die Arbeiten am Schloß und im Garten.

Im Jahr 1700 war das Schloß soweit fertiggestellt, daß der Mittelteil bewohnbar war und am 31. April ein Fest mit einer Komödienaufführung gefeiert werden konnte. Am 28. April begab sich der kaiserliche Hof in feierlichem Zug nach Schönbrunn.

Nach 1700 stagnierten, bedingt durch Kriegsereignisse und den frühen Tod Kaiser Josephs I, der 1711 an den Blattern starb, die Arbeiten an Schloß und Garten. In den Jahren 1711–1722 bewohnte die Witwe Josephs I., Wilhelmine Amalie das Schloß. Sie veranstaltete hier Feste und Jagden. Nachdem sie ihre beiden Töchter verheiratet hatte, zog sie sich in das von ihr gestiftete Salesianerinnenkloster neben dem Schloß Belvedere zurück und überließ Schönbrunn 1728 Kaiser Karl VI., der das Schloß bis 1740 besaß und gelegentlich zur Jagd herkam, im allgemeinen aber sein Schloß Favorita (heute im IV. Wiener Gemeindebezirk) vorzog. Der Park wurde in dieser Zeit sicher instand gehalten, aber von größeren Veränderungen ist nichts bekannt.

Abb. 6 Kaiser Franz Stephan I. und Kaiserin Maria Theresia bei der Gartenarbeit, von Franz Walter, spätes 18. Jahrhundert

Mit dem Regierungsantritt von Kaiserin Maria Theresia, die das noch immer unfertige Schloß zu ihrer Sommerresidenz ausbauen ließ, begann die glanzvollste Periode Schönbrunns. Nach einem längeren Aufenthalt des jungen Kaiserpaares im Sommer 1742 erteilte Maria Theresia den Auftrag, daß das Schloß „nicht nur reparirt, sondern auch erweitert und zu bequemen Unterbringung der Hof Statt ausgebauet werden solle." Dieser Um- und Ausbau erfolgte in den Jahren 1743–1749 durch den Architekten Nicolaus Pacassi.

In seinem Tagebuch notiert der Obersthofmeister Maria Theresias, Fürst Khevenhüller-Metsch am 15. Juni 1744, daß die Kaiserin die „mit villem Eifer fortsetzenden Arbeiten und sowohl im Schloß als Garten mit großen Unkosten machende Embelissements besahe." Es wurde damals also nicht nur im Schloß sondern auch im Garten gearbeitet und neugestaltet, wahrscheinlich zunächst vor allem in den Kammergärten.

Zur Erweiterung des Parks wurden einige Grundstücke erworben: Der Große Fasangarten in zwei Etappen, 1751 und 1777, das Areal des heutigen Palmenhausgartens (ehem. Holländischer Garten) sowie die nördlich davon liegende Postwiese 1753, außerdem noch die Dreieckwiese und Grund am Wienfluß 1756 (vgl. Abb. 90).

Es scheint, daß Maria Theresia sich vor allem der Innenausstattung des Schlosses widmete, während ihr Gemahl Franz Stephan sein Interesse dem Park zuwandte, wobei er von einer Gruppe von Künstlern aus seiner lothringischen Heimat unterstützt wurde. Zu diesen zählten vor allem der Architekt Jean Nicolas Jadot, der Geometer und Ingenieur Jean Brequin de Demange und der Gartenkünstler Louis Gervais. Dazu kam noch der holländische Gärtner Adrian van Stekhoven. Auch der Staatskanzler Fürst Wenzel Kaunitz, ein großer Freund der französischen Kultur, nahm lebhaften Anteil an der Ausgestaltung des Parks.

Noch vor 1750 wurden die Kammergärten an der östlichen und westlichen Schmalseite des Schlosses neu gestaltet. Die noch erhaltenen Pläne für den östlichen Kammergarten wurden bisher Jadot, in letzter Zeit aber eher Gervais zugeschrieben.

Ebenfalls vor 1750 müssen auch die Boskette in dem Streifen zwischen Lichter Allee und Finsterer Allee entstanden sein. Es ist aber schwer zu bestimmen, ob

Abb. 7 Bernardo Bellotto genannt Canaletto, Das Gartenparterre von Schloß Schönbrunn, um 1760

sie noch aus der Zeit Trehets um 1700, oder aus den Jahren unmittelbar vor 1750 stammen.

Eine wesentliche Veränderung erfuhr der Park in den Jahren zwischen 1750 und 1755. Unter Einbeziehung der bereits vorhandenen älteren Alleen wurde ein neues sternförmiges Alleensystem geschaffen, mit zwei großen Diagonalachsen, die in der Mitte der Schloßfassade zusammenlaufen. Sie hatten die Aufgabe, die Schloßterrasse und die dahinterliegenden Festräume noch deutlicher als bisher als zentralen Punkt der Anlage zu definieren, von dem aus der gesamte Park in herrscherlichem Überblick erlebt werden konnte. Am Ende der westlichen Diagonalachse entstand 1751 die kreisförmige Menagerie mit dem achteckigen Pavillon in der Mitte nach Plänen von Jadot, (der Obeliskbrunnen als optischer Endpunkt der östlichen Diagonalallee wurde erst 1777 errichtet) (Abb. 3).

Um die selbe Zeit wurde auch das Große Parterre bis an den Fuß des Schönbrunner Berges erweitert, wie dies auf der Gartenansicht des Schlosses von Bernardo Bellotto um 1760 zu sehen ist (Abb. 7).

Im Zusammenhang mit diesen Aktivitäten notiert der Obersthofmeister Fürst Khevenhüller-Metsch am 9. April 1755 in sein Tagebuch: „Den 9. ließe mich der Kaiser zu sich in den Garten hollen, allwo wir auf Angeben des Graffen von Kaunitz und nach seinem formirten Dessein sehr considerable gemachte Abänderungen, Durchschnitt und neugesetzte Alleen besahen, und sodann in die Menagerie und den holländischen Garten uns verfügten, in welch beiden Orthen diser Herr noch immer sehr große Depensen machet und erst unlängst eigens Leute nach America geschickt, um rare Pflanzen und Tiere anhero zu bringen."

In den folgenden Jahren wurden auch die durch das neue Alleensystem entstandenen Boskette südlich der Finsteren Allee im Gartenstil des Rokoko ausgestattet.

Kaiser Franz Stephan, der großes Interesse an den Naturwissenschaften hatte, ließ 1751 im westlichen Teil des Parks (wo sich schon bisher die Gehege des Jagdwilds befunden hatten) nach Plänen von Jadot eine kreisförmige Menagerie mit einem zentralen Pavillon errichten, von dem man die 13 umgebenden Tierlogen überblicken konnte (Abb. 86).

1753 kaufte der Kaiser von der Gemeinde Hietzing ein Grundstück und ließ dort (auf dem Areal des heutigen Palmenhausgartens) einen botanischen Garten, den sogenannten „Holländischen Garten" anlegen, den der holländische Gärtner Adrian van Stekhoven und sein Gehilfe Richard van der Schot geschaffen haben (Abb. 80).

1755 wurde das fast 200 Meter lange Orangeriegebäude im östlichen Teil des Parks fertiggestellt und in den folgenden Jahren der davorliegende Orangeriegarten angelegt.

Römischer Kaisermythos

In dem Jahrzehnt von 1750–1760 war der ebene Bereich des Parks durch Kaiser Franz Stephan und eine Gruppe von lothringischen und holländischen Künstlern ausgestattet worden, es fehlte aber weiterhin ein Aussichtspavillon auf der Anhöhe des Schönbrunner Berges, wie ihn schon Fischer von Erlach um 1700 als bekrönenden Abschluß der Parkanlage vorgesehen hatte (Abb. 1).

1772, sieben Jahre nach dem Tod ihres Gemahls, entschloß sich Kaiserin Maria Theresia, unterstützt durch den Staatskanzler Kaunitz, einen ihrer engsten Berater, nun auch die Ausgestaltung des Schönbrunner Berges in Angriff zu nehmen. Den Auftrag erhielt der Architekt Johann Ferdinand Hetzendorf von Hohenberg (1732–1816).

Hohenberg, der aus Wien stammt, war in seiner Anfangszeit als Theater- und Dekorationsmaler tätig. Er schuf Triumphbogen und Festdekorationen mit barocken und antikisierenden Elementen und verfertigte um 1770 Kupferstiche von Architekturphantasien mit antiken und ägyptischen Motiven, die von der düsteren Romantik Piranesis beeinflußt sind.

Vor allem der Staatskanzler Kaunitz schätzte und förderte Hohenberg. Seine erste Arbeit in Schönbrunn war 1766/67 der innere Umbau des von Pacassi errichteten Schloßtheaters. 1772–1780 arbeitete er an seiner größten Aufgabe, der Ausgestaltung des Schönbrunner Parks. Als Architekt markiert Hohenberg den Übergang der österreichischen Architektur vom Rokoko zum Klassizismus. Als Beispiele seien neben der Gloriette, das Palais Fries-Pallavicini am Josefsplatz in Wien (1783–1786) oder die Pfarrkirche von Austerlitz in Mähren (1786–1790) genannt. Als Gartenarchitekt schuf er aber auch eine Reihe von bizarr-romantischen, einem ausgeklügelten Programm unterworfenen Anlagen, wie den Grottenberg für den Grafen Fries in Vöslau um 1775, den Tempel der Königin der Nacht für den Freiherrn von Braun im Park von Schönau um 1800 und etwa gleichzeitig auch verschiedene Bauten für den kaiserlichen Park von Laxenburg, vor allem das „Haus der Laune".

Für Schönbrunn entwarf Hohenberg ein Projekt mit einem riesigen Bassin auf der Berghöhe als Wasserreservoir für die geplanten Springbrunnen im Park. Der Aussichtspavillon sollte in der Mitte des Bassins stehen. Am Berghang waren mehrere Terrassen mit Treppen, Brunnen und Figuren vorgesehen, die durch Zickzackwege an den Seiten verbunden waren. Auch das Große Parterre sollte nun nochmals verändert und mit Statuen und vier Brunnen ausgestattet werden (Abb. 37).

Unter der Leitung Hohenbergs begann man die Arbeiten. Ein Bassin auf der Berghöhe entstand, am Hang des Berges wurden Wege angelegt und acht Brunnen gegraben. Auch im Großen Parterre entstanden vier Bassins. Das ältere Sternbassin aus der Zeit um 1700 wurde 1772 aus dem Großen Parterre ins Zentrum des westlichen Alleensterns versetzt, wo es sich heute noch befindet. Um die selbe Zeit entstand sicher auch das korrespondierende Rundbassin im Zentrum des östlichen Alleensterns.

Abb. 8 Plan der Gesamtanlage Schönbrunn von Franz Boos, 1780

1773 erhielt der Bildhauer Wilhelm Beyer den Auftrag, für das Große Parterre 32 Statuen binnen drei Jahren herzustellen. Einige weitere Figuren kamen später noch hinzu. Ebenfalls 1773 entstand der Vordere Glorietteteich (der hintere Glorietteteich wurde erst 1865 fertiggestellt). 1775 beendete man den Aussichtspavillon auf der Anhöhe, die von Hohenberg entworfene Gloriette. Die Säulen dieses Baues kamen zum Großteil aus dem unfertig stehengebliebenen Renaissancebau Neugebäude in Wien-Simmering, dessen Reste hinter dem Krematorium des Wiener Zentralfriedhofs liegen. Dieses sehr großzügig geplante Lustgebäude, das Kaiser Maximilian II. von italienischen Künstlern aus dem Umkreis Palladios planen ließ und 1568 zu bauen begann, aber nicht vollendete, blieb 200 Jahre lang in unfertigem Zustand und kaum genützt stehen. Beim Einfall der Kuruzzen im Jahr 1704 wurde es zusätzlich schwer beschädigt. 1774 entschied Kaiserin Maria Theresia, das Neugebäude dem Militär als Pulvermagazin zu überlassen. Gleichzeitig transportierte man (unter der Leitung von Hohenberg und Feldmarschall Hadik) viele wertvolle Architekturelemente nach Schönbrunn.

1777 errichtete Hohenberg den Obeliskbrunnen und 1778 beendete er die künstliche Ruine, ursprünglich „Ruine von Karthago“ genannt, die ebenfalls viele Architekturteile aus dem Neugebäude enthält. Im Garten der Großen Orangerie wurden damals drei Brunnen errichtet, für die Teile von Renaissancebrunnen, die ebenfalls aus dem Neugebäude stammen, verwendet wurden.

1776/77 stellte sich heraus, daß es nicht möglich war, ausreichend Wasser für die vielen geplanten Brunnen in den Garten zu leiten. Deshalb mußte Hohenbergs Projekt vereinfacht und die zwölf Brunnen am Berghang und im Großen Parterre wieder zugeschüttet werden.

Man konzentrierte sich nun auf die Fertigstellung des großen Neptunbrunnens am Fuß des Berghanges, der Maria Theresia ein besonderes Anliegen war. Der Gesamtentwurf dürfte von Hohenberg stammen, die Skulpturen hat Wilhelm Beyer geschaffen. Etwa zur selben Zeit fertigte Beyer auch die beiden Najaden für die Bassins in den Zentren des östlichen und des westlichen Alleensterns und die besonders schöne Figur der Quellnymphe Egeria beim Schönen Brunnen. Das mit Tropfstein bedeckte Brunnenhäuschen entwarf der Architekt Isidor Canevale.

1779 wurde der Park für die Allgemeinheit geöffnet.

1780, beim Tod Maria Theresias, waren das Große Parterre mit seiner im wesentlichen bis heute beibehaltenen Gliederung in acht Rasenfelder und den 32 Figuren sowie die erwähnten Brunnen weitgehend fertiggestellt. Auf der Anhöhe des Schönbrunner Berges stand endlich ein Aussichtspavillon, am Hang des Berges hatte man die Terrassen und das Zickzack-Wegesystem ausgeführt, eine weitere Ausstattung unterblieb aber.

Ein Plan des Hofgärtners Franz Boos zeigt den Zustand des Parks um 1780, der damals seinen Höhepunkt bezüglich der Reichhaltigkeit seiner Ausstattung erreicht hatte (Abb. 8).

Inhalt und Bedeutung der Statuen und Parkbauten

Die Schönbrunner Gartenfiguren stellen antike Götter und Helden, einige Begebenheiten aus dem trojanischen Krieg sowie Gestalten aus der Geschichte Roms dar. Über den verbindenden Grundgedanken dieser Statuenfolge sowie der drei Parkbauten (Gloriette, Obeliskbrunnen, Ruine) wurde schon viel gerätselt. Eine vollständige Deutung steht noch aus, aber es soll hier versucht werden, zumindest einige wesentliche Aussagen zu erörtern.

Sehr deutlich ist der Bezug auf das antike Rom, das Zentrum des römischen Weltreichs und Ursprungsort des römischen Kaisertums.

Viele dieser historischen und mythologischen Gestalten verkörpern Tugenden und Lebenshaltungen, die man mit dem modernen Vokabel „Führungsqualitäten" umschreiben könnte, wie etwa Heldenmut, Unternehmungsgeist, Widerstand gegen Tyrannen, aber auch Bedächtigkeit, Weisheit und Uneigennützigkeit. Dazu kommen noch Vertreter der Religion, der Wissenschaften und Künste, besonders der Musik, aber auch Verkörperungen der Naturkräfte, wie Sonne und Mond, Blüte und Fruchtbarkeit des Landes. Besonders betont wird der Sieg des Friedens über den Krieg durch zwei Götterpaare. Gemeinsam ist ihnen allen ihre Bedeutung für das Gedeihen eines Staatswesens.

Die Darstellungen aus dem trojanischen Sagenkreis gehen von der Vorstellung aus, daß die Zerstörung Trojas durch die Griechen und der Aufstieg Roms den Absichten der Götter entsprach, weil sie ein neues, auf Gottesfurcht und Tugend gegründetes Reich schaffen wollten.

Die Grundlage dafür ist Vergils „Aeneis", das Nationalepos der Römer, welches 29–19 v.Chr. in der Zeit des Kaisers Augustus verfaßt wurde und dem Staatsmythos des Römischen Reiches formuliert. In der Aeneis verspricht Jupiter, daß die Nachfahren des Aeneas über ein die ganze Welt umfassendes römisches Reich herrschen würden. (Ähnlich wie bei Daniels Prophezeiung von den vier Weltrei-

Abb. 9 Das Hundertjahrjubiläum des Maria-Theresien-Ordens 1857, Gemälde von Fritz l'Allemand 1865

chen, auf die sich die Skulpturen im Ehrenhof von Fischer von Erlachs Projekt um 1700 beziehen und wo das vierte Weltreich mit Rom identifiziert wurde, geht es auch hier um die allumfassende ewige Herrschaft Roms.)

Das Epos erzählt die Geschichte des frommen Helden Aeneas, der mit seinen Getreuen aus dem brennenden Troja geflohen ist und auch die Götterbilder seiner Heimat mit sich genommen hat. Er muß eine lange Irrfahrt überstehen, bevor er Italien erreicht. Sein Sohn Julus wird der Stammvater des Geschlechts der Julier, aus dem später Julius Caesar hervorgeht und dem auch Kaiser Augustus durch Adoption angehört. So wird Aeneas zum mythischen Stammvater der römischen Caesaren.

Die Traditon des römischen Kaisertums wird um 800 von Karl dem Großen wieder aufgenommen und im „Heiligen Römischen Reich Deutscher Nation" fortgesetzt, dessen Kaiserkrone seit Friedrich III., der 1452 in Rom gekrönt wurde, mit nur dreijähriger Unterbrechung von einem Habsburger getragen wurde. Man betrachtete deshalb die Kaiserwürde, obwohl sie durch Wahl verliehen wurde, gleichsam als dynastisches Erbe und damit wurden Aeneas, aber auch die römischen Helden und Herrscher zu ideellen Ahnherrn der habsburgischen Kaiser.

Man stellte sich vor, daß durch die besondere Gnade der Götter (Gottesgnadentum) die Tugenden und Fähigkeiten des Aeneas auf seine Nachfahren übertragen wurden, was in Schönbrunn am Beispiel der Statuen einiger Helden aus der römischen Frühzeit, aber auch aus der Epoche der Punischen Kriege, der großen Bewährungsprobe Roms, veranschaulicht wird.

Zu den Vorhersagen der Aeneis kommen noch die Prophezeiungen der antiken Sibyllen, daß es den Herrschern Roms bestimmt sei, über die ganze Welt zu regieren, und daß sie nach schrecklichen, aber siegreich bestandenen Kriegen und dem Kampf gegen den Antichrist ewigen Frieden und ein Goldenes Zeitalter schaffen würden.

Der Anbruch eines Goldenen Zeitalters wurde im Lauf der Geschichte, zugeschnitten auf den jeweiligen Herrscher, immer wieder angekündigt; schon die Zeit des Kaisers Augustus nach dem Ende der Bürgerkriege wurde als solches bezeichnet und in den Schönbrunner Statuen und Parkbauten sollte wohl die Regierung Maria Theresias und ihres Sohnes Joseph II. nach dem Ende der Kriege um Maria Theresias Erbfolge sowie dem siebenjährigen Krieg gegen Friedrich II. von Preußen als Beginn einer solchen Zeit ewigen Friedens propagiert werden.

Das Endziel des römischen Kaisertums wird vor allem in den drei Parkbauten angesprochen: Nach ruhmreich beendeten Kriegen (Gloriette) herrscht das Haus Habsburg als Nachfolger der Römischen Kaiser über die ganze Welt bis ans Ende der Zeiten (Obelisk), während seine Feinde dem Untergang geweiht sind (Ruine).

Den Schönbrunner Statuen und Parkbauten liegt also die Vorstellung zugrunde, daß sich das antike Rom und Schönbrunn, der Ursprung und das gegenwärtige Zentrum kaiserlicher Macht, über Zeit und Raum hinweg verbinden. Im Prinzip ist hier dasselbe gemeint, was schon das Buchstabenymbol „A E I O U" Kaiser Friedrichs III. ausdrückt, nämlich „Austria Erit In Orbe Ultima" (Österreich wird als letztes Reich auf der Welt übrigbleiben).

Die Ausstattung des Schönbrunner Parks veranschaulicht ein absolut kaiserliches Programm. Es ist die Selbstdarstellung einer Weltmacht und ihre Legitimation durch die Geschichte, indem die Rolle des Kaisertums in einen heilsgeschichtlichen Zusammenhang gestellt wird. Dieses sehr komplizierte Programm, das noch ganz in der Tradition des Barock steht, wurde aber, wenn man die Führerliteratur des späten 18. Jahrhunderts betrachtet, schon von den Zeitgenossen kaum mehr verstanden.

Kaisergarten und städtischer Park

Seit 1779 war , wie schon erwähnt, der Großteil des Schönbrunner Parks für die Öffentlichkeit zugänglich und wurde zu einem Erholungsraum für die Wiener Bevölkerung. Einige Teile blieben aber Privatbereich der kaiserlichen Familie, so die Kammergärten an den Schmalseiten des Schlosses, zwei den Meidlinger Kammergärten benachbarte Boskette sowie der Große und der Kleine Fasangarten am westlichen Schönbrunner Berg.

Nach dem Tod Maria Theresias konzentrierte sich die Aufmerksamkeit ihrer Nachfolger auf die naturwissenschaftlich orientierten Anlagen auf der Hietzinger Seite des Parks. Sowohl Kaiser Joseph II. als auch Franz I.(II.) erweiterten den Holländisch-Botanischen Garten durch den Kauf von zusätzlichen Grundstücken in den Jahren 1788, 1801 und 1817.

Kaiser Franz I.(II.) und seine beiden Brüder, die Erzherzoge Anton und Johann, waren ambitionierte Botaniker. Diesen beiden waren in Schönbrunn eigene Gartenbereiche zugeteilt.

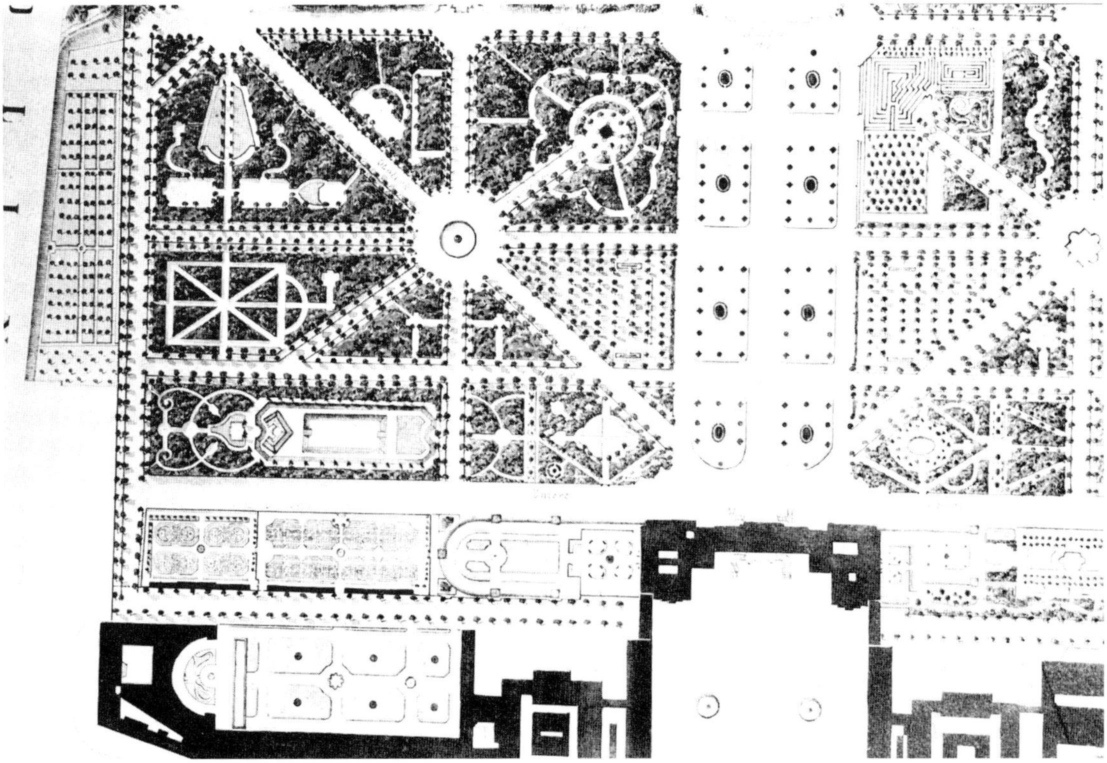

Abb. 10 Ausschnitt aus einem Plan der Gesamtanlage Schönbrunn um 1865

Erzherzog Johann schuf 1801/02 den sogenannten Tirolergarten am Berghang südlich der Menagerie. Dazu gehörten zwei Tirolerhäuser, ein Garten für Medizinal- und Färbepflanzen und ein Alpengarten. Außerdem richteten die beiden Erzherzoge um 1800 einen Garten nach dem Linnéschen System zum „Selbstunterricht in der Botanik" ein, der sich wahrscheinlich auf dem Areal der heutigen Dreieckwiese befand.

In dieser Zeit galt Schönbrunn, wo so bedeutende Botaniker wie Jacquin, Boos, Bredemayer und Schott wirkten, als der bedeutendste botanische Garten neben dem von Kew bei London.

Im östlichen Teil des Großen Fasangartens, wo um 1770 der „Berggarten" in der Form eines Parallelogramms angelegt wurde, bestand um 1800 eine Obstpflanzung mit etwa 500 Obstarten, von denen unentgeltlich Pfropfzweige an Interessenten abgegeben wurden. Dies sollte der allgemeinen Förderung des Obstbaues im Lande dienen.

In den Jahren von 1828 bis etwa 1852 wurde unter der Leitung Heinrich Schotts zuerst der Holländische Garten, dann die anderen Teile des Botanischen Gartens und zuletzt auch die Bereiche der heutigen Postwiese und der Dreieckwiese nördlich des Botanischen Gartens, welche vorher geometrisch gegliedert waren, in landschaftlich gestaltete Anlagen umgewandelt. Die Botanischen Gärten erhielten nun die gemeinsame Bezeichnung „Hof-Pflanzen-Garten" (Abb. 82). Sein südwestlicher Teil sowie die Postwiese und die Dreieckwiese haben bis heute diese Form einer englisch-landschaftlichen Anlage behalten.

Der barocke Lustgarten, der in der ersten Hälfte des 19. Jahrhunderts nicht dem Zeitgeschmack entsprach, wurde vor allem unter der Direktion Heinrich Schotts 1845–1865 eher vernachlässigt, das Interesse Schotts galt vor allem der wissenschaftlichen Botanik. Ein Katasterplan von 1819 zeigt, daß die ornamentale Gliederung der Parterrefelder im Großen Parterre und in den Kammergärten, dem Stil der Zeit entsprechend, vereinfacht wurde. Etwas später wurden auch die beiden Boulingrins, die Hietzinger und die Meidlinger Vertiefung, vereinfacht beziehungsweise umgestaltet.

Um 1860/70 entstand dann ein neues Interesse an Formalgärten und am Barock überhaupt (1870 wurde das Innere des Schlosses mit neobarocken Möbeln ausgestattet).

Als Schotts Nachfolger berief Kaiser Franz Joseph im Jahr 1865 Adolf Vetter, der sich in den Harrachschen Gärten in Bruck an der Leitha schon ausgezeichnet bewährt hatte und beauftragte ihn mit der Regenerierung des bereits überalterten und verwilderten Baumbestandes, die Vetter in den Jahren 1869–1886 trotz heftiger Proteste der Öffentlichkeit und des Hofes (auch der Vater des Kaisers lehnte diese Maßnahmen entschieden ab) durchführte.

In diesem Zeitraum erhielten auch die Parterrefelder im Hietzinger Kammergarten und im Rosarium neue geometrisch-formale Gestaltungen und die Brunnen im Ehrenhof wurden nun mit Rasenfeldern in barockisierenden Formen umgeben. 1896 wurden unter der Leitung des Hofgartendirektors Anton Umlauft die acht Felder des Großen Parterres mit üppigen Ranken- und Bandornamenten ausgestattet, die in etwas abgewandelter Form noch heute bestehen.

1880–1882 errichtete man auf dem Gelände des ehemaligen Holländischen Gartens das Große Palmenhaus (114 Meter lang) und dies war eigentlich die letzte große gestalterische Maßnahme in Schönbrunn. Der englische Garten, den Schott um 1830 dort angelegt hatte, wurde wieder in einen Formalgarten mit zwei vertieften Parterres verwandelt. 1904 entstand noch, anstelle älterer Glashäuser, das sogenannte Sonnenuhrhaus, westlich des Großen Palmenhauses.

Die Menagerie blieb bis zum Ende des 19. Jahrhunderts auf das Areal innerhalb ihrer fünfeckigen Umfassungsmauer beschränkt. In der Folgezeit wurde dann in mehreren Etappen (um 1900, 1926 und 1952) auch der Kleine Fasangarten mit Tiergehegen belegt.

Schönbrunn und die Republik

Nach der Ausrufung der Republik „Deutschösterreich“ wurde Schönbrunn in das Staatseigentum übergeführt. Aus der seit 1700 bestehenden Schloßhauptmannschaft, der seit 1896 auch die beiden Inspektorate für den Garten und die Menagerie angeschlossen waren, wurde eine Dienststelle des Bundesministeriums für Handel und Verkehr. Im Jahr 1933 löste man das Gartenreferat von der Schloßhauptmannschaft und errichtete die Verwaltung der Bundesgärten, die seither dem Bundesministerium für Land- und Forstwirtschaft untersteht.

1924 wurde der Park von Schönbrunn zum Schutzgebiet erklärt und mit Bauverbot belegt. Wie wenig man dieses Verbot aber beachtete, zeigen die Errichtung von Sportstätten (um 1930/35), der Maria Theresienkaserne (1938/39) sowie der Forstlichen Bundes- und Versuchsanstalt (1952–1954) im Großen Fasangarten und der Gartenbauschule (1949–1951) im Berggarten.

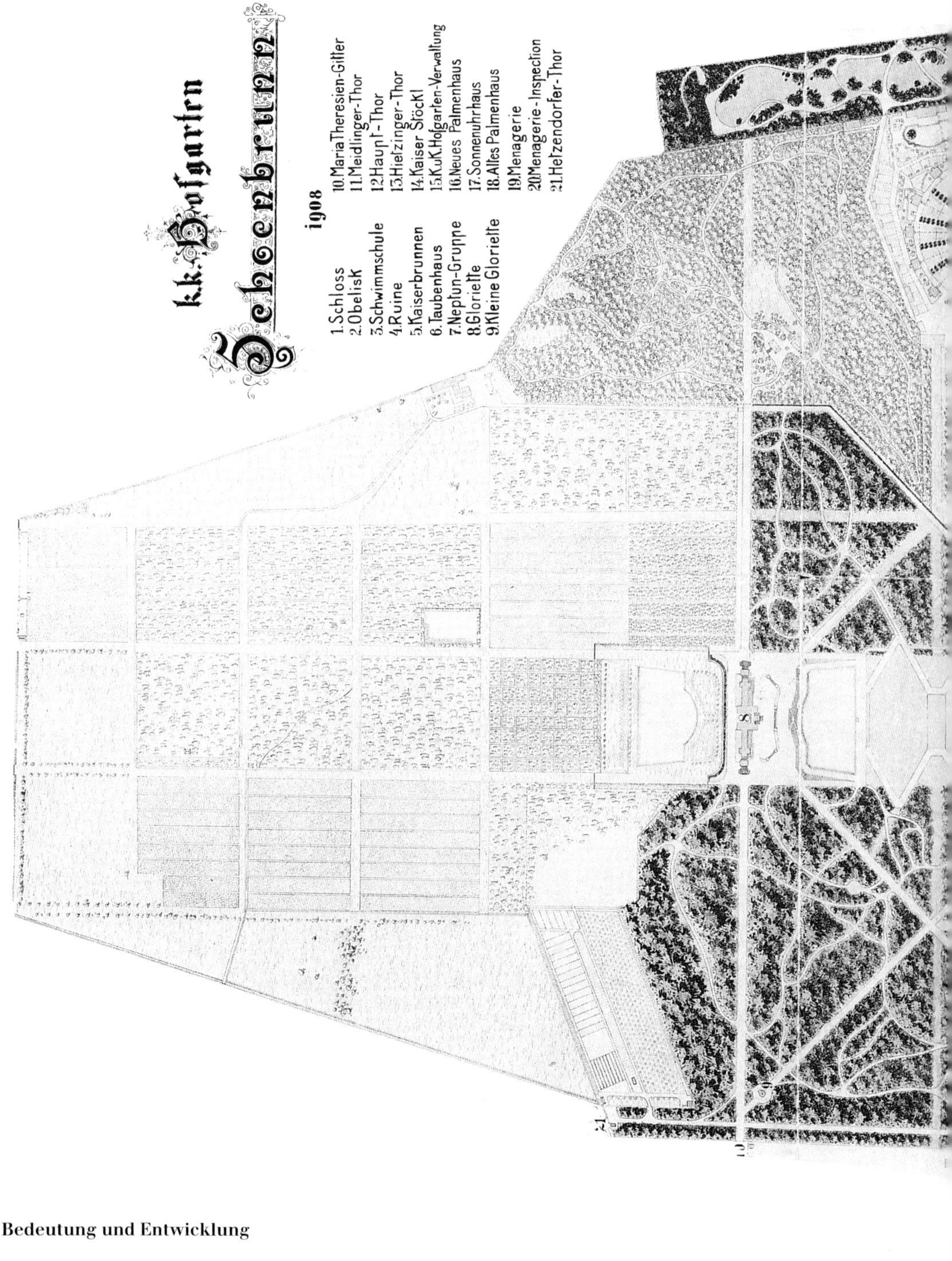
k.k. Hofgarten
Schoenbrunn
1908
1. Schloss
2. Obelisk
3. Schwimmschule
4. Ruine
5. Kaiserbrunnen
6. Taubenhaus
7. Neptun-Gruppe
8. Gloriette
9. Kleine Gloriette
10. Maria Theresien-Gitter
11. Meidlinger-Thor
12. Haupt-Thor
13. Hietzinger-Thor
14. Kaiser Stöckl
15. K.u.K. Hofgarten-Verwaltung
16. Neues Palmenhaus
17. Sonnenuhrhaus
18. Altes Palmenhaus
19. Menagerie
20. Menagerie-Inspection
21. Hetzendorfer-Thor

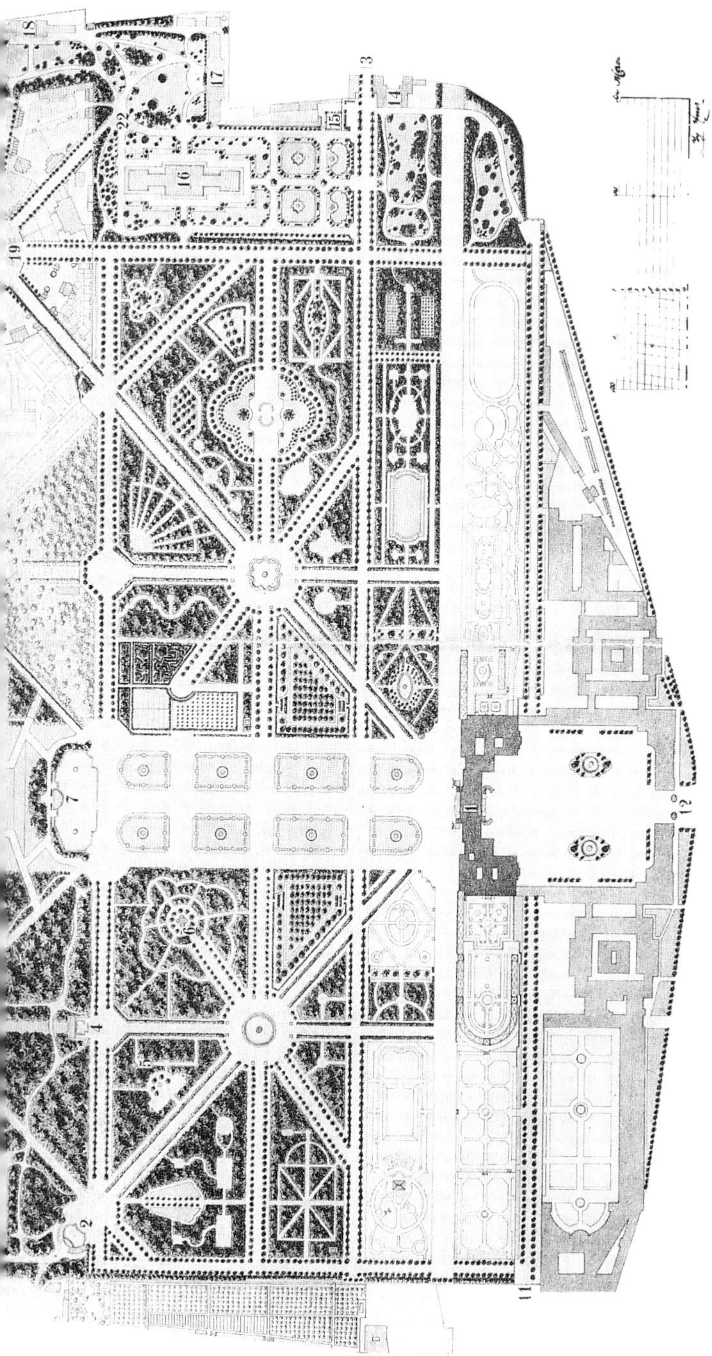

Abb. 11 Plan „k.k. Hofgarten Schönbrunn“ von Ofner, 1908

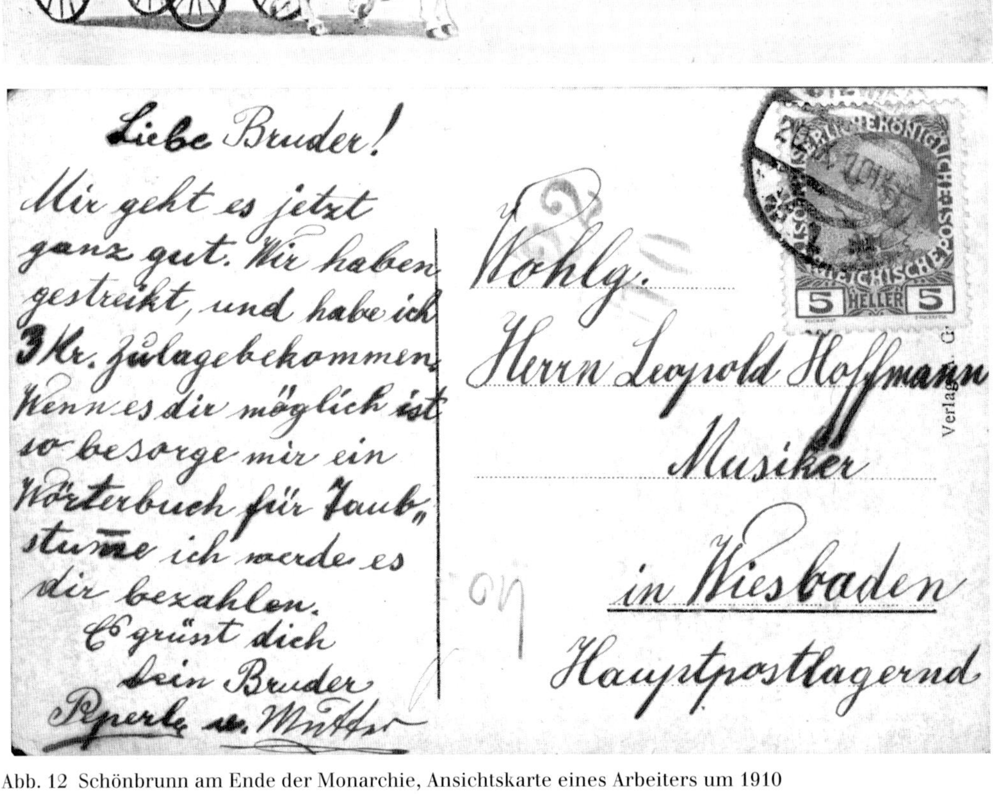

Liebe Bruder!
Mir geht es jetzt
ganz gut. Wir haben
gestreikt, und habe ich
3 Kr. Zulage bekommen.
Wenn es dir möglich ist
so besorge mir ein
Wörterbuch für Taub-
stumme ich werde es
dir bezahlen.
Es grüsst dich
Dein Bruder
Peperle u. Mutter

Wohlg.
Herrn Leopold Hoffmann
Musiker
in Wiesbaden
Hauptpostlagernd

Abb. 12 Schönbrunn am Ende der Monarchie, Ansichtskarte eines Arbeiters um 1910

Einige bisher private Teile des Parks wurden nun der öffentlichen Nutzung zugeführt oder erhielten neue Mieter beziehungsweise Pächter. 1919 wurde der Große Fasangarten geöffnet. Im selben Jahr übernahm die Bundesheerverwaltung das aus dem Obeliskteich entstandene Schwimmbad und machte es öffentlich zugänglich. In das Alte Palmenhaus im Botanischen Garten, das aus der Zeit von Kaiser Franz I.(II.) stammt, zog die Schönbrunn-Filmgesellschaft ein. 1920 verpachtete man den Tirolergarten und das Kaiserstöckl an der Hietzinger Parkmauer als Gaststätten. 1922 wurde der Hietzinger Kammergarten gegen Gebühr zugänglich, und 1927 baute man den um 1830/40 errichteten kaiserlichen Gartenpavillon am Rand der Meidlinger Vertiefung um und verpachtete ihn als Café-Meierei.

In den Jahren wirtschaftlicher Normalisierung zwischen der Währungsreform im Jahr 1925 und dem Beginn der Weltwirtschaftskrise Anfang der 1930er Jahre wurden auch wieder einige Erneuerungen durchgeführt, so stellte man zum Beispiel auf den im Ersten Weltkrieg als Nutzgartenflächen verwendeten Feldern des Großen Parterres die Ornamente wieder her und legte im westlichen Teil der Hietzinger Kammergärten im Bereich der ehemaligen Reitbahn ein Pinetum an. 1926 entfernte man die seit etwa 1780 bestehende Verglasung des Mittelteils der Gloriette.

Bei den Luftangriffen im Februar 1945 gingen auf Schönbrunn zahlreiche Bomben nieder. Die Gloriette, das Große Palmenhaus und das Sonnenuhrhaus sowie die Menagerie wurden schwer getroffen und auch das übrige Parkgelände erlitt beträchtliche Schäden.

Nach dem Zweiten Weltkrieg wurden 1949 auf den im Krieg wiederum vernachlässigten und zerstörten Parterrefeldern die Ornamente annähernd nach den Mustern der Zeit um 1900 (beziehungsweise von 1925) wiederhergestellt.

1952–1965 errichtete man beim Meidlinger Tor auf dem Gelände der Großen und Kleinen Orangerie sowie dem östlichen Teil der Meidlinger Kammergärten einen neuen Reservegarten mit zahlreichen Glashäusern, als Ersatz für den älteren Reservegarten im Kleinen Fasangarten der für die Menagerie freigemacht wurde.

In den Jahren 1986–1990 wurde das Große Palmenhaus einer Generalsanierung unterzogen.

Seit 1985 wird an einer repräsentativen Wiederherstellung des Gartens der Großen Orangerie gearbeitet, mit dem Ziel, diesen Bereich für Veranstaltungen zu nutzen. Die Glashäuser des Reservegartens wurden abgetragen und die

Abb. 13 O. Laske, „Das Tatoo in Schönbrunn“, durchgeführt von der britischen Besatzung, 1946

Rasenfelder neu angelegt. Die Wiederaufstellung der drei Brunnen mit den noch vorhandenen Renaissance-Elementen aus dem Schloß Neugebäude steht kurz vor dem Abschluß.

Im Jänner 1992 übernahm die private Schönbrunner Tiergarten Ges.m.b.H. die Verwaltung des Tiergartens und im Oktober 1992 wurde die seit 1700 bestehende Schloßhauptmannschaft Schönbrunn aufgelöst und die Verwaltung der Gebäude durch die „Kultur- und Betriebsgesellschaft m.b.H. Schloß Schönbrunn“ übernommen, die den Auftrag hat, das Schloß zu restaurieren und zu erhalten und die dafür notwendigen Mittel durch Einnahmen aus dem Schloß (Eintrittsgebühren, Veranstaltungen, Pachtverträge u.s.w.) zu erwirtschaften.

Teil II.

Die Schönbrunner Gartenbereiche

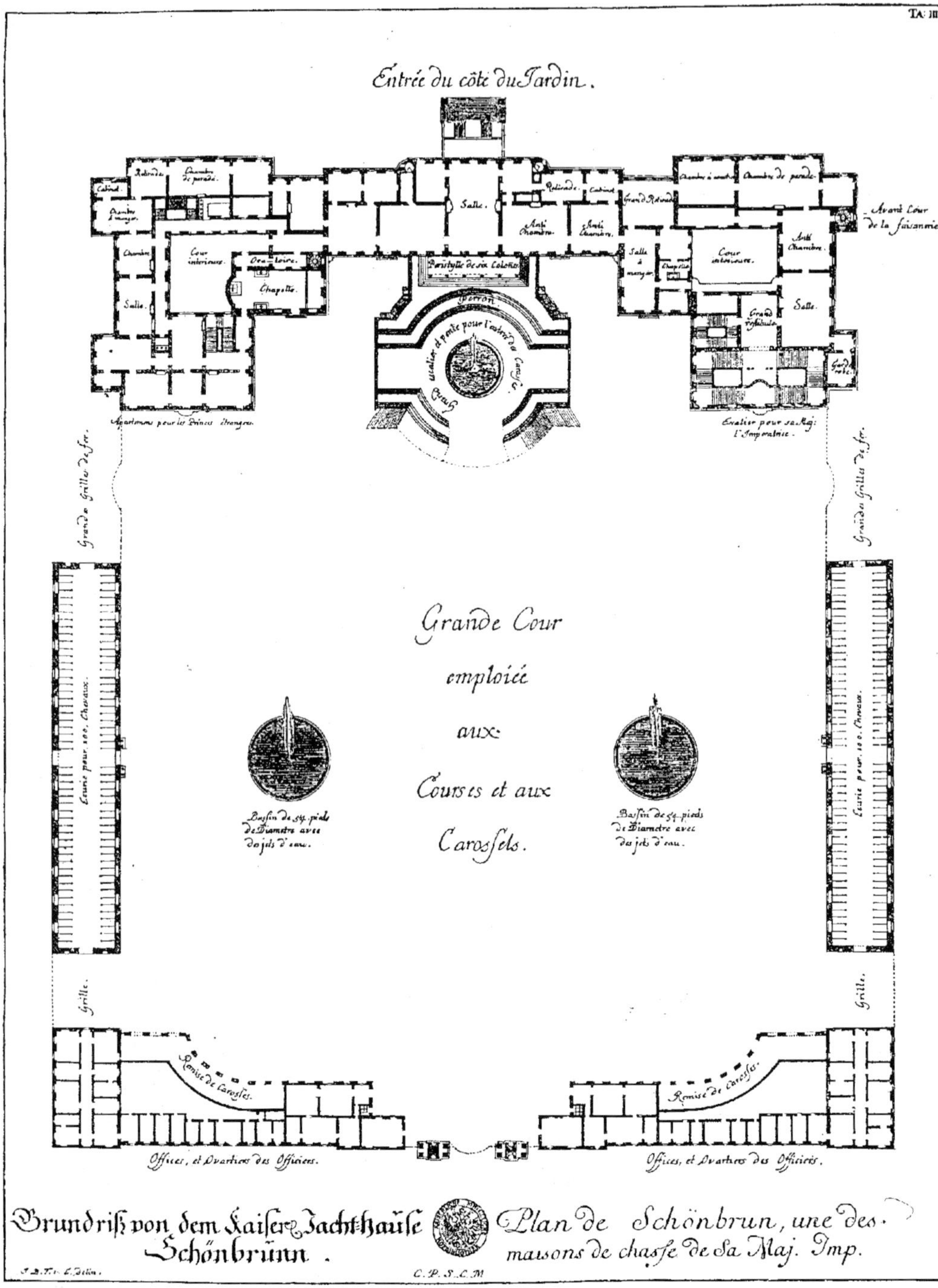

Abb. 14 Grundriß zum zweiten Projekt für Schönbrunn von J. B. Fischer von Erlach, um 1796

KAPITEL 1

Ehrenhof

Die wichtigste Verbindung von der Stadt nach Schönbrunn führte durch die Mariahilferstraße, überquerte den Linienwall, die äußere Befestigungslinie Wiens, verlief noch etwa zwei Kilometer Richtung Westen und bog dann nach Süden in eine Allee ein, die genau auf die Mitte des Schlosses zuführte. Nach dem Passieren der Wienflußbrücke und eines Vorplatzes erreichte man das dreiteilige Gittertor, das durch zwei Pfeiler mit Obelisken untergliedert war, an deren Spitzen als kaiserliches Hoheitszeichen je ein Adler auf der Sonnenkugel saß. Danach weitete sich der Ehrenhof und die ganze Breite der Schloßfassade wurde sichtbar (Abb. 16).

Diese eindrucksvolle Inszenierung der Annäherung an das Schloß war in der Barockzeit äußerst wichtig und sollte dem Besucher die Bedeutung des Schloßherrn bewußt machen. In Versailles, dessen zweigeteilter Ehrenhof ein äußeres und ein inneres Gitter besitzt, durften die Kutschen nur bis zum zweiten Gitter fahren, der innere Ehrenhof konnte nur zu Fuß oder mit der Sänfte überquert werden. Von dieser Regelung waren nur die Mitglieder der königlichen Familie ausgenommen.

In Schönbrunn hatte Fischer von Erlach um 1700 vor dem Mittelrisalit des Schlosses eine mächtige kreisförmige Treppenanlage, in die auch ein Rundbassin integriert war, errichtet. Hohe Gäste konnten, wie dies Fischers Ansicht von Schönbrunn II (Abb. 1 und 14) anschaulich zeigt, über eine Rampe bis auf die Höhe des Rundbassins vorfahren und dann zu Fuß über zwei Treppenabsätze die Kollonade im Hauptgeschoß erreichen, wo der Kaiser bei festlichen Anlässen seine Gäste begrüßte. Die Kutschen fuhren währenddessen in den Hof zurück und wurden dort abgestellt.

Kaiserin Maria Theresia, die darauf bedacht war, das aufwendige höfische Zeremoniell mit allen seinen Unbequemlichkeiten zu vereinfachen, ließ diese mächtige Treppenanlage beim Umbau des Schlosses 1743–1747 abtragen und von dem Hofarchitekten Pacassi durch eine geschwungene zweiläufige Freitreppe ersetzen (Abb. 15). Dadurch wurde es möglich, im Untergeschoß eine Sala terrena, eine offene Durchfahrtshalle in den Park zu schaffen, wo man auch bei Schlechtwetter trockenen Fußes die Kutsche verlassen und ins Schloß gelangen konnte. Der Zugang entlang der Mittelachse der gesamten Anlage, die den Besucher nach dem Durchschreiten der Halle den Park in seiner ganzen majestätischen Pracht vor Augen führt, wird schon in der Führerliteratur des 19. Jahrhunderts immer wieder als ein besonderes Erlebnis erwähnt.

Die zwei niedrigen Trakte an der Ost- und Westseite des Ehrenhofes dienten ursprünglich als Pferdeställe, wurden aber in den 1740er Jahren von Pacassi etwas erhöht und zu Kavalierswohnungen umgebaut. Gleichzeitig entstanden auch die Verbindungsarkaden zum Hauptgebäude anstelle der von Fischer errichteten Eisengitter. Das Schloßtheater an der nordwestlichen Ecke des Ehrenhofs wurde 1747 von Pacassi gebaut. Die beiden Obeliske, welche den mittleren Eingang in ein Haupt- und zwei Nebentore teilen, stammen noch aus der Zeit Fischers von Erlach, während die Gitter ihrem Stil nach um 1740/50 entstanden sein dürften. In den beiden eingeschoßigen Trakten zu seiten des Gittertores waren von Anfang an und bis zum Ende der Monarchie die Quartiere der Schloßwache untergebracht.

Die beiden Bassins im Ehrenhof waren schon von Fischer von Erlach auf seinem zweiten Projekt vorgesehen. Sie wurden um 1700 begonnen, 1730 berichtet J. B. Küchelbecker jedoch, daß erst ein Bassin fertiggestellt sei. Auf Bellottos Ansicht des Ehrenhofs von 1759 sind in den Bassins Skulpturengruppen von Meergöttern zu erkennen, die heutigen Brunnengruppen sind aber erst 1776 entstanden.

Die östliche Gruppe wurde von Johann Baptist Hagenauer geschaffen. Zwei Figuren stellen die Königreiche Galizien und Lodomerien dar, diese Länder waren erst kurz vorher (bei der zweiten Teilung Polens) an das Haus Habsburg gefallen, die dritte Figur verkörpert Siebenbürgen. Die westliche dreifigurige Brunnengruppe stammt von Franz Zauner, sie verkörpert die Donau, den Inn und die Enns. Diese Brunnengruppen waren ursprünglich für das Große Parterre gedacht und sollten gemeinsam mit zwei weiteren Gruppen die Länder der Monarchie repräsentieren. Nachdem man aber aufgrund von Wassermangel den Plan, im Großen Parterre vier Bassins zu errichten, aufgegeben hatte, wurden sie im Ehrenhof aufgestellt.

Der Ehrenhof war ursprünglich als Verkehrsfläche gedacht und besaß deshalb keinerlei gärtnerische Elemente. Die beiden Bassins waren mit einem schützenden Ring von Prellsteinen umgeben, erst um 1850 erhielten sie zunächst einen schmalen Rasenring. Um 1870 wurde die Rasenfläche zu einer barockisierenden Form, einem Rechteck mit eingezogenen Ecken und angesetzten Halbkreisen,

Abb. 15 Bernardo Bellotto genannt Canaletto, Die Hofseite des Schlosses Schönbrunn, 1759

erweitert und mit kugel- und kegelförmigen Zierbäumchen bepflanzt. Gleichzeitig pflanzte man auch Baumreihen vor den Kavalierstrakten und an der Nordseite des Ehrenhofes. Um 1950 wurden die Rasenfelder dann nochmals vergrößert und erhielten ihre heutige Linsenform. Die Umrißlinie des barockisierenden Rasenfeldes aus der Zeit um 1870 ist aber durch eine Blumenrabatte markiert.

Die beiden Sphingen und die beiden Löwen auf dem Vorplatz außerhalb des Eisengitters bewachten früher die Brücke über den Wienfluß, die im Zuge der Wienflußregulierung um 1900 durch einen weiträumigen Vorplatz ersetzt wurde. Sie wurden von Wilhelm Beyer geschaffen und sind zwischen 1772 und 1780 entstanden. Die Sphinx, als Verbindung von tierischer Kraft und menschlicher Klugheit, wurde schon bei den Ägyptern als Wächter vor Tempel und Grabmäler gesetzt. Allerdings handelt es sich hier nicht um den ägyptischen Typus mit einem Pharaonenhaupt, sondern um die im Barock beliebtere griechische Form, die Verbindung des Oberkörpers einer schönen Frau mit einem Löwenleib.

Heute stehen diese Skulpturen etwas verloren zwischen parkenden Autos und blicken gelangweilt in den vorbeibrausenden Verkehr.

Ereignisse und Feste

Am 4. und 5. Juli 1706 wurde im Ehrenhof von Schönbrunn ein prächtiges Turnier ausgetragen. Der junge Kaiser Joseph I. führte eine Schwadron an, der Prinz Maximilian von Hannover eine zweite. Die Teilnehmer entstammten dem Hochadel, und sowohl die Reiter als auch die Pferde waren prachtvoll gekleidet und geschmückt.

Ein historisches Ereignis, das ganz Wien begeisterte, hat der Maler Bernardo Bellotto, genannt Canaletto (1721–1780), in einem Bild festgehalten, das sich im Kunsthistorischen Museum befindet (Abb. 15): Feldmarschalleutnant Laudon hatte am 12. August 1759 bei Kunersdorf östlich der Oder einen großen Sieg über Friedrich II. von Preußen errungen. Im Tagebuch des Obersthofmeisters Khevenhüller liest man darüber: „Den 16. (August) fuhren Ihre Majestäten um halb 11 Uhr zu den Augustinern auf der Landstraße wegen des St. Rochifestes. Bei unserer Zurück-Kunfft ritte der Obristleutnant vom Löwensteinschen Chevaux légers (–Regiment) Graf Joseph Kinsky . . . mit 20 Blasenden und vier Postmei-

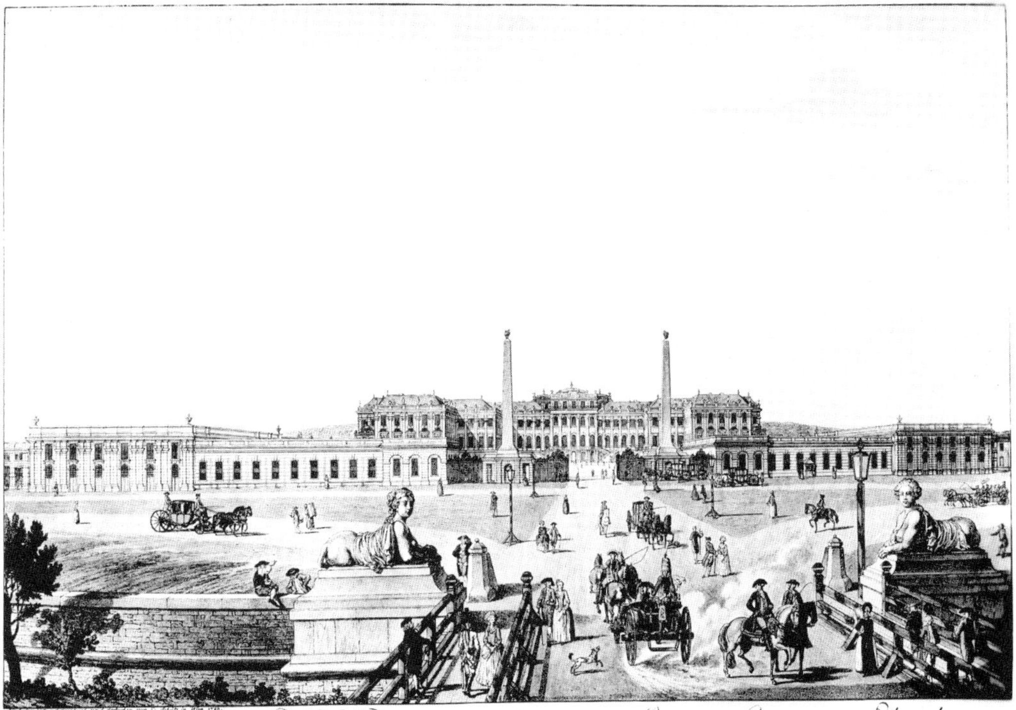

Abb. 16 „Der Eingang in das Schloß Schönbrunn“ von Carl Schütz, 1783

stern ein und überbrachte den Bericht des General Laudon von obbemelter Victori.“

Am 21. Jänner 1765 vermählte sich Kaiser Joseph II. in zweiter Ehe mit Maria Josepha von Bayern. Damals wurden die Hauptfront des Schlosses, die Bassins, die beiden Obeliske und die Brücke über den Wienfluß mit vielen tausend Kugellampen beleuchtet, die man eigens dazu angefertigt hatte.

Während seiner Anwesenheit in Schönbrunn in den Jahren 1805 und 1809 hielt Kaiser Napoleon im Ehrenhof jeden Sonntag um 10 Uhr morgens Truppenrevuen seiner Soldaten ab. Am 11. Oktober 1809 plante der junge Friedrich Staps

Abb. 17 Der Ehrenhof um 1900

aus Erfurt, der sich dem Kaiser am Fuß der Freitreppe als Bittsteller genähert hatte, ein Attentat auf Napoleon, das aber mißlang, weil ein Offizier, dem die Nervosität des jungen Mannes auffiel, den Dolch, den er mit sich trug, entdeckte. Napoleon wollte ihn pardonieren und ihn für geisteskrank erklären lassen, aber er bestand darauf, daß er bei klarem Verstand wäre, und so wurde er vier Tage später erschossen.

1861 und 1862 verbrachte Kaiserin Elisabeth viele Monate mit Reisen und Kuraufenthalten. Die Ärzte vermuteten ein Lungenleiden, aber sicher flüchtete Elisabeth auch vor dem für sie unerträglichen Klima am Wiener Hof, das von Staatsraison und umständlicher Etikette bestimmt war, sowie besonders vor ihrer Schwiegermutter, der Erzherzogin Sophie, die mit der jungen Kaiserin oft unzufrieden war, sie zu erziehen suchte und die auch die Erziehung der beiden Kinder des Kaiserpaares völlig in ihre Hand genommen hatte. Bei ihrer Rückkehr im August 1862 wurde sie von den Wienern freudig begrüßt. Ein ungeheurer Festzug begab sich zum Schloß Schönbrunn, im Ehrenhof stellten sich Gesangsvereine auf, umgeben von Lampionträgern und Fahnen, und sangen drei Quartette und die Kaiserhymne, der Bürgermeister von Wien begrüßte an der Spitze einer Abordnung der Bürgerschaft die Kaiserin, und sie dankte vom Balkon aus.

KAPITEL 2

Die Meidlinger Kammergärten

Als Kammergarten bezeichnet man den nahe dem Hauptgebäude gelegenen privaten Wohngarten, der vom übrigen Garten etwas abgesetzt ist. Meist ist ein solcher Kammergarten auch besonders aufwendig mit kleinen Blumenparterres, Brunnen, Treillagen etc. ausgestattet.

Sicher gab es auch in Schönbrunn schon beim Neubau des Schlosses um 1700 Kammergärten, doch man weiß wenig über ihre Lage und ihr Aussehen. Ein Kupferstich in der Graphischen Sammlung Albertina zeigt den Kammergarten der Kaiserin Wilhelmine Amalie, die 1711–1722 das Schloß bewohnte (Abb. 18). Es läßt sich aber nicht genauer feststellen, wo sich dieser Kammergarten befunden hat. Der Obersthofmeister Fürst Khevenhüller-Metsch berichtet in seinem Tagebuch, daß am 26. Juli 1742 nach einer großen kaiserlichen Tafel auf einer im Kammergarten eigens aufgerichteten Bühne eine Oper mit Ballett aufgeführt wurde. Die Zuschauer saßen teils im Garten, teils beobachteten sie die Vorstellung aus den Fenstern des Schlosses. Es wird aber nicht gesagt, ob diese Vorstellung im Meidlinger oder im Hietzinger Kammergarten stattgefunden hat.

Die Meidlinger Kammergärten, die vor der östlichen Seitenfassade des Schlosses liegen, gliedern sich heute in drei Teile:

1. Der Kronprinzengarten. Er liegt unmittelbar vor der Schloßfassade und erhielt seinen Namen um 1870 nach dem Appartement für den Kronprinzen Rudolf, das in den Erdgeschoßräumen an der Ost- und Südseite des Schlosses eingerichtet wurde. Der Einfachheit halber wird dieser Gartenteil aber schon von seinen Anfängen an so bezeichnet.

2. Der Garten „Am Keller“ ist ein erhöhter Bereich über einem Kellergewölbe.

3. Der Reservegarten. Bis 1955 befanden sich hier zwei getrennte Gartenteile, nämlich ein Boskett und die Kleine Orangerie.

Erst ab etwa 1745/50 wissen wir Genauers über das Ausehen der Meidlinger Kammergärten. Damals entstanden zwei Entwürfe für eine Neugestaltung, die bisher dem lothringischen Architekten Nicolas Jadot zugeschrieben wurden. Sie könnten aber auch von dem Gartenarchitekten Louis Gervais stammen, der ebenfalls aus Lothringen kam und nachweislich in Schönbrunn tätig war. Einer von diesen beiden Entwürfen (Abb. 19) bildete die Grundlage für die neue Anle-

Abb. 18 Kammergarten der Kaiserin Wilhelmine Amalie, um 1720

gung der Meidlinger Kammergärten, welche nur noch in einigen Details abgeändert wurde.

Auf einem Gartenstreifen, dessen Breite der östlichen Seitenfassade des Schlosses entspricht, entstanden entlang einer gemeinsamen Mittelachse aufgereiht vier Gartenteile, die auf unterschiedlichen Niveaus liegen.

Der Kronprinzengarten

Dieser tief gelegene Gartenteil unmittelbar an der Schloßfassade befindet sich auf dem Niveau der nördlich vorbeiführenden Meidlinger Fahrstraße. Vom Mitteltor der Seitenfassade führen einige Stufen in den Garten hinab. Im Süden und Osten ist er von den Stützmauern der höher gelegene Lichten Allee und des benachbarten Gartens „Am Keller" umschlossen. Für die innere Gliederung war immer das Wegekreuz aus Mittelachse und Querachse bestimmend. Im 18. Jahrhundert waren die Parterrefelder mit Rabatten eingefaßt, die sich auch zu zwei symmetrischen Voluten einrollten (Tafel IV). Im 19. Jahrhundert erscheinen diese Parterrefelder als glatte Rasenflächen. Erst in den letzten Jahren hat die Gartenverwaltung neue mit Buchs eingefaßte Randrabatten und Zierbäumchen zur Akzentuierung der Ecken angepflanzt, die aber nicht genau den Formen des 18. Jahrhunderts entsprechen.

Der Garten „Am Keller"

An den Kronprinzengarten schließt der Garten „Am Keller" an, der über einem wahrscheinlich um 1700 errichteten Keller angelegt wurde. Dieser Keller lag ganz in der Nähe der ehemaligen Hofküche, die jenseits der Meidlinger Fahrstraße in einem Nebengebäude des Schlosses untergebracht war. Dieser Gartenteil liegt erhöht auf dem Niveau der Lichten Allee und ist von einem hufeisenförmigen Laubengang umgeben, in den vier (ursprünglich waren es fünf) Pavillons eingefügt sind. In dem umschlossenen Gartenbereich verlief eine ebenfalls hufeisenförmige Reihe von beschnittenen Bäumchen.

Auf dem Plan der Meidlinger Kammergärten um 1745/50 (Abb. 19) war in der

Mitte ein dreiteiliges Broderieparterre mit einem achteckigen Bassin vorgesehen. Es scheint aber, daß diese um 1750 schon eher unmoderne Art der Parterregestaltung, wo man komplizierte, an Stickerei erinnernde Muster aus niedrigen Buchsstauden herstellte und die Zwischenräume mit verschiedenfarbigem Sand oder Steinchen bestreute, nicht ausgeführt wurde. Um 1780 findet man hier jedenfalls ein Parterre „à l'angloise" mit ähnlichen Zierformen wie im Großen Parterre, die aus Rasen, gegliedert durch schmale Zierwege und niedrige Buchshecken, bestehen. Im Zentrum entstand statt des geplanten Brunnens ein vierpaßförmiges Rasenfeld mit einer Vase (Tafel IV).

Im 19. Jahrhundert wurden die Parterrefelder vereinfacht und nach dem Ende der Monarchie im 20. Jahrhundert als Reservegartenfläche verwendet. Die beiden geraden Teile der hufeisenförmigen Baumreihe bestanden noch bis 1964. Die Grundstruktur der Wegachsen mit einer barockisierenden Terracottavase des 19. Jahrhunderts im Kreuzungspunkt und der drei Parterrefelder sind bis heute erhalten.

Die Gartenverwaltung denkt daran, den ursprünglichen Zustand zumindest teilweise wiederherzustellen und hier einen Schaugarten mit Sonderausstellungen besonderer Blumenzüchtungen (z.B. historische Tulpensorten im Frühjahr 1995) einzurichten.

Die Laubengänge bestanden um 1750 ebenso wie die Pavillons aus kunstvollem Treillagewerk (Abb. 20). Sie wurden aber schon um 1770 durch eine einfachere Eisenkonstruktion ersetzt, weil die Erhaltung dieses empfindlichen hölzernen Lattenwerks sehr kostspielig war. Die Pavillons wurden um 1770 von einem Gesellen oder Schüler Johann Bergls mit Deckenfresken ausgestattet. Vier dieser Pavillons sind durch wiederholte Reparaturen in etwas vereinfachter Form bis in die Gegenwart erhalten.

Die eisernen Laubengänge waren im 18. Jahrhundert angeblich mit Ulmen, im 19. Jahrhundert mit wildem Wein bewachsen. In den letzten Jahrzehnten bis etwa 1990 hat man dort Spalierobst und Rosen gezogen.

Östlich des hufeisenförmigen Laubenganges befindet sich ein etwa drei Meter breiter Wegstreifen, von dem in der Mittelachse eine der Stützmauer vorgelagerte Treppe in den dritten Teil der Meidlinger Kammergärten hinunterführte, die aber im Zug der Errichtung des neuen Reservegartens 1955–1965 durch eine schmale, in die Stützmauer eingeschnittene Stiege ersetzt wurde. 1995 schuf die Betriebsgesellschaft Schloß Schönbrunn auf diesem Wegstreifen mittels einer neuen Treppe zur Meidlinger Fahrstraße einen neuen Zugang in den Park, wel-

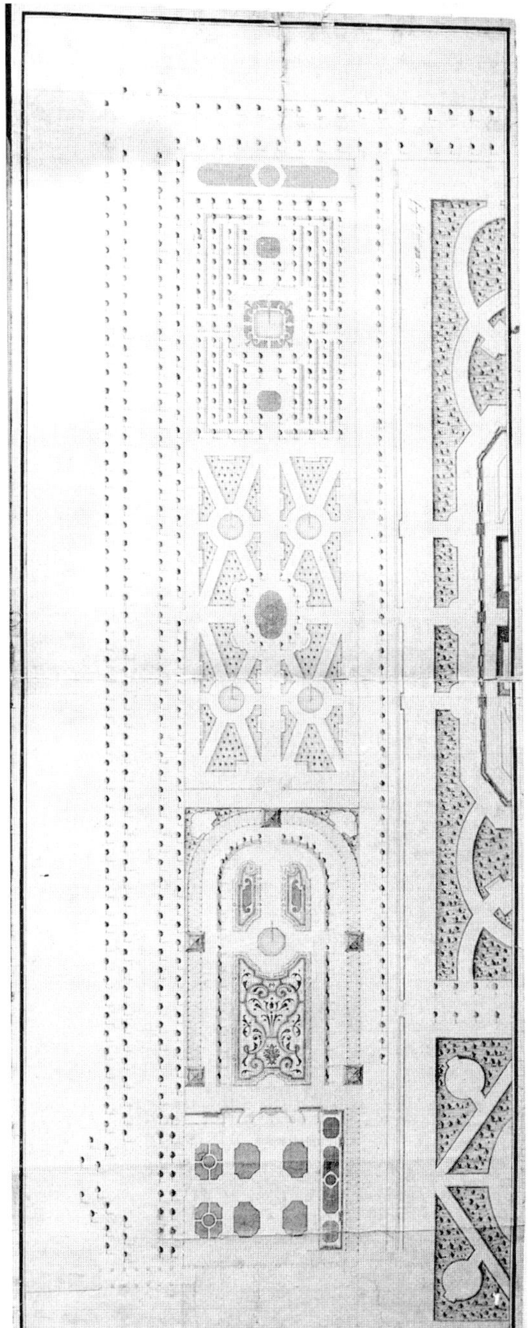

Abb. 19 Entwurf zu den Meidlinger Kammergärten um 1745

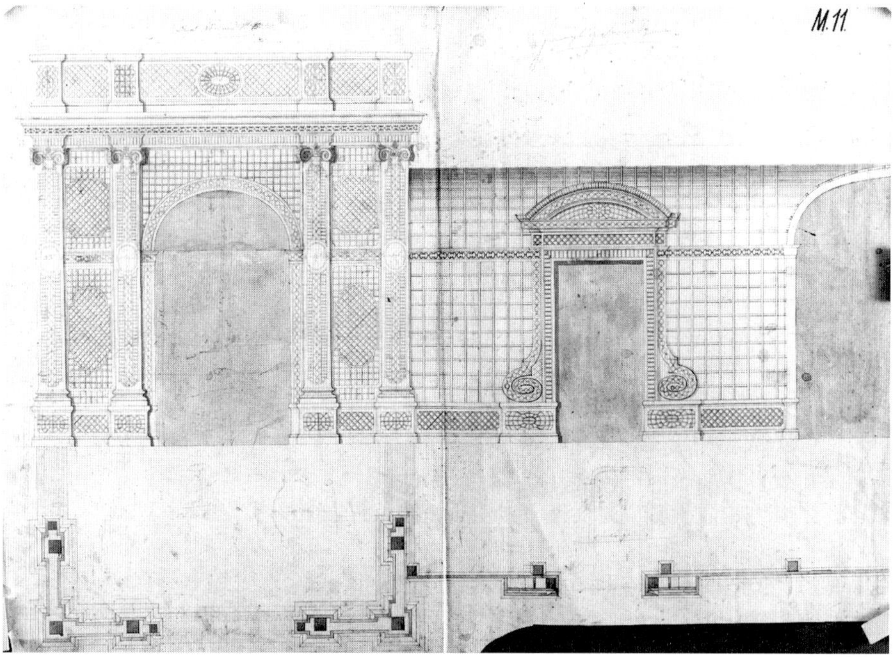

Abb. 20 Entwurf für Treillagebauten um 1750

cher durch die Schließung des traditionellen Durchganges durch die Torhalle in der Mittelachse der gesamten Schloßanlage notwendig geworden war.

Der Reservegarten

(ehemals Boskett und Kleine Orangerie)

Als dritter, etwas tiefer gelegener Teil der Meidlinger Kammergärten folgte ein Boskett, das durch zwei gekreuzte Wegachsen in vier Teile gegliedert war. Auf dem Plan um 1745/50 (Abb. 19) waren in jedem der vier Teile ein Querweg, zwei diagonale Wege und je ein Brunnen vorgesehen. Bei der Ausführung begnügte man sich aber mit einem Brunnen im Zentrum. Diese sehr aufwendige Gestaltung war jedoch kurzlebig. Schon um 1770 verschwanden die Diagonalwege und auf den acht Flächen pflanzte man Obstbäume und legte gedeckte Beete an. Im

19. Jahrhundert entstanden an der Nordseite einige Gewächshäuser. Die ursprüngliche Grundstruktur blieb aber während der Nutzung als Obst- und Reservegarten bis 1955 erhalten (Abb. 8, 10, 11 und 67).

Der vierte und letzte, etwas tiefer als das Boskett gelegene Teil der Meidlinger Kammergärten, war die Kleine Orangerie, die um einige Jahre älter ist als die 1755 beendete Große Orangerie. Die Kleine Orangerie war ebenfalls durch zwei gekreuzte Wegachsen in vier Kompartimente geteilt, welche der Aufstellung von Orangen- und Zitrusbäumchen dienten. Der Brunnen in der Mitte wurde mit einer bronzenen Najade von Franz Kohl geschmückt. Kohl ist ein Bildhauer aus der Schule Raffael Donners und hatte 1744 die beiden Bleistatuen für die Schloßkapelle geschaffen.

Schon um 1760 wurde an der Nordseite ein Treibhaus errichtet, in dem man exotisches Obst, wie Bananen und Ananas aber auch Pflaumen und Mirabellen für die kaiserliche Tafel züchtete. Aber auch botanische Raritäten waren hier untergebracht. So wurde sehr bald der rein repräsentative Charakter dieses Gartens zugunsten einer praktischen Nutzung reduziert, aber nicht gänzlich aufgegeben. Im 19.Jahrhundert findet man hier Obstbäume und gedeckte Beete, die ursprüngliche Grundstruktur wurde aber ebenfalls bis 1955 beibehalten.

1950 beschloß man, den alten Reservegarten neben dem Tiergarten aufzulassen und alle Betriebsgärten im Bereich der Großen und der Kleinen Orangerie sowie des anschließenden Bosketts zu konzentrieren. 1955–1965 errichtete man nach den Plänen von Architekt Wilhelm Legler auf dem Areal der Kleinen Orangerie und des benachbarten Bosketts 38 Treibhäuser und zwei Betriebsgebäude. Dabei wurde das Terrain etwas abgegraben, um den Blick auf das Schloß möglichst wenig zu beeinträchtigen.

Kaiserliches Privatleben

Die Meidlinger Kammergärten wurden also um 1750 als aufwendig gestaltete private Lustgärten angelegt. Ab 1770 verwendete man aber die Kleine Orangerie und das anschließende Boskett immer mehr auch als Nutzgarten mit Treibhäusern, in denen exotisches Obst und botanische Raritäten gezüchtet wurden.

Der Kronprinzengarten und der Garten „Am Keller“ blieben bis 1918 ein der kaiserlichen Familie vorbehaltener Zier- und Wohngarten und waren auch später, in der Zeit der Republik, nie öffentlich zugänglich. Sämtliche Eingänge zu diesem Garten waren mit halbhohen Gartentüren verschlossen, sodaß die Spaziergänger zwar nicht hineingehen aber doch einen Blick in diese Kammergärten werfen konnten.

Eine Begegnung an einer solchen Gartentür am 15. August 1831 schildert die Kinderfrau des damals fast ein Jahr alten späteren Kaisers Franz Joseph: „Heute Nachmittag war der Kleine vor dem Schlosse installiert in seiner Gehschule. Er spielte, ich las, da sammelte sich eine Menge Publikum um das Türchen, von wo aus man ihn sehen konnte. Die Erzherzogin (Franz Josephs Mutter, Erzherzogin Sophie) sah das vom Fenster aus, kam herunter und nahm den Kleinen auf den Arm und brachte ihn der Menge hinaus. Die Leute waren entzückt, sie lobten bald dieses bald jenes an Ihm; da sagte eine Frau: ‚nun ist er bald ein Jahr alt'. ‚Ja', sagte die Erzherzogin, ‚da habe ich viel ausgestanden!' ‚Das kann ich mir wohl denken,' sagte die Frau, ‚denn ich habe sechse zur Welt gebracht;' und nun dankten sie ihr alle, daß sie ihnen den Kleinen gezeigt habe. Sie unterhielt dies sehr und der Kleine winkte und war herzig. Die Leute sprachen ganz deutlich und laut von den Hoffnungen, die sie auf ihn setzen. Ich fragte daher, ob ich ihn nicht an einen Ort tun solle, wo man ihn nicht sähe. Aber man sagte mir, es sei gut, wenn man ihn sähe, indem man allgemein glaube, er sei nicht hier und man dies sehr übel aufgenommen habe. Ich mußte noch mehrmalen an das Gitter, so viele Leute kamen, um ihn zu sehen. Der arme Kleine war zuletzt ganz müde."

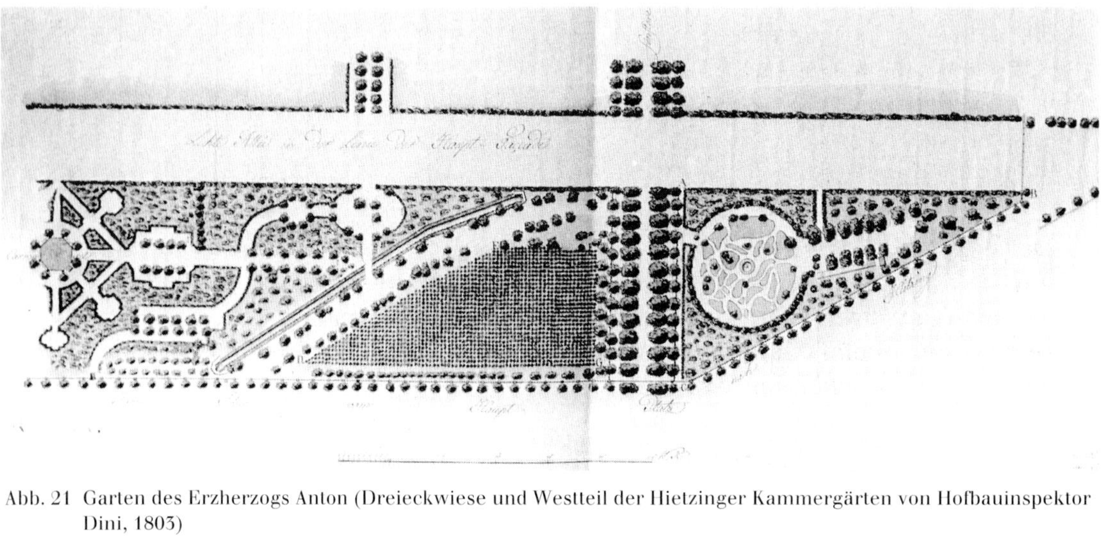

Abb. 21 Garten des Erzherzogs Anton (Dreieckwiese und Westteil der Hietzinger Kammergärten von Hofbauinspektor Dini, 1803)

KAPITEL 3

Die Hietzinger Kammergärten

Die Hietzinger Kammergärten, die sich vor der westlichen Schloßfassade ausdehnen, bestehen aus fünf Teilen.

1. Der eigentliche Kammergarten, der aus einem tiefer liegenden Teil unmittelbar vor der Schloßfassade und einem westlich anschließenden höher liegenden Teil besteht.
2. Der große Kastaniensaal, mit dem Wasserbassin in der Mitte.
3. Der ovale Kastaniensaal
4. Der runde Kastaniensaal
5. Der Reitschulgarten

Wahrscheinlich haben auch auf der Hietzinger Seite, seit dem Bau des Schlosses um 1700, Kammergärten bestanden, über die man aber, ähnlich wie bei den Meidlinger Kammergärten, nichts Genaueres weiß. Mit der Neugestaltung dürfte ebenfalls um 1745/50 begonnen worden sein. Auf dem 1754/55 datierten Plan von Jean Brequin de Demange ist zu sehen, daß damals bereits große Teile der Hietzinger Kammergärten in ihrer heute noch bestehenden Grundform fertiggestellt waren (Abb. 3).

Der eigentliche Kammergarten

Der eigentliche Kammergarten besteht aus einem tieferen Teil direkt am Schloß auf dem Niveau der Hietzinger Fahrstraße und dem westlich folgenden höheren Teil auf dem Niveau der Lichten Allee, mit zwei hintereinanderliegenden Parterrefeldern, eingefaßt von zwei Laubengängen, mit je einem Pavillon am Westende und zwei anschließenden symmetrischen kleinen Bosketten.

Die beiden Parterrefelder im oberen Kammergarten, von denen im 18. Jahrhundert das eine mit Broderien und das andere mit Rasenornamenten gestaltet waren (Tafel IV), wurden im 19. Jahrhundert vereinfacht und erhielten um 1865/70, einer Zeit in der das Interesse für formale Gartengestaltung wieder erwachte, eine neue geometrisch-ornamentale Gliederung, die mit einigen Veränderungen in Details bis heute beibehalten wurde.

Dem rechteckigen Parterrefeld wurde ein elliptischer Zierweg eingeschrieben, das Zentrum und die Mitte der vier Seiten wurden durch Rosetten akzentuiert. Von den Blumenornamenten entspricht nur noch das gelappte ovale Band in der Mitte den Formen, die noch um 1900 hier zu finden waren. Die Ecken erhielten ihre heutige Gestaltung um 1950; um 1900 befanden sich dort und in den zwei Rosetten der Längsseiten kegelförmige Zierbäumchen. Außerdem wurden sämtliche Konturen mit Blumenbordüren begleitet (Abb. 22).

Die gußeisernen Vasen mit Reliefs und figuralen Henkeln sind Kopien oder Nachempfindungen der Bronzevasen im Parterre des Schlosses Versailles und dürften um 1870 in den Kammergarten gekommen sein. Sie wechselten aber zum Teil ihre Standorte innerhalb der Kammergärten.

Zwei barocke Steinvasen. Die beiden großen Steinvasen im Hietziger Kammergarten standen ursprünglich an einer Gartentreppe in Schloßhof im Marchfeld, einem Besitz des Prinzen Eugen. Sie sind um 1730 entstanden. Um 1900 wurde das Schloß, das sich in kaiserlichem Besitz befand, dem Militär als Reitschulinstitut überlassen. Damals wurden dort viele Gartenskulpturen entfernt, von denen einige nach Schönbrunn kamen (Tafel XI).

Anders als Hagenauers Vasen bei den Najadenbrunnen, gehören die Schloßhofer Vasen noch ganz dem Barock an. Die Sockel sind nicht rechtwinkelig, sondern geschwungen und reich profiliert. Sie sind auch nicht so klar von den daraufstehenden Vasen abgesetzt, denn durch das überhängende „Rollwerk“ wird ein fließender Übergang hergestellt. Auch die Vasen selbst sind üppig mit solchem Rollwerk überzogen, die Henkel haben die Form von Satyrköpfen. Auf der Vorder- und Rückseite trägt jede Vase zwei Reliefs mit Götterpaaren, welche die vier Elemente repräsentieren.

Die Reliefs der nördlichen Vase stellen die Elemente Erde und Wasser dar. Auf der Vorderseite thronen eine Erdgöttin (Kybele oder Ceres) mit Füllhorn und Erntemesser und Herkules mit Löwenfell, begleitet von einem Elefanten. Auf der Rückseite findet man Neptun und seine Gemahlin Amphitrite, begleitet von Meergöttern.

Die Reliefs der südlichen Vase repräsentieren die Elemente Luft und Feuer. Die Vorderseite zeigt den Göttervater Jupiter mit dem Adler, der ihm geweiht ist,

Abb. 22 Hietzinger Kammergarten um 1900

begleitet vom Götterboten Merkur mit Flügelschuhen und Jupiters Gemahlin Juno mit dem ihr zugehörigen Pfau und ihrer geflügelten Botin Iris, einer Personifikation des Regenbogens, der in der Antike als Brücke zwischen Himmel und Erde angesehen wurde. Auf der Rückseite findet man den Feuer- und Schmiedegott Vulcanus mit seiner Gemahlin Venus.

Die Statuen des Meleager und der Diana. Im unteren Kammergarten stehen zwei unterlebensgroße, sehr anmutige Figuren aus Carraramarmor. Sie sind Werke des Bildhauers Wilhelm Beyer, der 1773–1780 die Herstellung der Statuen des Großen Parterres leitete. Die Figur des Jägers Meleager ist eine Variante der Statue im Großen Parterre. Die zweite Figur stellt die fußwaschende Göttin Diana dar. Sowohl die Proportionen als auch die besonders feine Ausarbeitung zeigen, daß diese beiden Figuren eher für einen Innenraum als für einen Garten gedacht waren. Die Statue des Meleager stand, wie eine ältere Beschreibung berichtet, im Jahr 1880 noch im Billardsaal des Schlosses Laxenburg, und wahrscheinlich hat sich auch die Diana dort befunden. Um 1900 standen die beiden Figuren im Zentrum des ovalen und des rechteckigen Parterrefeldes im oberen Kammergarten. An ihrem heutigen Standort befinden sie sich seit etwa 1960.

Um diese Zeit erhielt auch die Treppe zwischen oberem und unterem Kammergarten ein spätbarockes Gitter aus Schmiedeeisen, das vorher eine Treppe von der Lichten Allee zum Boskett-Teil der Meidlinger Kammergärten verschlossen hatte und im Zuge der Errichtung des Reservegartens von 1955–1965 hierher versetzt wurde.

Der große Kastaniensaal

Der große Kastaniensaal besaß im 18. Jahrhundert ein langgestrecktes Bassin mit drei Ausweitungen, das von vier Reihen beschnittener Kastanienbäume umgeben war. Nördlich verlief parallel dazu noch ein Heckengang, der vom Kastaniensaal durch mehrere Zugänge erreichbar war (Tafel IV). Das Bassin wurde vom Mühlbachkanal mit Wasser versorgt, der ursprünglich vom Wienfluß und später vom Lainzerbach abgezweigt und nördlich des Kaiserstöckls in den Park geführt wurde. Er floß teils offen, teils überdeckt an der ursprünglichen Nordgrenze der Hietzinger Kammergärten entlang, speiste das Bassin und verlief dann unterirdisch bis zur Wassermaschine am östlichen Ende des Parks, wobei noch die Bassins der Orangerie und wahrscheinlich auch der Kammergärten mit Wasser versorgt wurden. 1840 verkleinerte man das Bassin im großen Kastaniensaal. Östlich und westlich des Beckens wurde je ein Rasenfeld angelegt

Abb. 23 Hietzinger Kammergarten um 1925

und damit die heute noch vorhandene Struktur dieser Brunnenanlage geschaffen (Abb. 11 und 23). Der Mühlbachkanal, der schon seit der Zeit der Kattermühle bestand, wurde 1849 „wegen seines abscheulichen Geruchs", erzeugt durch die vermehrten Abwässer der wachsenden Gemeinde Hietzing, stillgelegt.

Der ovale und der runde Kastaniensaal

Im Boskettbereich mit beschnittenen Hecken und Bäumen folgt der ovale Kastaniensaal mit einem Ring von freistehenden Bäumen, der im 18. Jahrhundert mit einem ovalen Boulingrin (einem vertieften Rasenfeld) ausgestattet war. Um diesen Saal sind vier Heckenkabinette angeordnet. Als nächstes erreicht man den runden Kastaniensaal, in dessen Mitte sich im 18. Jahrhundert ein Karussell befand (Abb. 8, 21 und 67). Er ist von einem rautenförmigen Heckengang und zahlreichen Heckenkabinetten umgeben. Den Abschluß bildet ein rechteckiges Heckenkabinett in der Längsachse. Diese Achse, an der sämtliche Kammergärten aufgereiht sind, geht übrigens nicht von der Mitte der Seitenfassade des Schlosses aus, sondern ist etwas nach Süden verschoben. Der Grund dafür war vielleicht die Berücksichtigung und Integration von Teilen älterer Kammergärten.

Der Reitschulgarten

Zwischen 1755 und 1760 entstanden westlich des runden Kastaniensaals noch einige asymmetrisch angeordnete Heckenkabinette. Ein rechteckiges Kabinett könnte für Kegelspiele oder dergleichen verwendet worden sein (Abb. 8, 21 und 67).

1756 wurden die Hietzinger Kammergärten durch den Kauf eines Grundstücks am Wienfluß über die alte Grenze am Mühlbach bis zur Kastanienallee erweitert. Auf diesem dazugekauften Grund und dem Areal der asymmetrischen Boskette entstand um 1850/60 eine Reitbahn und außerdem ein geschlungener Weg, der am ganzen Nordrand der Hietzinger Kammergärten entlang bis zum Schloß zurückführt (Abb. 11 und 24).

1920 wurde diese Reitbahn aufgelassen. Zu dem alten Bestand an mächtigen Laubbäumen (unter anderem eine mächtige Blutbuche, ein Feldahorn und ein Silberahorn) legte man im westlichen Teil 1923–1925 ein Pinetum (einen Garten mit exotischen Nadelhölzern) an. Der umlaufende Weg folgt noch weitgehend dem Oval der ehemaligen Reitbahn. Die Azaleen und Rhododendren wurden um 1960/65 gepflanzt.

Abb. 24 Reitschulgarten, 1910

Rendezvous und Pferde

Auch die Hietzinger Kammergärten waren bis 1918 Privatbereich der kaiserlichen Familie. Das Gebiet in der Nähe des Schlosses war immer repräsentativer Ziergarten, der westliche Teil mit dem Karussell im runden Kastaniensaal, den Spielplätzen in den asymmetrischen Heckenkabinetten und später dem Reitplatz dienten dem Spiel und dem Sport.

In seiner Kindheit hatte sich Kaiser Franz Joseph vor allem in den Meidlinger Kammergärten aufgehalten, die Wohnräume seiner Eltern lagen ja im Ostflügel des Schlosses. Nach ihrer Eheschließung wohnten Franz Joseph und Elisabeth im Westflügel, und wahrscheinlich hing es damit zusammen, daß sie nun vermehrt auch die Hietzinger Kammergärten benützten. Das Kaiserpaar machte hier kurze Spaziergänge, wenn wenig Zeit oder schlechtes Wetter war. Bei Schnee wurden zu diesem Zweck sogar Bretter aufgelegt. Die Eingänge vom Park waren auch hier durch halbhohe Gartentüren verschlossen. So schreibt Kaiser Franz Joseph am 25. November 1898 an seine Vertraute, die Schauspielerin Katharina Schratt: „Übermorgen Früh ist der herrliche Augenblick des Wiedersehens. . . . so möchte ich . . . nur melden, daß ich für den Fall als Sie um ½ 8 Uhr nach Schönbrunn kommen sollten, Sie wie gewöhnlich im Kleinen Garten erwarten werde, um Ihnen die Türe aufzusperren". Auch die Reitbahn am Ende der Kammergärten benützte der Kaiser immer wieder. Am 5. September 1900 berichtet der Kaiser wiederum an Katharia Schratt: „Vorgestern früh habe ich drei neue Pferde im kleinen Garten geritten, was zu meiner vollen Befriedigung ausfiel." Für die Fürstin Elisabeth Windisch-Graetz, Tochter des Kronprinzen Rudolf und Enkelin Franz Josephs, wurde im Hietzinger Kammergarten ein Manöverhofzelt aufgestellt, wo sie sich von schwerer Krankheit erholen sollte.

Seit 1922 waren die Hietzinger Kammergärten gegen Eintrittsgebühr allgemein zugänglich. Seit 1940 ist der Eintritt ohne Entgelt erlaubt.

KAPITEL 4

Große Orangerie

Die Orangerien waren seit dem 17. Jahrhundert wichtige Orte fürstlicher Repräsentation und Selbstdarstellung. Die Orangen und andere Zitrusfrüchte wurden mit den goldenen Äpfeln aus dem mythischen Garten der Hesperiden am Ende der Welt gleichgesetzt, die der Held Herkules (eine beliebte Identifikationsfigur barocker Fürsten) nach der Tötung des Drachens (als Inbegriff des Lasters) der die Bäume bewachte, als Preis seiner Tugend und als Symbole des ewigen Lebens auf die Erde brachte. Der Besitz eine Orangerie kennzeichnet demnach den Fürsten als Tugendhelden und Heilsbringer. In Versailles wurden diese symbolträchtigen Orangenbäumchen sogar in den Gemächern Ludwigs XIV. aufgestellt. So war die Orange nicht nur eine interessante exotische Pflanze, die man wegen ihrer Schönheit und ihres Duftes schätzte, sondern auch ein wichtiges fürstliches Attribut, dem man einen entsprechenden Rahmen geben wollte. Eine Orangerie war nie nur Nutzbau zur Überwinterung empfindlicher Pflanzen, sondern häufig auch der Schauplatz höfischer Feste und Repräsentation und diese Ansprüche äußerten sich natürlich auch in der architektonischen Gestaltung des Gebäudes und der Gartenanlage.

Die Schönbrunner Orangerien

Auch in Wien wurden die Orange und ihre Verwandten in der zweiten Hälfte des 17. Jahrhunderts neben anderen fremdländischen Gewächsen zu Modepflanzen des Adels und so werden in einer Beschreibung Schönbrunns aus dem Jahr 1660 bereits „welsche Bäume und Pomeranzenkhübel" erwähnt.

Auch zur Zeit des Schloßbaues um 1700 muß ein Orangeriegarten bestanden haben, denn 1714 preist J.C. Volkamer in seinem Werk „Hesperides oder Gründliche Beschreibung der Edlen Citronat- Citronen und Pomeranzen Früchten" den Lustgarten von Schönbrunn als einen der berühmtesten unter den deutschen und italienschen Gärten und erwähnt, daß in ihm die edle Orange gezogen werde.

Ein um 1720 entstandener Kupferstich trägt den Titel „Die Kaijs. Orangerie in

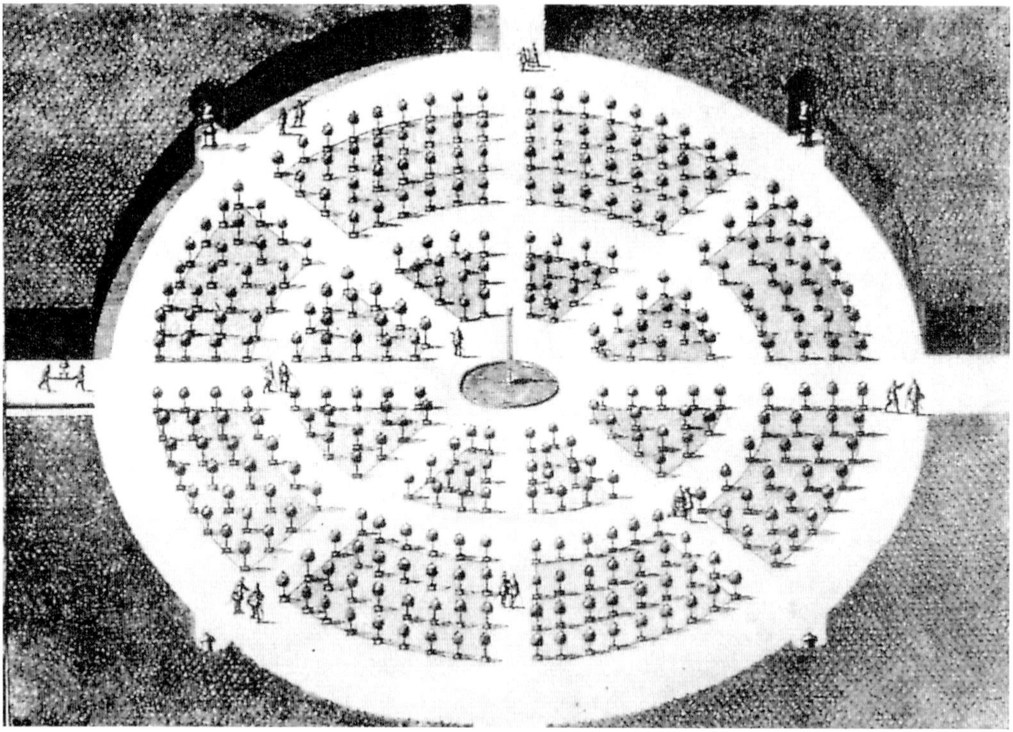

Abb. 25 Die kaiserliche Orangerie in Schönbrunn um 1720

Schönbrunn Alwo sich jedes Stuck Baum von oben des Vasis bis an dessen Cron Fünnf Wiennerische Schuch (= ca. 160 cm) hoch Erstrecket". Er zeigt eine kreisförmige, von Hecken eingefaßte Anlage, wo über 300 Orangenbäumchen um eine Fontäne aufgestellt sind (Abb 25). Wo sich diese Anlage damals in Schönbrunn befunden hat, ist nicht bekannt, sie muß aber im Bereich der heutigen Orangerie oder zumindest in ihrer Nähe gelegen haben.

In den Jahren 1754/55 entstand das heutige Orangeriegebäude mit seinen 39 Fensteröffnungen. An der Planung könnte der Architekt Jean Nicolas Jadot einigen Anteil gehabt haben, die Ausführung oblag jedenfalls dem Hofarchitekten Nikolaus Pacassi, da Jadot schon 1753 Wien verließ. Das Bauwerk mit seinen 189

Abb. 26 „Orangerie und Treibobstgarten“ um 1820

Metern Länge und 10 Metern Breite ist das größte barocke Orangeriegebäude nach Versailles und die einzige noch in Betrieb befindliche Orangerie Österreichs. Sie wird bis heute mit der hypokaustischen Heizung des 18. Jahrhunderts beheizt, die mit großen Eisenplatten abgedeckt ist. Als Heizmaterial verwendet man riesige Holzscheite, die beim Ausholzen des Parks anfallen. Zur selben Zeit entstand auch der im Osten anschließende „Rundbau“, in dem ein Cedrathaus für besonders empfindliche Zitrusfrüchte sowie einige Obstzimmer untergebracht waren.

Das Orangeriegebäude war ursprünglich durch zahlreiche niedrige nebeneinanderliegende Satteldächer gedeckt, die aber dem Regen und dem Schnee nicht

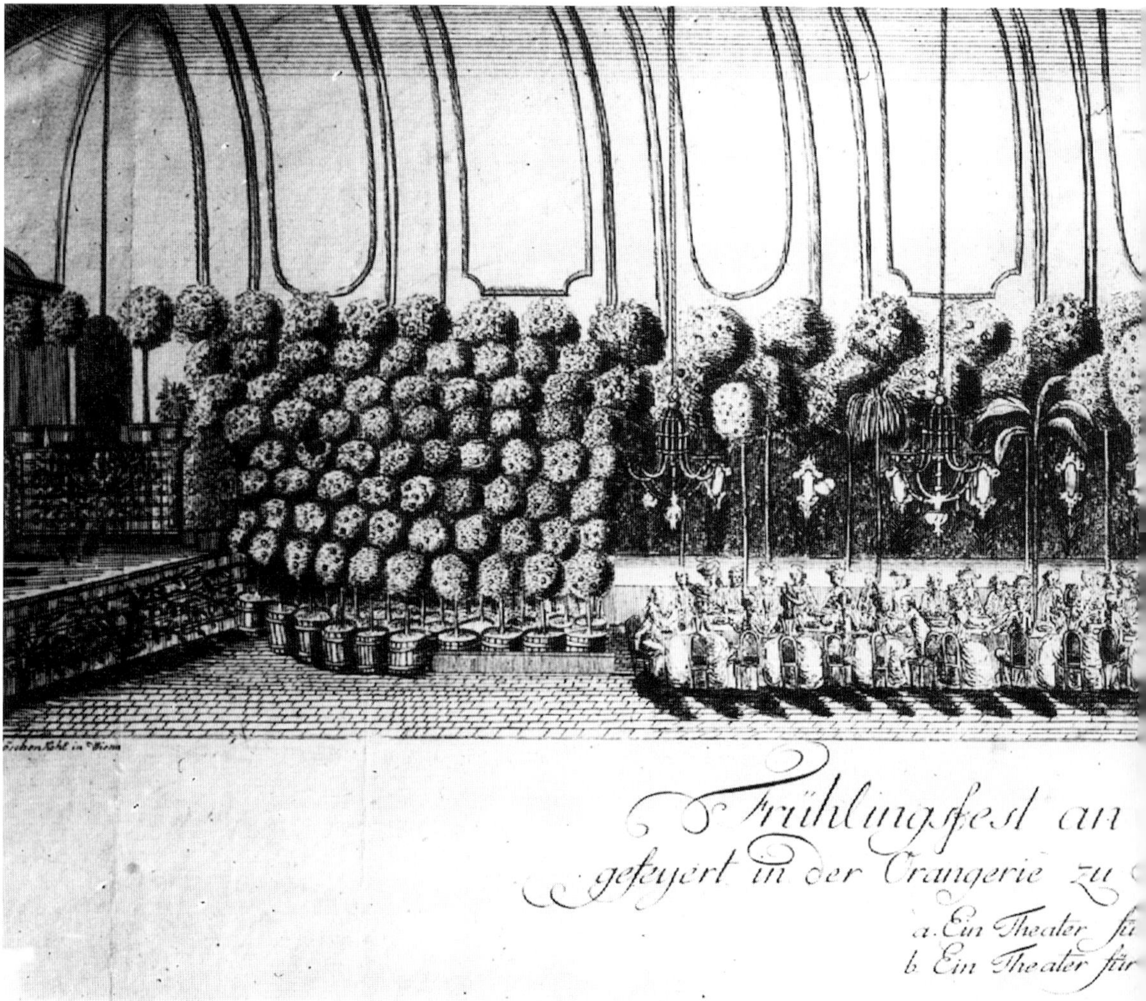

Abb. 27 Hieronymus Löschenkohl, Frühlingsfest in der Orangerie, 1785

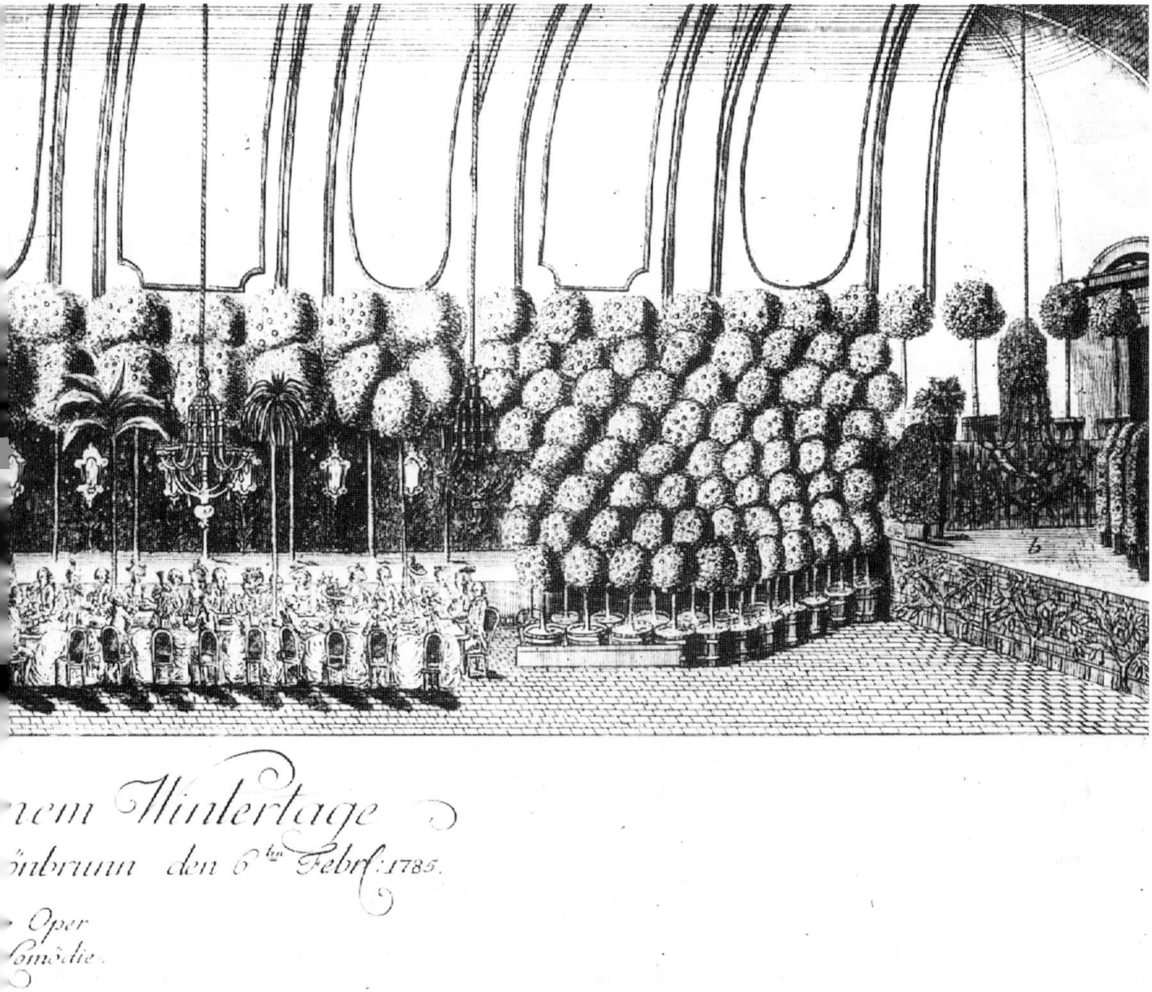
nem Wintertage
önbrunn den 6ten Febr: 1785.
Oper
omödie.

standhielten. Deshalb entschied Kaiser Joseph II. 1789, daß stattdessen vier über die ganze Länge der Orangerie parallel laufende höhere Satteldächer errichtet werden sollten.

1869/70 wurden die hölzernen Fenster durch die heutigen Eisenfenster ersetzt.

Nach der Fertigstellung des Gebäudes entstand um 1760 der Orangeriegarten.

Auf einem Gesamtplan Schönbrunns um 1770 ist erstmals die Gliederung des Orangeriegartens in der Form zu sehen, in der sie heute noch besteht (Abb. 67). Der rechteckige Teil ist durch eine Längs- und drei Querachsen in acht Felder gegliedert. Zwei weitere viertelkreisförmige Felder liegen vor dem östlichen „Rundbau". Auf dem Gesamtplan um 1770 erscheinen auch erstmals die drei Bassins des Orangeriegartens (ein kreisrundes im Osten, ein rundes mit gelapptem Rand in der Mitte und ein achteckiges im Westen), in denen 1775 drei Renaissancebrunnen aus dem Neugebäude aufgestellt wurden, die gleichzeitig mit Architekturelementen für die Gloriette und für die Ruine von dort nach Schönbrunn gebracht wurden. Der bedeutendste ist der mittlere achtseitige Brunnen, dessen untere Schale auf vier liegenden Löwen ruht. Eine achtseitige Brunnensäule, an die vier Hermen mit Muscheln auf den Köpfen angeheftet sind, trägt die obere Schale. Der Brunnen wurde aller Wahrscheinlichkeit nach von dem niederländischen Bildhauer Alexander Colin und seinem Gehilfen Dominik Farent um 1575/80 geschaffen.

Die acht Felder des Orangerieparterres waren um 1770 mit Randstreifen (wahrscheinlich aus Rasen) eingefaßt, auf denen verschiedene Kübelpflanzen aufgestellt wurden. Im Inneren dieser Felder standen vor dem Orangeriegebäude einige Glashäuser, die restlichen Flächen wurden von Frühbeeten und Baumpflanzungen eingenommen.

1805 berichtet Josef Oehler: „Die Orangerie . . . ist eines der außerordentlichsten Werke der Gartenkunst. Sie besteht aus einem hohen, durchaus gewölbten Hauptgebäude, das 100 Klafter in der Länge hat. Man wandelt darinnen wie in einem Walde von Zitronen- und Orangenbäumen von außerordentlicher Größe und Schönheit. An dieses Gebäude schließt ein anderes halbzirkelförmig an, worinn sich das Cedrathaus und das Obstzimmer befindet. In dem freyen Raum vor der Orangerie sind sechs Glashäuser, zwey für Ananas, zwey für Weintrauben, zwey für Pfirsiche bestimmt".

Es scheint sich also seit 1770 wenig geändert zu haben. Die Kompartimente des Orangeriegartens wurden von Anfang an als Nutzgarten verwendet, durch das großzügige Wegesystem, die entlang der Wege aufgestellten Kübelpflanzen und die Brunnen besaß er aber auch Züge eines repräsentativen Ziergartens. Ein 1826 publizierter Kupferstich veranschaulicht dies sehr gut (Abb. 26).

Das Schönbrunner Orangerieparterre war also von Anfang an eine Mischung von Nutz- und Repräsentationsgarten, die symbolische Bedeutung der Orange spielte in der zweiten Hälfte des 18. Jahrhunderts wohl nicht mehr die selbe Rolle wie im 17. Jahrhundert.

Um die Mitte des 19. Jahrhunderts entfernte man die Glashäuser und Frühbeete und legte Rasenflächen an, wodurch der repräsentative Charakter des Orangerieparterres verstärkt wurde, um 1870 pflanzte man Obstbäume an die Ränder der verschiedenen Parterrefelder, und diesen Zustand behielt man bis zur Mitte des 20. Jahrhunderts bei.

1950 beschlossen die Vertreter der verschiedenen Ministerien, den gesamten Gärtnereibetrieb Schönbrunns im Bereich der Großen und der Kleinen Orangerie unterzubringen. 1951 wurden von den drei Renaissancebrunnen zwei (der mittlere und der westliche) abgetragen und deponiert. 1953–1955 wurden im Orangerieparterre 4.600 m² Freilandbeete und 12 Gewächshäuser errichtet.

1985 begann eine Revitalisierung der Großen Orangerie durch die Entfernung der Glashäuser und die Wiederherstellung der Rasenkompartimente. Im östlichen Teil werden im Sommer Kübelpflanzen in Reihen aufgestellt. Man arbeitet auch an der Wiederherstellung des mittleren Brunnens. Die Bestandteile des westlichen Brunnens sind seit der Deponierung im Jahr 1952 leider verschollen. Es besteht die Absicht, die Orangerie im Sommer, wenn die Pflanzen im Freien stehen, für Veranstaltungen zu nutzen.

„Ein blühender Wintersaal“

In der Zeit Kaiser Josephs II. wurden im Winter, als die Orangerie mit Bäumen gefüllt war, Festtafeln arrangiert, wie sie der Kaiser auf seine Rußlandreise im St. Petersburger Wintergarten gesehen hatte.

Am 6. Februar 1785 gab Kaiser Joseph II. ohne besonderen Anlaß eine Festtafel für 56 durch das Los auserwählte Aristokraten (durch die Auslosung vermied der Kaiser die komplizierte Einhaltung der Rangordnung der Gäste, die man sonst bei Einladungen beachten mußte, um niemanden zu beleidigen). „Die Blumen aller Jahreszeiten dufteten hier im strengsten Winter auf einer prächtigen Tafel, ringsum standen Pomeranzen- und Zitronenbäume in schönster Beleuchtung und nach der Tafel war Schauspiel und Ball in diesem blühenden Wintersaale". Es wurden Szenen aus Lessings „Emilia Galotti" und das Lustspiel „Der seltene Freier" sowie die italienische Oper „Il finto amore" gespielt. Dieses Theaterfest wurde von H. Löschenkohl in einem Kupferstich mit dem Titel „Frühlingsfest an einem Wintertage" festgehalten. Bei einem ähnlichen Fest am 6. Februar 1786 wurden der „Schauspieldirektor" von Stephanie mit der Musik von Mozart und Salieris Oper „Prima la musica poi le parole" aufgeführt (Abb. 27).

Auch während der Zeit des Wiener Kongresses wurden hier einige Galadiners veranstaltet. Am 11. Oktober 1814 speisten fürstliche Gäste an zwei Tafeln zu 62 Gedecken, die höchsten Herrschaften hatten ihren Platz unter dem Blattfächer einer großen Palme. Über dieses Fest wird berichtet: „Man sah nichts als blühende Bäume und Blumen, zwischen denselben Statuen und einen vierfach über Felsen strömenden Wasserfall, von 3.136 Lichtern erhellt. In der Mitte stand die herrlich gedeckte Tafel, von welcher man an den beiden Enden beleuchtete Obelisken sah". Damals bezog man auch das Orangerieparterre in das festliche Geschehen ein; Gebäude und Garten wurden mit 28.000 Lampen beleuchtet. Interessant ist, daß damals nach aufgehobener Tafel die Orangerie dem Publikum zur Schau geöffnet wurde.

Ein bedeutendes Ereignis war auch die Festtafel in der Großen Orangerie am 10. März 1839 in Anwesenheit des russischen Thronfolgers, welches auch in einer Lithographie festgehalten wurde (Abb. 28).

Im Juni 1905, als die Orangenbäume im Freien bei den beiden Najadenbassins standen, fand hier die Ausstellung des Ersten Internationalen Botanischen Kongresses statt.

Abb. 28 Soupé für den russischen Thronfolger in der Orangerie, am 10. März 1839

Abb. 29 Broderiefeld im Großen Parterre, um 1720

KAPITEL 5

Das Große Parterre und der Schönbrunner Berg

Das Große Parterre ist der zentrale Bereich des Parks und steht am engsten mit dem Schloßgebäude in Verbindung. Es ist der repräsentative Ausblick des Schlosses und die Erweiterung seines Festsaals in den Freiraum. Dieser Bereich, der am meisten im öffentlichen Blickfeld steht, erfuhr am häufigsten Veränderungen und wurde verschiedenen Gartenmoden angepaßt.

Die Festlegung der Breite des Parterres 1695

Einen ersten, allerdings sehr summarischen Entwurf für den Schönbrunner Berg enthält bereits der zweite Entwurf Fischers von Erlach (Abb. 1). Einige Motive dieses Entwurfs sind auch für die tatsächliche Ausgestaltung des Parks von Bedeutung, obwohl sie zum Teil erst viel später verwirklicht wurden. Dies sind vor allem die Mittelachse, die bis zu einem Aussichtspavillon auf der Anhöhe des Schönbrunner Berges führt, das Sternbassin in der Mitte des Parterres und die beiden seitlichen Pavillons (ungefähr an ihrer Stelle wurden später das Taubenhaus und der Mittelpavillon des Irrgartens errichtet).

Mit der Anlegung des Gartens wurde schon 1695, noch vor Beginn des Schloßbaues, begonnen. Den Auftrag dafür erhielt der Franzose Jean Trehet (1654–1740), dessen Tätigkeit für Schönbrunn für die Jahre 1695–1699 dokumentiert ist, der aber sicher auch später noch dort gearbeitet hat. 1695–1697 arbeitet er jährlich neun Monate an der „anleg- aussteck- und Verferttigung des Garthens zu Schönbrunn."

Am Großen Parterre von Schönbrunn fällt auf, daß es schmaler ist als die Schloßfassade, die Heckenwände laufen auf die Mittelportale der Seitenrisalite des Schlosses zu. Dies widerspricht den Regeln der französischen Gartenkunst, welche verlangen, daß das Parterre zumindest die Breite der Fassade haben muß. Diese Regeln entsprechen sowohl dem Wunsch nach einer repräsentativen Aussicht aus allen Fenstern des Schlosses als auch dem Bedürfnis, vom Garten aus die ganze Breite der Schloßfassade vor sich zu haben.

Eine Erklärung für diese Unregelmäßigkeit ist vielleicht, daß das Schloß 1695 noch kleiner geplant war. Zwischen 1696 und 1698 beschloß man anläßlich der bevorstehenden Vermählung Josephs I. eine Vergrößerung der Seitenrisalite. Da mit der Anlegung des Gartens schon 1695 begonnen worden war, entspricht das Parterre wahrscheinlich der ursprünglich geplanten Breite des Schlosses und damit kann man auch annehmen, daß die heute gegebene Breite des Großen Parterres auf die Anfänge der Planungstätigkeit Trehets zurückgeht.

Anscheinend wurde die zu geringe Breite des Parterres schon bald als unbefriedigend empfunden, denn auf einem Plan des Hofgärtners Josef Hätzl um 1746/50 sind die Ecken der Boskette vor der Schloßfassade viertelkreisförmig ausgeschnitten, um das Parterre dort zu erweitern. Eine solche Abschrägung wurde aber erst 1770 tatsächlich durchgeführt (Abb. 30).

Auf Hätzls Plan liegt die geschwungene südliche Begrenzungslinie des Großen Parterres (die an Fischers zweiten Entwurf erinnert) etwa auf der Höhe der Lindenallee, das ist die dritte Querallee vom Schloß aus gesehen. Dies könnte der Ausdehnung des von Trehet geplanten Parterres entsprechen. Der Plan zeigt im Zentrum des Parterres das sogenannte Sternbassin, welches vermutlich, wie der Hätzl-Plan andeutet, und wie es auch allgemein gebräuchlich war, mit vier Parterrefeldern umgeben wurde. Über das Aussehen der beiden vorderen Parterrefelder gibt vielleicht ein Kupferstich aus der Graphischen Sammlung Albertina mit dem Titel „Die Ersten Zwey gleiche an Seithen des Kaijs. Lust-gebaus Schönbrunn Liegende Parterres" Auskunft, der ein Broderieparterre zeigt (Abb. 29).

Im Parterre fand wahrscheinlich auch der Großteil jener „1000 Tapis Bäumbl" (wahrscheinlich Buchs) Verwendung, welche Trehet 1698 von seiner Reise nach Frankreich mitbrachte, die er in kaiserlichem Auftrag übernommen hatte, um „Baum- und Blumenwerck" zu kaufen aber auch um verschiedene königliche Schlösser zu besuchen und Pläne von ihnen zu zeichnen. (Trehet brachte außerdem das Modell einer Wassermaschine mit, die das Wasser des Mühlbachkanals, der schon seit den Zeiten der Katterburg oberhalb von Hietzing vom Wienfluß abzweigte, später aber vom Lainzerbach abgeleitet wurde, und teils offen, teils überdeckt quer durch das Gelände des Parks floß, auf die Anhöhe des Schönbrunner Berges pumpen sollte).

Es ist nicht bekannt, ob und in welcher Breite vor 1750 die von Fischer von Erlach vorgesehene Waldschneise auf dem Hang des Schönbrunner Berges existierte. Die Ansichten des Schlosses aus der Zeit vor 1750, die schon ein Gebäude auf der Anhöhe des Schlosses zeigen, orientierten sich wohl eher an Fischers Stich als an der Wirklichkeit.

Tafel I Das Gartenparterre von Schloß Schönbrunn, Gemälde von Bernardo Bellotto, genannt Canaletto, um 1760 (Ausschnitt); Kunsthistorisches Museum Wien

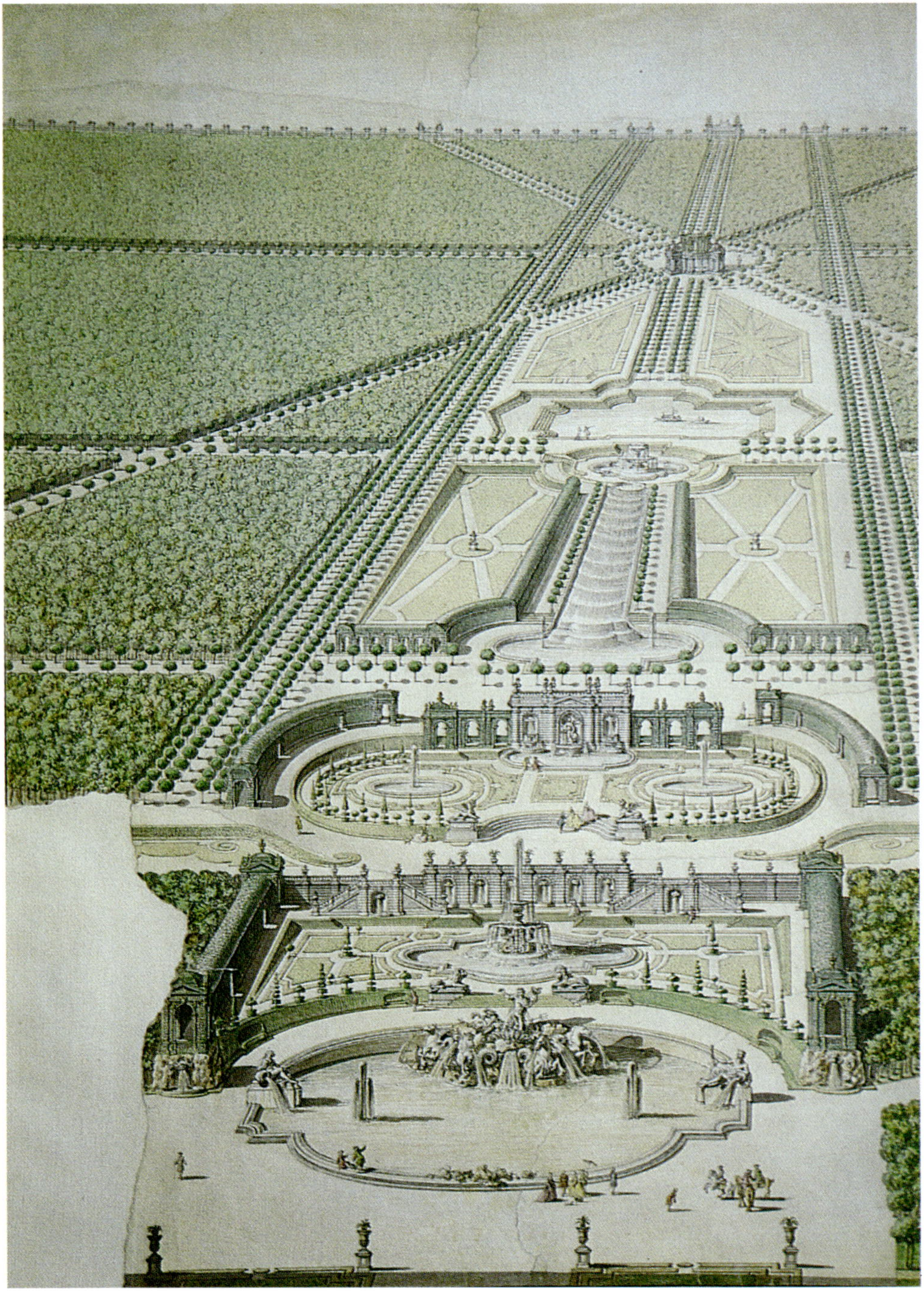

Tafel II Entwurf für die Gestaltung des Schönbrunner Berges, um 1750/60

Tafel III Entwurf für die Gestaltung des Schönbrunner Berges, um 1770

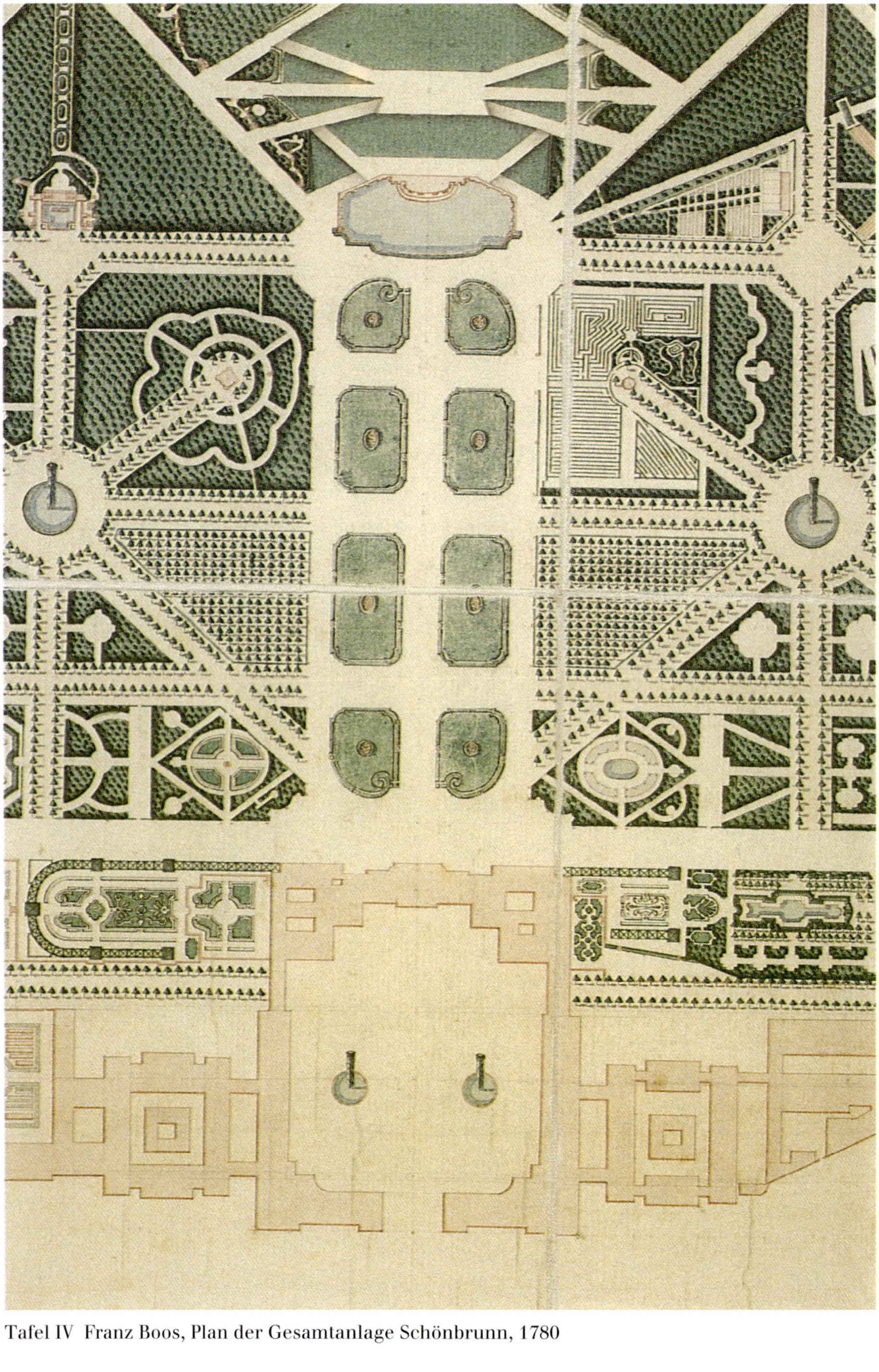

Tafel IV Franz Boos, Plan der Gesamtanlage Schönbrunn, 1780

Tafel V Laurenz Janscha und Josef Ziegler, Der Obeliskbrunnen, um 1790

Tafel VI Laurenz Janscha und Josef Ziegler, Die Ruine, 1785

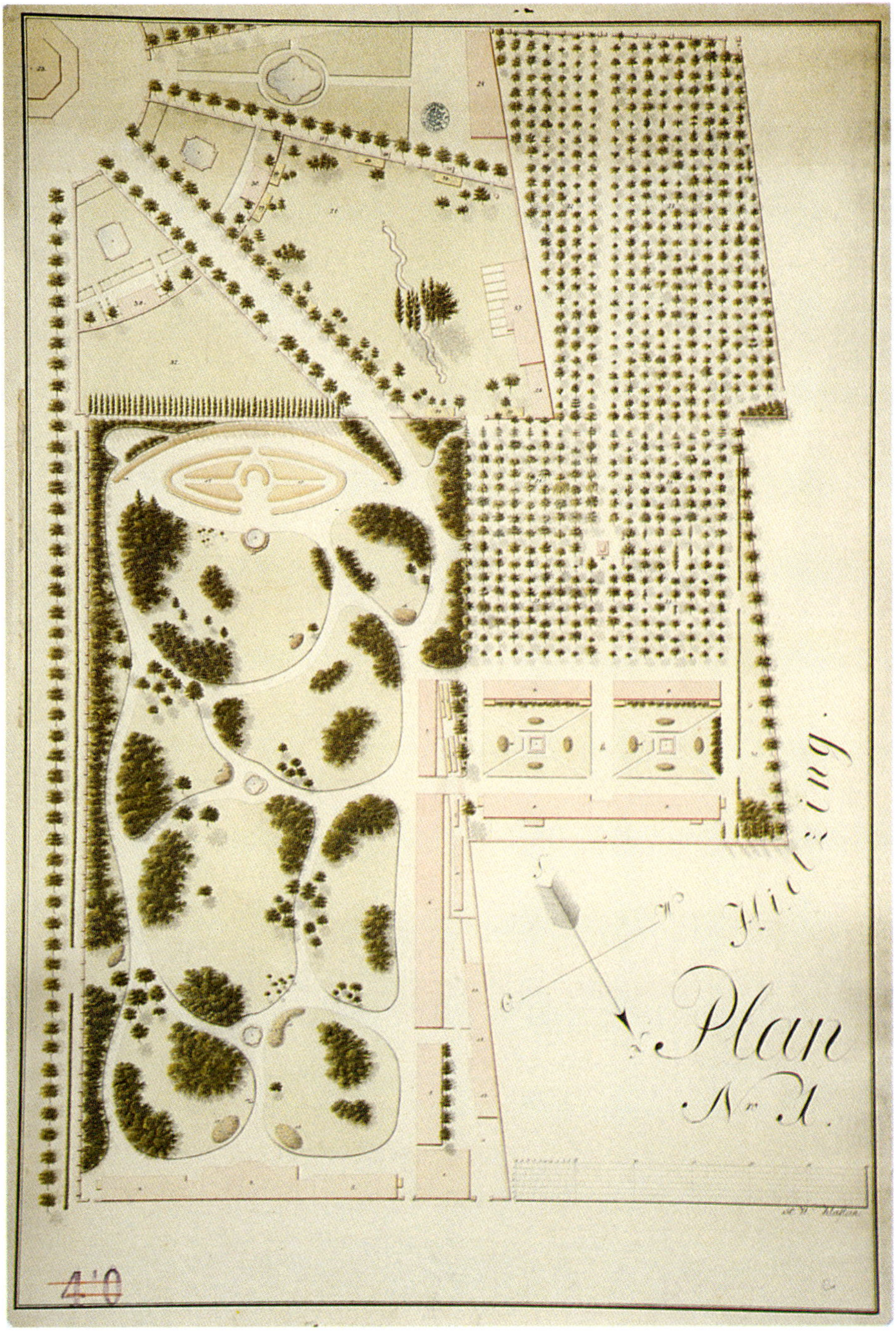

Tafel VII Plan des Botanischen Gartens, um 1830

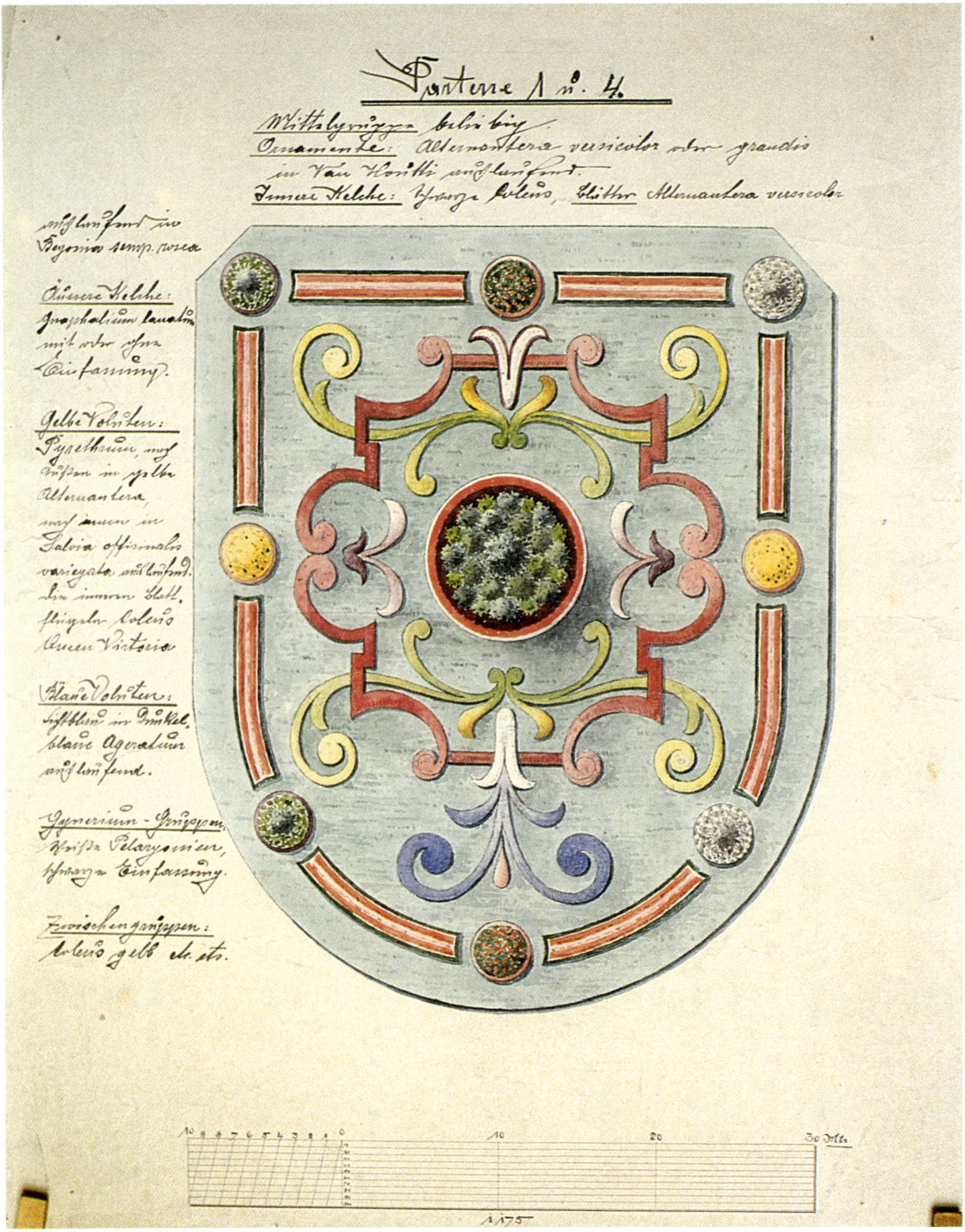

Tafel VIII Vorschlag für die Bepflanzung eines Parterrefeldes im Großen Parterre, um 1900

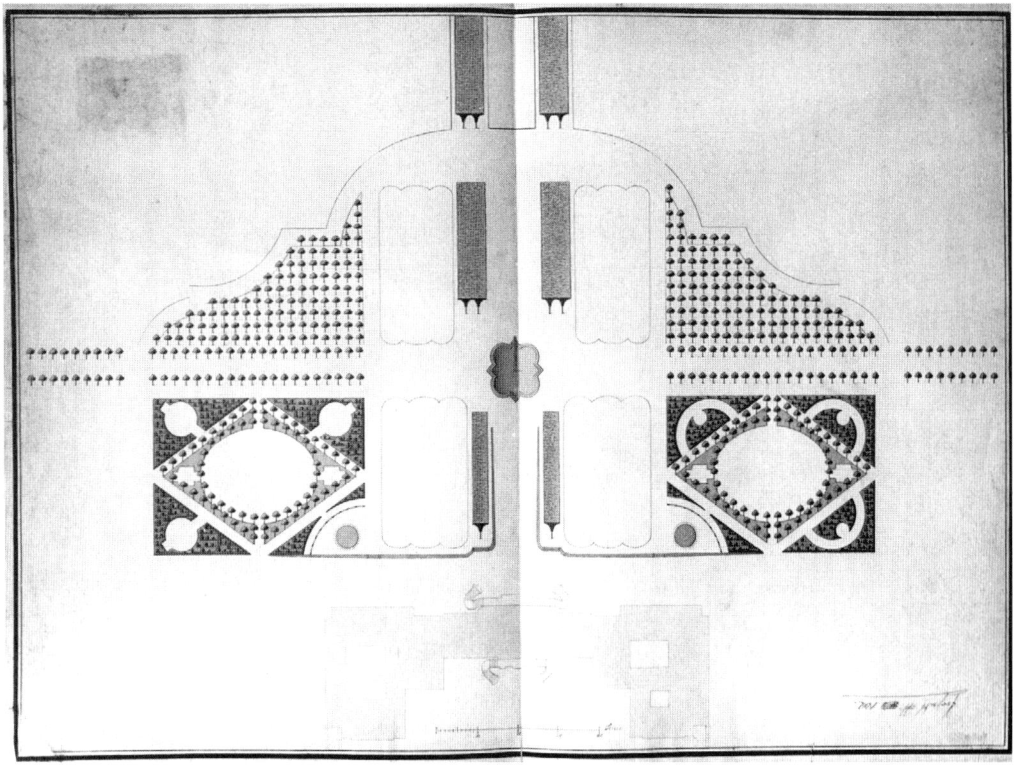

Abb. 30 Josef Hätzl, Plan des Parterres um 1745/50

Die Verlängerung des Parterres bis zum Schönbrunner Berg um 1750–1755

Am 25. Februar 1743 gab Maria Theresia den Auftrag, daß Schönbrunn als Sommerresidenz ausbebaut werden sollte. 1744 berichtet Fürst Khevenhüller auch bereits von Arbeiten im Garten, was sich aber wahrscheinlich vor allem auf die Kammergärten bezieht. Der Plan Hätzls sowie ein weiterer nicht ausgeführter Entwurf (Abb. 2) zeigen aber, daß in den Jahren um 1745/50 bereits verschiedene Überlegungen zur weiteren Gestaltung des Großen Parterres angestellt wurden, an die Ausführung ging man aber wahrscheinlich erst um 1750.

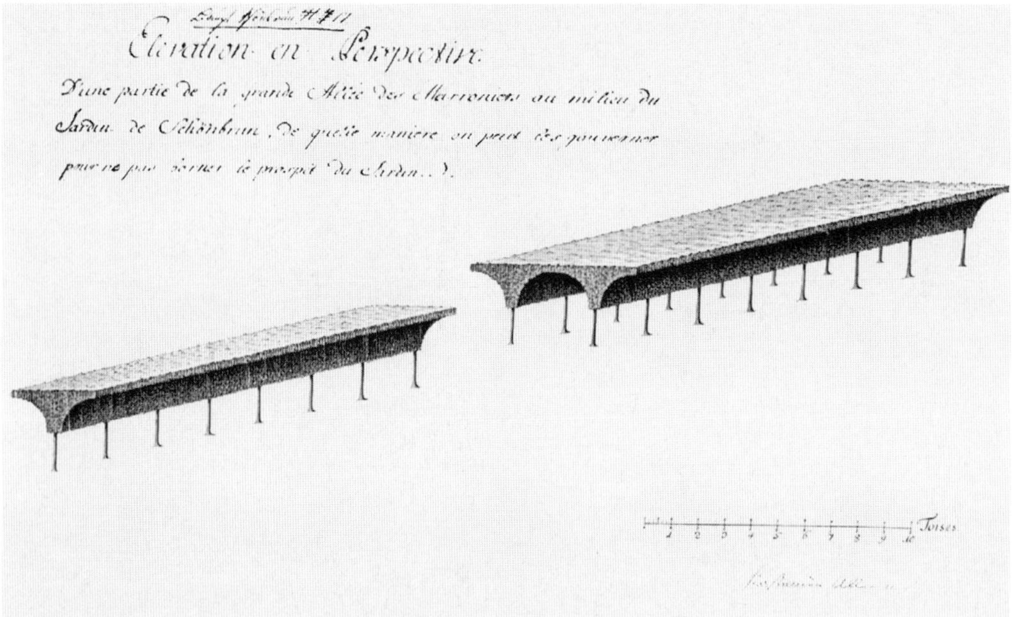

Abb. 31 Nicolaus Pacassi, Entwurf für die Beschneidung der Kastanienallee, welche auf Hätzls Plan (Abb. 30) eingezeichnet sind, 1745/50

Das Aussehen des neugestalteten Parterres zeigen der Plan von Brequin von 1754/55 und die Ansicht von Bernardo Bellotto um 1760 (Abb. 3 und 7). Auf Brequins Plan reicht das Große Parterre bis an den Fuß des Schönbrunner Berges, und in der selben Breite führt eine Waldschneise, die weder architektonisch noch gärtnerisch gestaltet ist, bis zur Kuppe des Berges hinauf. Das Parterre ist durch die Mittelachse und durch die vier Queralleen in drei verschieden lange Paare von rechteckigen Feldern gegliedert. Die Ecken dieser Parterrefelder sind eingezogen, auch die Boulingrins (vertiefte Rasenflächen) in den südlichen langgestreckten Parterrefeldern sind zu erkennen.

Auf Bellottos Bild sieht man das Sternbassin aus der Zeit Trehets an der Kreuzung der Finsteren Allee mit der Mittelachse des Großen Parterres. Die Lage und

Abb. 32 Entwurf für das Große Parterre um 1750. Die Ornamente der Parterrefelder entsprechen denen auf Bellottos Gartenansicht um 1760 (Abb. 7). Die hier geplante Verbreiterung des Parterres vor dem Schloß erfolgte erst um 1770

die Umrisse der Parterrefelder entsprechen weitgehend jenen des Brequin-Plans. Es handelt sich um sogenannte „parterres à l´angloise“, das heißt die Felder sind zum Großteil mit Rasen bedeckt, in welche die Ornamente in Form von Kieswegen und -flächen, die noch durch Streifen von Buchs gegliedert werden, eingeschnitten sind. Um die äußeren Ränder laufen mit Buchs eingefaßte Blumenrabatten, die bei den großen südlichen Parterrefeldern auch gebrochene Linien und Voluten bilden. In der Mitte dieser südlichen Parterrefelder liegen „Boulingrins“ (vom englischen „bowling-green“, einem vertieften Rasenplatz für Kugelspiele, das aber im französischen Garten als Zierelement verwendet wurde). Sämtliche Parterrefelder werden an den beiden Längsseiten von einer Reihe von kugeligen Formbäumchen begleitet, die auf dem Kiesboden der Spazierwege stehen. Der untere Teil ist in Form eines Pflanzenkübels beschnitten (eines der Formbäumchen im Vordergrund wird gerade von einem Gärtner mit der Schere bearbeitet) (Abb. 33 und Tafel I). Zu beiden Seiten der Mittelachse und auch der Finsteren Allee verlaufen zusätzlich noch Reihen von kegelförmigen Bäumchen, die auf Rasenstreifen stehen. Bellottos Bild zeigt auch, daß die seitlichen Heckenwände geradlinig bis zur Lichten Allee verlaufen, es gab also um 1760 noch keine Ausweitung vor der Schloßfassade. Eine solche Erweiterung erfolgte, wie schon erwähnt, erst um 1770.

Neben Adrian van Stekhoven, der immer wieder als ausführender Künstler genannt wird, haben sicher auch die lothringischen Künstler (Brequin, Gervais), die mit Kaiser Franz Stephan an den Wiener Hof gekommen waren, mitgearbeitet und Entwürfe geliefert.

Die Umgestaltung des Parterres und der Ausbau des Schönbrunner Berges um 1770–1780

Schon ab 1750 dachte man ernsthaft an die Ausgestaltung des Schönbrunner Berges. Es entstanden einige Pläne für Pumpmaschinen, die Wasser aus dem Wienfluß in ein Bassin auf der Anhöhe befördern sollten (Abb. 35), und es gibt auch eine ganze Reihe von Entwürfen für den Schönbrunner Berg aus den Jahren 1750–1770 (Tafel II und III). Am interessantesten für die weitere Entwicklung ist eine Entwurfsskizze des Architekten Ferdinand Hetzendorf von Hohenberg um 1770, die von einer Phantasiedarstellung des antiken römischen Kapitols von Piranesi

Abb. 33 Gärtner beim Beschneiden eines Formbäumchens, Ausschnitt aus Bellottos Gartenansicht um 1760 (Abb. 7)

inspiriert ist. In den Zwickelfeldern der drei Terrassen des Berghanges stehen Ehrensäulen, Obeliske, Triumphbogen und Reiterstandbilder (Abb. 36).

Die Grundlage für die Verwirklichung bildete aber ein weiterer, kurz nach 1770 entstandener, von Carl Schütz sorfältig gezeichneter und aquarellierter Plan Hohenbergs (Abb. 37). Auf der Anhöhe steht ein Pavillon in einem riesigen quergelagerten Teich. Eine breite, durch zwei Brunnen unterbrochene Rasentreppe führt herab zu einem halbkreisförmigen Bassin am Fuß des Berghanges. In den Zwickelfelden der Terrassen zu beiden Seiten der Rasentreppe befinden sich acht weitere Springbrunnen. Das Große Parterre verbreitert sich vor der Schloßfassade durch eine Abschrägung der seitlichen Heckenwände. Die acht

Abb. 34 Vornehme Gesellschaft im Großen Parterre, Ausschnitt aus Bellottos Gartenansicht um 1760 (Abb. 7)

Parterrefelder sind streng symmetrisch angeordnet, wobei die mittleren vier großen Felder je ein achteckiges Bassin umschließen. An den rechtwinkelig eingezogenen Ecken aller Parterrefelder stehen Statuen, auch an den abgeschrägten Heckenwänden vor der Schloßfassade sowie bei den Brunnen an der Treppe des Berghanges sind zahlreiche Statuen vorgesehen. Ein Gesamtplan von Schönbrunn aus diesen Jahren zeigt im wesentlichen dasselbe Konzept für das Große Parterre und den Schönbrunner Berg (Abb. 67).

Nach diesen Entwürfen wurde mit den Arbeiten begonnen. In Briefen Maria Theresias an ihre Tochter Marie Antoinette wird deutlich, daß sie sich nur zögernd zum weiteren Ausbau des Parks entschloß, weil ihr Sohn, Kaiser Joseph II., Schönbrunn nicht liebte und es in ihrem Alter (56 Jahre) lächerlich sei, ein solches Unternehmen zu beginnen. Marie Antoinette ermutigte ihre Mutter aber, die Pläne zu verwirklichen, weil dies als Ausgleich zu den Regierungsgeschäften auch gut für ihre Gesundheit sei. Die bestimmende Persönlichkeit in dieser Phase war der Staatskanzler Fürst Wenzel Kaunitz, der die Kaiserin zur Ausgestaltung des Gartens ermutigte und auch wesentlich an der Konzeption und an der Auswahl der ausführenden Künstler beteiligt war.

1773 ist das große Bassin auf dem Berg fertiggestellt. Am 3. März 1773 schreibt Maria Theresia an Marie Antoinette: „Bis jetzt ist auf dem Berg gar nichts, kein Gebäude, ich habe nur oben ein großes Reservoir anlegen lassen, um gegenüber vom Hause, am Ende des Parterres einen Springbrunnen zu haben, ich hoffe, daß er in zwei Jahren spielen wird; das Parterre denke ich mit Statuen auszuschmücken."

Im selben Jahr 1773 erhält der Bildhauer Wilhelm Beyer den Auftrag, 32 Statuen binnen drei Jahren anzufertigen. Beyer führt diesen Auftrag mit der Unterstützung von 15 Bildhauern aus. 1775 ist der Bau der von Hohenberg entworfenen Gloriette beendet. 1776 wird das große Bassin am Fuß des Schönbrunner Berges gegraben. Im gleichen Jahr gräbt man auch an den acht Brunnen am Berghang und an den vier Bassins im Großen Parterre; das ältere Sternbassin aus der Zeit um 1700 hatte man 1772 aus dem Großen Parterre in den Kreuzungspunkt des Hietzinger Alleensterns versetzt, wo es sich heute noch befindet.

Für diese große Anzahl von Brunnen brauchte man mehr Wasser, deshalb legte der Hofgärtner Richard van der Schot 1776 ein großes Reservoir im Lainzer Tiergarten an. Von dort leitete er das gesammelte Wasser in das Reservoir auf dem Schönbrunner Berg. Um dieselbe Zeit errichtete der berühmte Erfinder und Ingenieur Wolfgang Kempele eine Wassermaschine an der Ostseite des Parks und eine Wasserleitung vom St. Veiter Wald bis in das Reservoir in Schönbrunn.

Trotzdem dürfte sich 1776/77 herausgestellt haben, daß man für die zahlreichen Brunnen in Hohenbergs Plan nicht genug Wasser bekommen konnte, und dies war sicher ein Grund für eine größere Umplanung.

Eine Ansicht von Carl Schütz zeigt, wie dieses neue Konzept aussehen sollte, das noch strenger wirkt als der erste Plan und nicht mehr dem Rokoko, sondern schon dem Klassizismus zuzurechnen ist. Die vier Brunnen im Großen Parterre

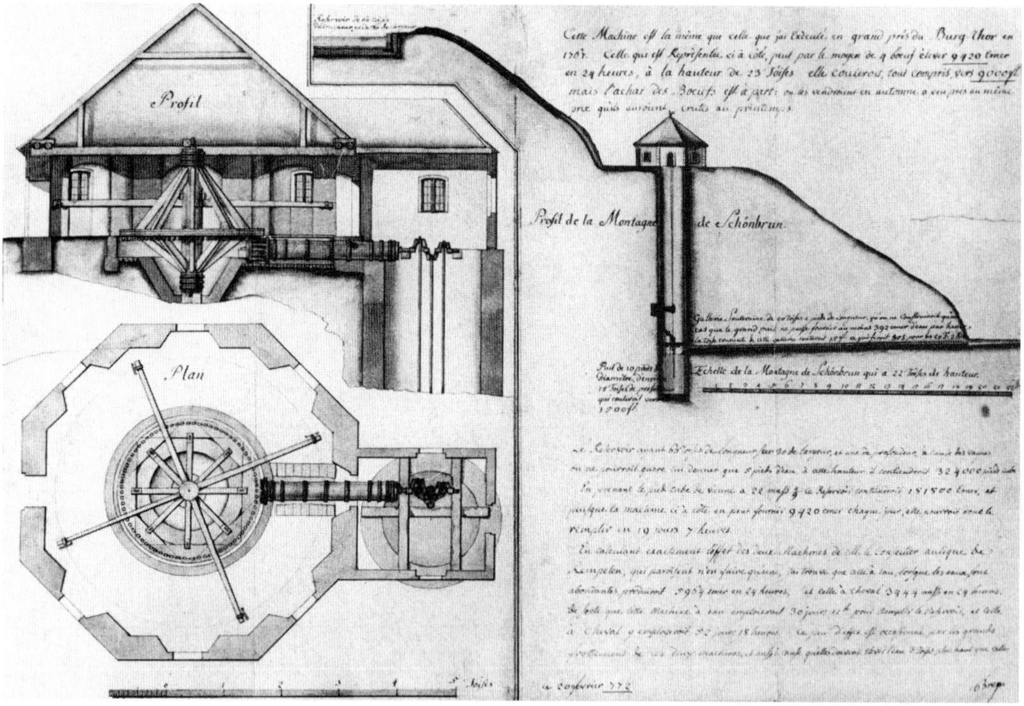

Abb. 35 Entwurf einer Pumpmaschine für den Schönbrunner Berg von Jean Brequin de Demange, 1772

hat man aufgegeben, an den Ecken lagern nun Sphingen auf breiten, rechteckigen Sockeln und die Statuen stehen in Nischen an den seitlichen Heckenwänden. Auch am Schönbrunner Berghang verzichtete man auf sämtliche Brunnen, die Böschung des Hanges wird nun nur noch durch die Wegachsen in drei Abschnitte geteilt. Die Böschungen sind mit geometrischen Mustern aus Rhomben und Kreisen dekoriert, die wohl mit Rasen und schmalen Zierwegen ausgeführt werden sollten (Abb. 38).

Auch dieses Projekt wurde nur teilweise realisiert. Unter der Leitung Hohenbergs schüttete man die vier schon gegrabenen Bassins im Großen Parterre wieder zu. Die vier bereits fertiggestellten Brunnengruppen stellte man anderswo auf; zwei in den Ehrenhof, eine in den Teich vor der Ruine und eine auf den Obeliskbrunnen. Die Statuen, die im Parterre und am Berghang bereits aufgestellt waren, wurden in flache Nischen der Heckenwände des Parterres versetzt, wo sie heute noch stehen. (Die Heckenwände sind aber in der Zwischenzeit so stark nach vorne gewachsen, daß die Statuen fast nicht mehr zu sehen sind). Man konzentrierte sich nun auf die Fertigstellung des Neptunbrunnens am Fuß des Berges. 1776 hatte man, wie schon erwähnt, mit den Erdarbeiten begonnen. Der Entwurf für die Brunnenanlage stammt wahrscheinlich von Hohenberg. 1777 schloß man mit Wilhelm Beyer den Vertrag über die Herstellung der Figuren, 1780 war der Brunnen weitgehend vollendet.

Wie der Park um 1780 aussah, zeigt am deutlichsten der sehr genaue Gesamtplan des Gärtners und späteren Gartendirektors von Schönbrunn, Franz Boos (Abb. 8 und Tafel IV): Die Abschrägung der seitlichen Heckenwände vor dem Schloß und auch beim Neptunbrunnen ist nun tatsächlich durchgeführt worden. Außerdem haben die Heckenwände zwei flache Nischen in der Achse zwischen dem Taubenhaus und dem Mittelpunkt des Irrgartens erhalten, wodurch eine weitere Querallee angedeutet werden sollte. Es gibt acht Parterrefelder, die vier äußeren sind bogenförmig abgerundet, von den vier rechteckigen mittleren Feldern sind die südlichen etwas kürzer, ihre Länge ist bestimmt durch die neue, angedeutete Querallee. Die Mitte der acht Parterrefelder ist durch ovale beziehungsweise runde Blumenmedaillons akzentuiert, der Rand besteht aus einem durch einen Zierweg abgesetzten Rasenband mit eingefügten Blumenrosetten, welches sich bei den äußeren Feldern noch zu einer Volute einrollt. Am Schönbrunner Berg wurde das Wegesystem ausgeführt, die dekorative Ausgestaltung der schrägen Rasenflächen, die sicher auch sehr schwierig zu pflegen gewesen wäre, ist aber unterblieben. Neben dem Zickzack-Wegesystem in der Mitte des Schönbrunner Berges führt nun im östlichen Waldbereich ein schmaler, kurviger Weg mit kleinen Treppen und Plätzen zur Gloriette hinauf, der aber noch eher als ein Element des Rokokogartens als der englischen Gartenauffassung ist.

Nach Maria Theresias Tod im November 1780 wurden in Schönbrunn nur mehr die notwendigen Erhaltungsarbeiten durchgeführt. Kaiser Joseph II. förderte zwar den Holländischen Garten und die Menagerie, hielt sich aber im allgemeinen lieber im Augarten als in Schönbrunn auf.

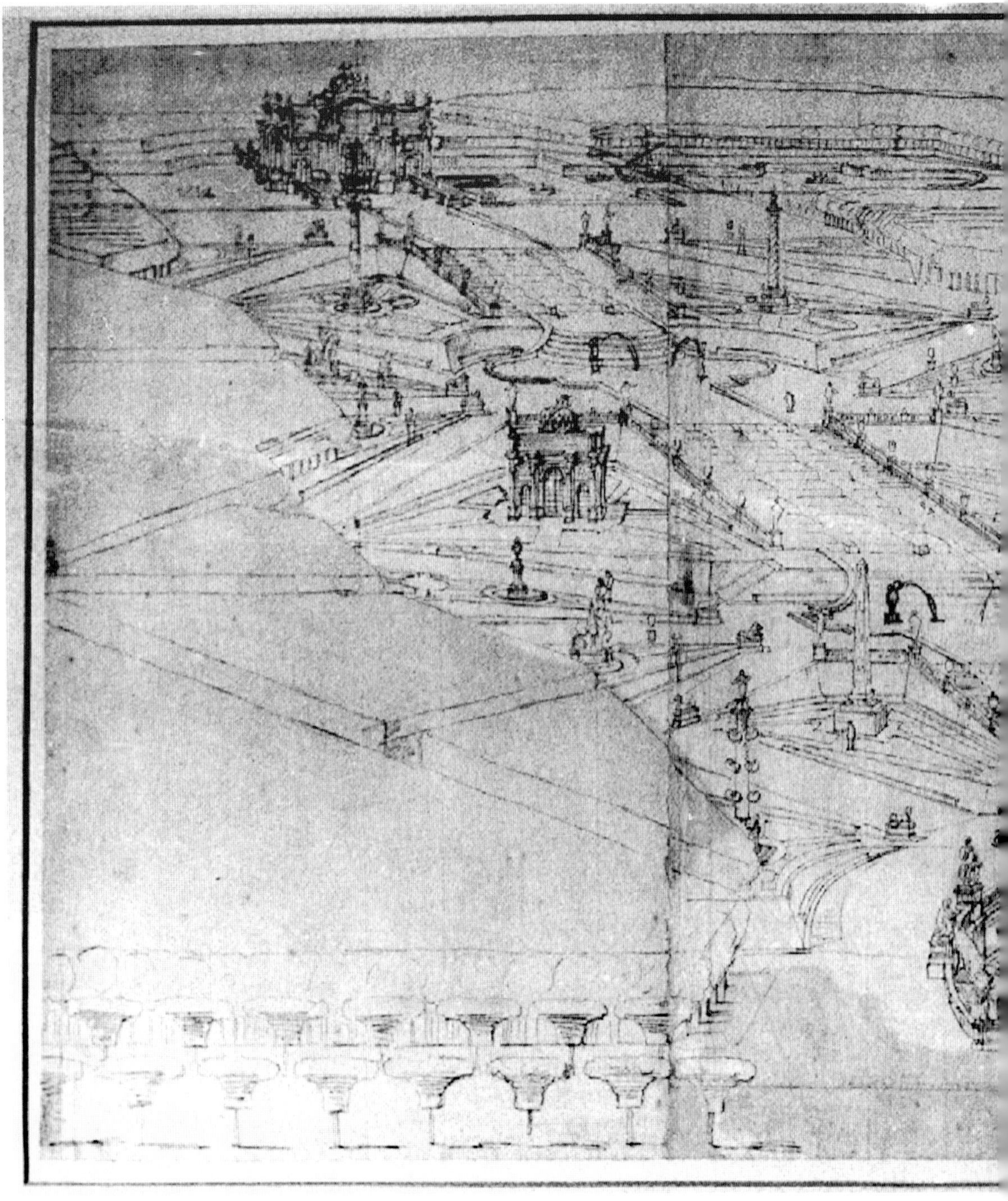

Abb. 36 Johann Ferdinand Hetzendorf von Hohenberg, Projekt zur Verschönerung des Schönbrunner Berges, um 1770

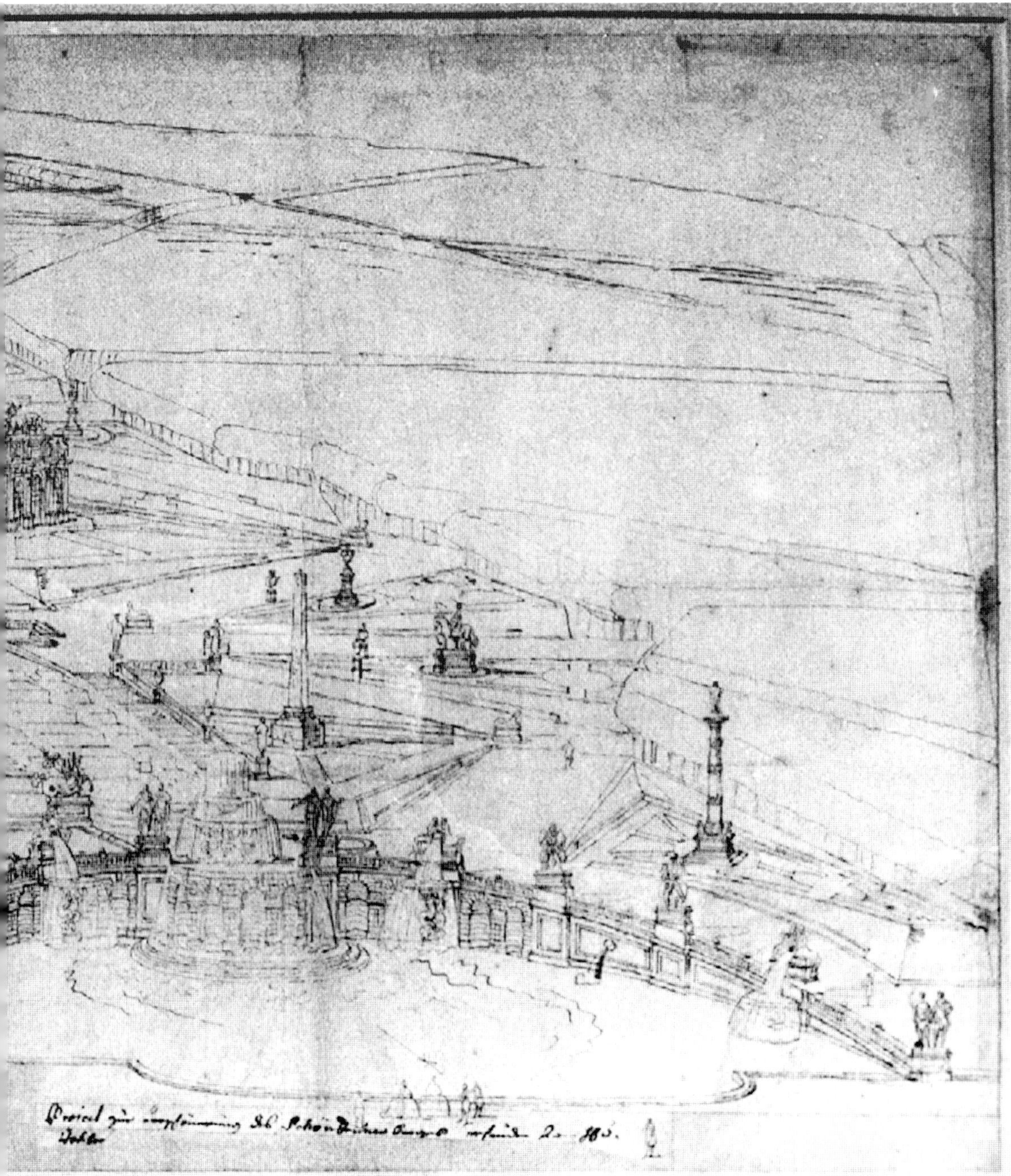

Das 19. und das 20. Jahrhundert

Im 19. und 20. Jahrhundert gab es im Großen Parterre und am Schönbrunner Berg keine umfassenden Neuerungen mehr, die Grundstruktur wurde beibehalten, es kam nur noch zu kleineren Veränderungen.

Nachdem Hohenbergs Konzept für den Berghang nicht fertiggestellt worden war, dürfte in der Folgezeit, mit dem Aufkommen des englischen Gartenstils, das Interesse für eine geometrische Gestaltung ganz geschwunden sein. Wahrscheinlich schon um 1800, sicher aber um 1820 wurde der Neptunbrunnen mit einer unregelmäßigen Kulisse aus Laub- und Nadelbäumen hinterlegt. Die acht Felder des Großen Parterres vereinfachte man zu geschlossenen Rasenflächen, die mit Blumenrosetten dekoriert waren (Abb. 9, 39 und 42).

Um 1870/80, in einer Zeit, die wieder mehr zu formaler Gartengestaltung neigte, wurde die Bepflanzung hinter dem Neptunbrunnen strenger symmetrisch gestaltet, mit einer Reihe von gleich hohen Eiben entlang der Brunnenrampen (die heute noch bestehen) und einer horizontal geradlinig abschließenden Baumkulisse hinter dem Mittelteil des Brunnens (Abb. 41).

Knapp vor 1900 erhielten die Parterrefelder unter der Direktion des Gartendirektors Anton Umlauft barockisierende Ranken- und Bandornamente, die mit Blumen ausgepflanzt wurden. Im Unterschied zu einem barocken Parterrefeld, dessen Ornamente aus niedrigen Buchshecken auf einem Hintergrund von verschiedenfarbigem Sand bestehen und wo es Blumen nur in der umrahmenden Randrabatte, der „Plate-bande“ gibt, bildet in den Parterres des 19. Jahrhunderts Rasen den Hintergrund und die Rankenbänder werden, wie schon erwähnt, mit Blumen ausgepflanzt (Abb. 40 und Tafel VIII).

Im Ersten und auch im Zweiten Weltkrieg baute man auf den Parterrefeldern Mais und Kürbisse zur Versorgung des Tiergartens an. Nach den beiden Kriegen, 1925 und 1949 wurden die Parterres in den Formen der Zeit um 1900 mit kleinen Veränderungen wiederhergestellt.

Neptunbrunnen

Der Neptunbrunnen am Fuß des Schönbrunner Berges schließt den ebenen Bereich des Großen Parterres ab. Er wurde 1780, im Todesjahr Maria Theresias

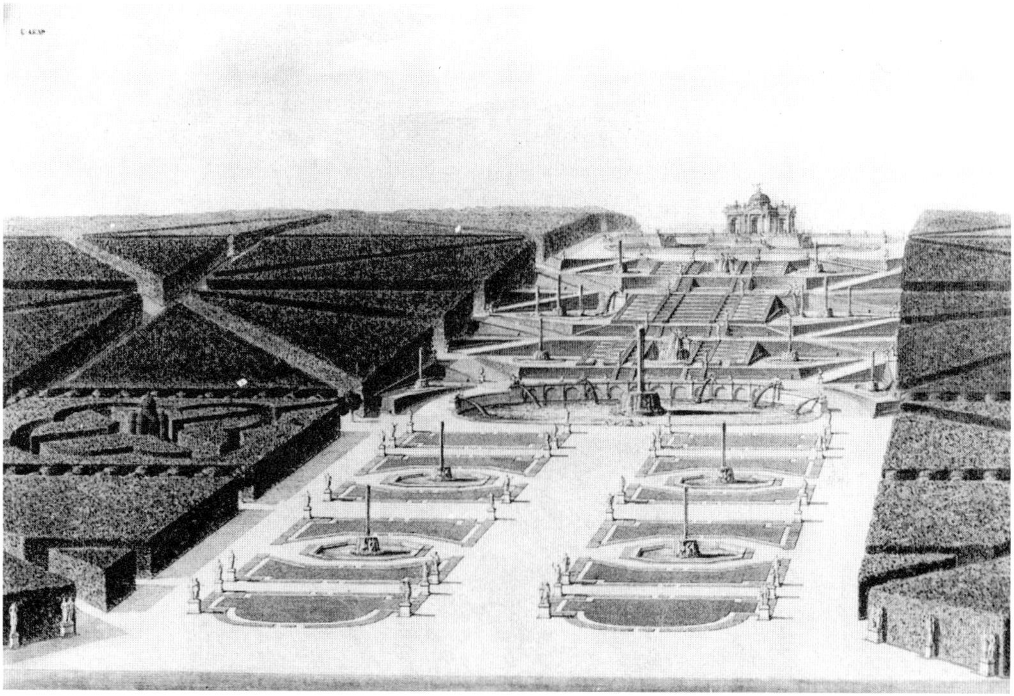

Abb. 37 Plan zur Ausgestaltung des Großen Parterres und des Schönbrunner Berges von Carl Schütz nach Ideen von J. F. Hetzendorf von Hohenberg, um 1772

vollendet. Der Gesamtentwurf stammt wahrscheinlich von Ferdinand Hetzendorf von Hohenberg. Die Skulpturen, die ebeso wie die Statuenserie aus Tiroler Marmor bestehen, wurden ab 1777 von Wilhelm Beyer geschaffen. Die Brunnenanlage wurde durch das große Reservoir vor der Gloriette mit Wasser versorgt.

Eine gegen den Berhang zurückschwingende Stützmauer bildet die Rückwand des Bassins. In der Mitte wölbt sich in einem Halboval der Sockel vor, auf dem sich eine Felslandschaft mit dem Gott Neptun und seinem Gefolge erhebt (Abb. 42).

Die majestätische Gestalt des Meergottes steht über einer Felsengrotte in einem Muschelwagen. Er stützt sich auf den Dreizack, mit dem er die Meeres-

Abb. 38 Plan für den Glorietteberg von J. F. Hetzendorf von Hohenberg, um 1780

Abb. 39 „Das k. k. Lustschloß Schönbrunn von der Gartenseite“ um 1810/20

fluten aufwühlen oder beruhigen kann. Zu seiner Linken sitzt eine Nymphe mit einem Füllhorn als Sinnbild der Fruchtbarkeit der Länder, die ja dem Wasser zu verdanken ist. Zu seiner Rechten kniet die Meergöttin Thetis, die ihn bittet, die Winde zu beruhigen und die Seefahrt ihres Sohnes Achill zu begünstigen, der gemeinsam mit vielen anderen griechischen Helden zur Eroberung Trojas aufgebrochen war. Zu Füßen des Neptun tummelt sich sein Gefolge, die Tritonen. Sie sind halb Mensch, halb Fisch und mit ihren Muscheltrompeten können sie Mensch und Tier in Angst und Schrecken versetzen. Sie lenken die Meerespferde, die Hippokampen, die den Wagen des Neptun durch die Wellen ziehen, die aber auch Personifikationen der Meereswogen sind.

Die Meerfahrt des Neptun ist ein in der Kunst des 16.–18. Jahrhunderts häufig dargestelltes Thema. Neptun als Beherrscher der Elemente, der die Wogen aufwühlen und glätten kann, ist ein Gleichnis für den Fürsten, der die Kräfte seines Landes zu lenken weiß.

In Hohenbergs ursprünglichem Plan um 1772, wo vier Brunnen mit den Flußgöttern der verschiedenen Provinzen im Großen Parterre vorgesehen waren, wäre der Meeresgott Neptun auch derjenige gewesen, in dem sich alle Gewässer (d.h. die Kräfte der Länder) vereinigt hätten. Damit wäre das gesamte Große Parterre ein Gleichnis für die Habsburgermonarchie gewesen.

Gloriette und Kleine Gloriette

Auf der Anhöhe des Schönbrunner Berges erhebt sich die Gloriette als Gegenüber zum Schloß und als optischer Abschluß des Parks. Schon Fischer von Erlach hatte um 1700 an dieser Stelle einen zierlichen hochbarocken Pavillon geplant, doch erst zwei Generationen später entstand hier nach den Plänen von Ferdinand Hetzendorf von Hohenberg ein triumphaler klassizistischer Ehrentempel in strengen kubischen Formen mit einer luftigen Arkadenreihe (Abb. 38).

Ein Teil der Doppelsäulen, der reliefierten Gebälkstücke und der Arkadenbögen stammt aus dem 1568 begonnenen aber nie fertiggestellten kaiserlichen Renaissancebau Neugebäude. Nachdem die Kaiserin 1774 beschlossen hatte, das Bauwerk dem Militär zu überlassen , wurden viele wertvolle Bauteile abtransportiert und in Schönbrunn wiederverwendet.

Der Mittelteil trägt die Inschrift: JOSEPHO II. AVGVSTO ET MARIA THERESIA IMPERANTIB. MDCCLXXV. (Unter der Regierung von Kaiser Joseph und Kaiserin Maria Theresia errichtet 1775). Die Bekrönung bildet der mächtige Reichsadler auf der Weltkugel, umgeben von Waffentrophäen, ein Werk von Benedict Henrici, von dem auch die meisten anderen Bildhauerarbeiten an diesem Gebäude stammen. Nur die mächtigen vier Trophäenstücke mit den riesigen Rüstungen an den seitlichen Treppenanlagen wurden von Johann Baptist Hagenauer geschaffen. Die Trophäenstücke, die aus antikisch-römisch gestalteten Rüstungen, Schilden und Feldzeichen bestehen, sind ein weiterer Hinweis auf die Verbindung der habsburgischen Herrscher mit dem römischen Kaisertum.

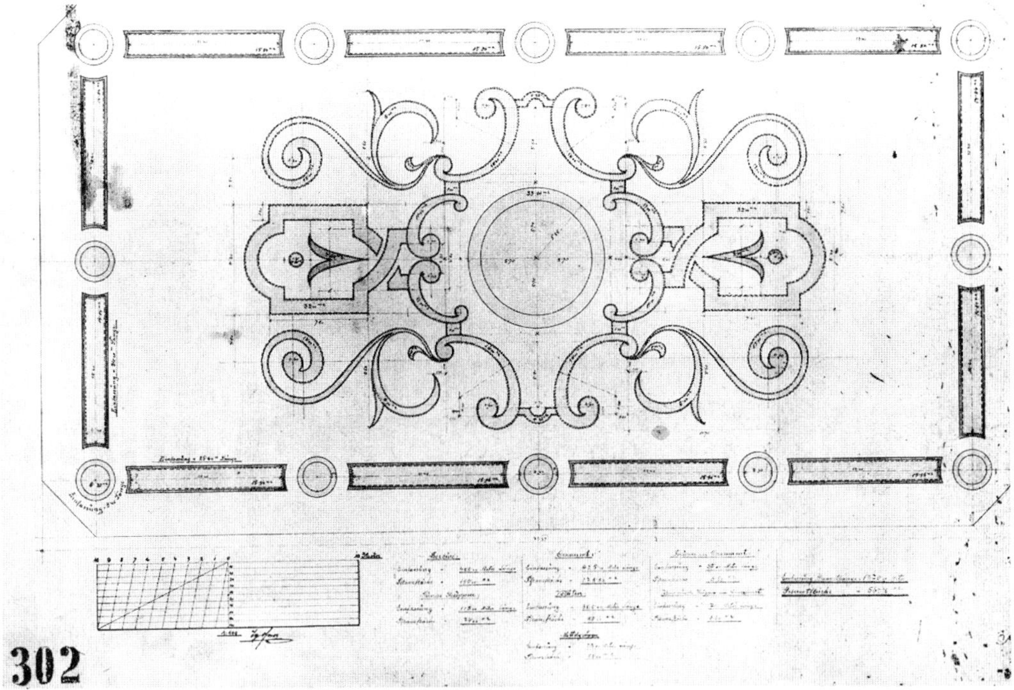

Abb. 40 Anton Umlauft, Entwurf für ein Parterrefeld um 1900

Die Gloriette ist nicht als Ehrentempel eines bestimmten Sieges zu betrachten, sondern als Denkmal des „gerechten Krieges“, der zum Frieden geführt hat und dessen Ruhm die Posaunen über den Arkaden verkünden. Im 18. Jahrhundert gab es die Vorstellung des „gerechten Krieges“, der nicht sinnlos, sondern zur Herstellung des Gleichgewichts und zur Befestigung der Ordnung geführt wurde. Die allegorische Aussage der Skulpuren ist also: Der Krieg ist zu Ende, die Waffen werden aufgehängt. Das eigentliche Thema ist die Ruhe nach dem Krieg, der Beginn eines Goldenen Zeitalters in ewigem Frieden.

Abb. 41 Das Große Parterre um 1900

In diesem Zusammenhang ist auch die Aufstellung eines solchen waffenstrotzenden Denkmals in einem Garten, der allgemein als ein Ort des Friedens und der Ruhe verstanden wurde, verständlich, obwohl Joseph Oehler 1805 fand, daß „ungeheure Waffenstücke hier, wo man ringsum nichts als die Segnungen des Friedens erblickt, nicht den besten Eindruck machen."

Von der Dachterrasse bietet sich ein weiter Ausblick auf Wien und seine Umgebung. Maria Theresia, die damals schon fast 60 Jahre alt und nicht mehr sehr beweglich war, ließ 1776 eine Brücke über die Grünbergstraße am östlichen Rand des Parks errichten, um mit dem Wagen zur Gloriette fahren zu kön-

Abb. 42 L. Rohbock, Neptunbrunnen und Gloriette, um 1860

nen. Hohenberg baute außerdem einen Personenaufzug, „womit die Kaiserin auf einem grünsaffianenem Canapée . . . auf den großen Althan hinaufgebracht ward.“ Dieser Aufzug war um 1870 noch in Funktion und konnte von Besuchern benützt werden.

Der Mittelteil der Gloriette erhielt, schon kurz nach ihrer Fertigstellung, um 1780 Glasfenster, die man erst 1926 entfernte. Gelegentlich wurde hier gespeist. Für diese Zwecke errichtete man westlich der Gloriette im Wald ein kleines Küchenhaus, das auf den Plänen um 1780 erstmals aufscheint und 1925 abgerissen wurde. 1945 wurde der Ostflügel der Gloriette von Bomben getroffen. Die

Wiederherstellung erfolgte 1947–1950. 1994/95 wurde die Gloriette restauriert, und man beschloß auch, den Mittelteil wieder zu verglasen und dort ein Café einzurichten.

Kleine Gloriette

Dieser kleine, turmartige Aussichtspavillon auf der Anhöhe des Schönbrunner Berges, nahe der zur Gloriette führenden Maria Theresienbrücke auf der Meidlinger Seite des Parks besitzt im Inneren reizvolle Freskenmalereien und wurde etwa gleichzeitig mit der großen Gloriette wahrscheinlich von Architekt Isidore Canevale um 1775 errichtet.

Illuminationen, Feuerwerke und Pirutschaden

Das Große Parterre als Zentrum des Parks und als erweiterter Festsaal des Schlosses war Schauplatz zahlreicher Festlichkeiten.

Am 3. Oktober 1743 gab es ein Souper und einen Ball zum Namenstag von Kaiser Franz Stephan. Das Schloß und ein Teil des Gartens waren mit Lampions illuminiert und ein Wiener Opernensemble in orientalischer Tracht zog durch den Garten und zeigte in einem Saal des Schlosses ein Ballett.

Am 4. Juni 1747 veranstaltete Karl von Lothringen, der Bruder des Kaisers, ein Feuerwerk, das aber wegen Schlechtwetters mißlang.

Zu Maria Theresias Namenstag gab es am 15. Oktober 1749 abends Tanz in der Großen Galerie. Danach begab sich die Kaiserin trotz rauhen Wetters in den Garten, um die Illumination besser zu sehen. Die Gartenfassade, das Große Parterre und die damals noch leere Waldschneise am Berghang gegenüber dem Schloß waren mit 24.000 Lampions beleuchtet.

Bei der Hochzeit des Kronprinzen Joseph mit Isabella von Parma im Jahr 1760 wurden wiederum die Gartenfront, die Baumwände des Parterres, das Sternbassin in der Mitte und ein auf dem Berg errichtetes hölzernes Gebäude mit Lampen beleuchtet.

Am 11. September 1775 veranstaltete Maria Theresia einen Maskenball anläßlich des Namenstages von Maria Beatrice d´Este, der Erbtochter des Herzogs Ercole d´Este und Gemahlin von Maria Theresias viertem Sohn Ferdinand, die

Abb. 43 Das Fest in Schönbrunn zu Ehren des Zaren Alexander II. am 3. Juni 1873

mit ihrem Gemahl aus Mailand zu Besuch nach Wien gekommen war. Die geplante prächtige Illumination des Parks konnte wegen schlechten Wetters erst fünf Tage später stattfinden, dabei erstrahlte erstmals auch die neue Gloriette im Lichterglanz.

Aber auch wenn keine großen Festlichkeiten stattfanden, wurde der Park gerne den Gästen gezeigt, wobei im 18. Jahrhundert meistens zu Fuß gegangen wurde, wie etwa am 15. Juni 1758, als der türkische Gesandte Resmi Achmed Effendi nach einem auf seinen Wunsch hin arrangierten „zufälligen" Zusammentreffen mit den Kindern des Kaiserpaares im Schloß, mit seiner Suite auch den Park und den Tiergarten besichtigte und im Tiergartenpavillon eine Erfrischung einnahm.

Am 13. Juni 1770 kam Generalleutnant Jacques Philippe Comte de Stainville nach Schönbrunn und überbrachte das Kompliment des Pariser Hofes zur Vermählung der Erzherzogin Marie Antoinette mit dem französischen Kronprinzen. Maria Theresia ließ ihn zur Mittagstafel einladen und führte ihn persönlich durch das ganze Schloß, den Park und bis zum neuen Fasangarten.

Am 14. Juli 1774 besuchte der türkische Tefterdar (= Finanzminister) Suleiman Effendi Schönbrunn. „Weil er wegen seines gelebten Alters die Tour nicht wohl hätte zu Fuß machen können, so wurde ihm erlaubt, sich bei der Menagerie auf das Pferd zu setzen und also den Garten zu besehen". Am Ende des Spazierritts wurde ihm im Menageriepavillon ebenfalls eine Mahlzeit vorgesetzt.

Im 19.Jahrhundert veranstaltete man gerne Pirutschaden, benannt nach den offenen zweispännigen Kutschen, den Birocci, die dabei verwendet wurden, wo eine ganze Festgesellschaft in einer Kolonne von Kutschen den Park besichtigte (Abb. 44). Nach einem Diner im Schloß, das manchmal von Regimentsmusik aus dem Park begleitet wurde, bestieg man die Wagen am Fuß der Gartentreppe. Im ersten Wagen saß als Führer der Gartendirektor. Die Route ging meistens durch das Große Parterre und die Meidlinger Parkhälfte zur Gloriette dann zur Menagerie und zum Botanischen Garten; manchmal begann man aber auch mit der Hietzinger Parkhälfte. Die Bevölkerung, die sich auch bei solchen Gelegenheiten im Park aufhalten durfte, genoß das prächtige Schauspiel. Bei diesen Anlässen waren natürlich alle Brunnen in Betrieb und außerdem wurden die Gäste an verschiedenen Stellen, zum Beispiel bei der Gloriette oder beim Neptunbrunnen von Militärkapellen begrüßt. Den Abschluß bildete meistens ein Feuerwerk im Großen Parterre und um die Gloriette. Die erste Pirutschade von der wir wissen, ist jene am 11. Oktober 1814 im Rahmen des prächtigen Fests in der Orangerie.

Abb. 44 Pirutschade zu Ehren des Großherzogs von Hessen am 16. Mai 1893

Am 19. Juli 1845 veranstaltete der Kaiser eine aus 32 Wagen bestehende Pirutschade zu Ehren der Herzogin von Kent. Im ersten Wagen fuhr als Führer der Direktor des Botanischen Gartes, Heinrich Schott. Die letzte Pirutschade fand beim Besuch des Königs Chulalongkorn von Siam am 24. Juni 1897 statt.

Ein ganz besonderes Ereignis war das Hundertjahr-Jubiläum des Maria Theresien-Ordens im Juli 1857, das der Maler Fritz l' Allemand in zwei Bildern festgehalten hat. Der Kaiser, die Minister, die hohen Offiziere und auch die Maria Theresien-Ritter speisten im Schloß. Im Großen Parterre waren Tische für 1200 Unteroffiziere und Soldaten gedeckt, zwei kreisförmig aufgestellte Militärmusikchöre sangen abwechselnd. Nach zwei Toasts auf seine Armee ging der Kaiser mit seinem Gefolge zwei Stunden lang durch die Reihen, um seine Soldaten einzeln zu begrüßen und ihnen die Hände zu schütteln (Abb. 9).

Viele Gäste begrüßte der Kaiser auch im Jahr 1873 anläßlich der Wiener Weltausstellung. Am 3. Juni veranstaltete man bei dem dreitägigen Besuch des Zaren Alexander II. eine Galavorstellung im Schloßtheater und eine festliche Beleuchtung des Parks, bei der „elektrische“ Lampen und verschiedene Brennspiegel eingesetzt wurden, sowie ein riesiges Feuerwerk. Nur wenige Tausend wurden als Zuschauer in den Park eingelassen, aber die Wiener Bevölkerung strömte trotzdem in Scharen nach Schönbrunn, um von außerhalb des Parks dieses Schauspiel zu erleben (Abb. 43). Ein weiteres Feuerwerk wurde am 1. August zu Ehren des Schah von Persien, Nasir-ed-Din, abgebrannt.

Im Jahr 1908 fanden zahlreiche Feierlichkeiten zum 50jährigen Regierungsjubiläum des Kaisers statt, unter anderem auch eine Huldigung von 5.000 Weidmännern, die im Großen Parterre angetreten waren.

In der Zeit der Republik veranstaltete 1932 der Rotary Club eine Jause, für die Tische und Stühle im Großen Parterre aufgestellt wurden. Am 13. Mai 1932 feierte der Österreichische Heimatschutz hier den 250. Jahrestag der Befreiung von den Türken, 1933 fand im Großen Parterre der österreichische Katholikentag statt.

Nach dem Ende des Zweiten Weltkriegs veranstalteten die britischen Besatzungstruppen 1946 ein „Tatoo“, eine Militärparade mit Musik, Reiterspielen und Feuerwerk. Der Ertrag der Vorstellungen diente wohltätigen Zwecken (Abb. 13).

Die Statuenserie – Mythologie und antike Geschichte

Die Entstehung der Statuen 1773–1780

Im Zuge der Neugestaltung des Großen Parterres und des Schönbrunner Berges durch Hohenberg um 1770–1780 erhielt der Bildhauer Johann Christian Wilhelm Beyer 1773 den Auftrag, für das Große Parterre 32, nach einer anderen Version sogar 36, Statuen „von weissem Marmor“ herzustellen.

Wilhelm Beyer (geb.1723 in Gotha, gest.1796 in Wien-Hietzing) war im Dienst des Fürsten Carl Eugen von Württemberg gestanden und war von diesem als Stipendiat nach Paris und nach Rom geschickt worden. Er hatte mit Winckelmann in Herculanum an Antikenausgrabungen teilgenommen und sich mit den aktuellsten Kunstströmungen auseinandergesetzt, die schon über den Barock hinaus in Richtung eines zurückhaltenderen klassizistischen Figurenstils gingen, wie er vor allem in der französischen Bildhauerkunst zu finden war. Nach seiner Rückkehr 1759 arbeitete er in Stuttgart im Dienst des Herzogs als Bildhauer und entwarf Figuren für die Ludwigsburger Porzellanmanufaktur. 1767 kam er schließlich nach Wien.

Beyer hatte den Auftrag erhalten, weil es im gelungen war, in Südtirol, das damals „Inland“ war, in der Nähe von Sterzing Steinbrüche mit hochwertigem Marmor („nicht schlechter als der von Carrara“, schreibt Beyer 1773) zu entdecken und den Transport sehr ökonomisch und preisgünstig zu organisieren. Die Statuen sollten 7 Fuß und 6 Zoll (ca. 2,45 Meter) hoch sein.

Im Sommer 1773 reiste Beyer mit einem Team von 15 Bildhauern zu den Steinbrüchen bei Sterzing. Dort wurden die Figuren nach Beyers Modellen bereits grob herausgearbeitet, um so das Gewicht der Steinblöcke für den Transport zu verringern. (Einige dieser Gipsmodelle sind noch erhalten und befinden sich im Besitz des Bundesmobiliendepots.) Im Winter wurden die Blöcke dann aus dem Tal bis an die Brennerstraße geschleift und später von den Fuhrleuten, die Salz von Hall über den Brenner nach Italien brachten und gewöhnlich ohne Fracht wieder zurückfuhren, für wenig Geld nach Hall am Inn mitgenommen und von dort mit Schiffen auf dem Inn und der Donau nach Wien transportiert.

In Schönbrunn wurde für Beyer ein Bildhaueratelier in der heutigen Wagenburg eingerichtet.

Abb. 45 Titelblatt des II. Teils von „Österreichs Merkwürdigkeiten die Bild- und Baukunst betreffend“ von Wilhelm Beyer, 1779

Für die Verfertigung einer einfachen Statue bekam Beyer 2.000, für eine doppelte Statue 4.000 Gulden. Davon erhielt der Bildhauer, der die Statue ausarbeitete, die Hälfte, für die andere Hälfte übernahm Beyer die Organisation, stellte die Modelle her und finanzierte einen eigenen Schmied in der Bildhauerwerkstatt, „da bey der Arbeit in so hartem Steine mehrere hundert Meißel in einem Tag stumpf wurden".

Insgesamt werden die Namen von 15 Bildhauern genannt, die teils unter Beyers Leitung, teils auch selbständig an den Schönbrunner Figuren arbeiteten:

Roman Anton Boos
JohannMartin Fischer
Anton Grassi
Joachim Günther
Johann Baptist Hagenauer
Benedikt Henrici
Veit Königer
Vinzenz Lang
Ignaz Platzer
Leonhard Posch
Jakob Prokop
Philipp Jakob Schletterer
Josef Weinmüller
Franz Zächerl
Franz Anton Zauner

Einige Bildhauer wirkten nur bei der groben Ausarbeitung in den Tiroler Steinbrüchen mit (Boos, Grassi, Günther, Lang, Posch), andere arbeiteten einige Zeit unter Beyers Leitung und übernahmen später selbständige Aufträge (Hagenauer, Henrici, Zauner).

Der wichtigste Bildhauer neben Beyer war Johann Baptist Hagenauer (1732–1810). Er stammte aus Salzburg, wo er u. a. die Mariensäule vor dem Salzburger Dom geschaffen hatte. 1771 übersiedelte er nach Wien. Er ging 1773 mit Beyer in die Tiroler Steinbrüche, um nach Beyers Modellen einige Blöcke für Figuren zu bearbeiten, die er dann in Wien fertigstellte. Es sind dies: Hygieia, die Vestalin, Hannibal, die Sibylle, Hesperia und Arethusa und die römische Matrone. Nach dem Tod Schletterers 1774 vollendete er die Artemisia. 1776 übernahm er, unabhängig von Beyer, den Auftrag für die zwei Priesterinnen mit Fruchtkörben, Fabius Cunctator, Apollo und Diana. Er schuf auch die großen Trophäenarrangements an den beiden Seiten der Gloriette.

1779 publizierte Beyer das Kupferstichwerk „Österreichs Merkwürdigkeiten, die Bild- und Baukunst betreffend . . .", in dem viele seiner Schönbrunner Arbeiten abgebildet sind und wo auch ihre Themen und die ausführenden Bildhauer angegeben werden (Abb. 45 und 46). Hier betont er auch die Wichtigkeit des Studiums der Antike in der Nachfolge Winckelmanns: „Die allgemeine Einstellung gebietet dahero den Künstlern, den Styl der Alten (denn darunter wird der höchste Begriff der schönen, einfachen Natur noch von jedem verstanden) zur Richtschnur zu nehmen . . .“ In diesem Sinne geht der Stil der Schönbrunner Statuen bereits über den Barock hinaus, ohne sich aber völlig von ihm zu lösen. An den Gewändern zeigt sich gelegentlich sehr deutlich der Einfluß antiker Skulpturen, die man allerdings zum Großteil nicht am Original, sondern anhand barocker Kupferstichsammlungen studiert hat. Die Bewegung der Figuren ist verhalten, von heiterer Grazie, aber ohne das lebhafte Pathos des Barock, in welchem man zum Beispiel den „Raub der Helena“ wesentlich dramatischer gestaltet hätte. Die streng rechteckige Form der Sockel hat ihr Vorbild in Versailles, entspricht aber auch völlig den Stilprinzipien des Klassizismus.

Zu diesen allgemeinen Merkmalen kommt natürlich noch die persönliche Handschrift der einzelnen Bildhauer, die in Schönbrunn mitgearbeitet haben. Beyers spezifische Qualität sind die schmiegsamen Konturen, die liebevolle Wiedergabe von weichen Rundungen und Grübchen üppiger Frauenkörper, wofür er vor allem in der zeitgenössischen französischen Plastik Anregungen finden konnte.

Die Figuren des Großen Parterres

Östliche Heckenwand, beginnend vor dem Schloß (siehe den Orientierungsplan im Anhang des Buches):

Artemisia (Nr. 1) (Abb. 47)

Artemisia war die Gemahlin des Mausolos, des Königs von Karien, einer Landschaft im südwestlichen Kleinasien. Als er 352 v. Chr. starb, übernahm sie die Regierung und errichtete ihrem Gatten in der Hauptstadt Halicarnassos ein 50 Meter hohes prachtvolles Grabmal, das Mausoleum, das zu den sieben Weltwundern der Antike zählte.

Der Dichter Plinius berichtet, daß sie ihren Gemahl so sehr liebte, daß sie, um sich auch im Tod nicht von ihm zu trennen, seine Asche in einer Urne sammeln ließ und täglich etwas davon in ihren Trank mischte. Sie starb 350 v. Chr., zwei Jahre nach ihrem Gatten. Sie ist hier trauernd an die Urne gelehnt, mit der Trinkschale in der Hand dargestellt.

Abb. 46 Bacchantin aus „Österreichs Merkwürdigkeiten die Bild- und Baukunst betreffend“ von Wilhelm Beyer, 1779. Der Kupferstich entspricht der Statue Nr. 11 im Großen Parterre

Der Volksmund wollte in dieser Figur einer trauernden Witwe eine Anspielung auf Kaiserin Maria Theresia sehen, die unter dem Tod ihres Gatten im Jahr 1765 sehr gelitten hat. Sie verschenkte damals ihre Roben an ihre Hofdamen und trug für den Rest ihres Lebens nur mehr Trauerkleidung.

Das Modell für diese Figur stammt von Wilhelm Beyer, der eine sehr ähnliche Figur in kleinerem Maßstab einige Jahre vorher für die Ludwigsburger Porzellanmanufaktur entworfen hatte. Die Ausarbeitung der Figur wurde von dem Bildhauer und Akademieprofessor Jacob Schletterer begonnen und nach dessen Tod 1774 von J. B. Hagenauer vollendet.

Kalliope (Nr. 2)

Kalliope bedeutet „schöne Stimme“, sie war für die Griechen und Römer die Muse des Epos (Heldengedichts).

Die neun Musen, Töchter des Zeus, waren die Göttinnen der Künste und Wissenschaften, welche die Menschen zu geistiger Tätigkeit, zu Musik und Dichtung anregten. Ihr Führer war der Gott Apollo. Jede der neun Musen vertrat einen bestimmten Kunstzweig oder eine Wissenschaft.

In Schönbrunn sind die Musen nur durch Kalliope vertreten, die als die älteste und vornehmste gilt. Sie ist mit Lorbeer bekränzt, in ihrer Linken hält sie eine Schriftrolle, in der Rechten zwei Flöten, weshalb sie manchmal auch als Euterpe, die Muse der Musik, bezeichnet wurde.

Diese Figur wurde von Wilhelm Beyer entworfen und ausgeführt.

Brutus und Lucrezia (Nr. 3)

Nach seiner Gründung 753 v. Chr. wurde Rom der Sage nach von sieben Königen regiert; der erste war Romulus, der letzte dieser Könige war Tarquinius, der später Superbus (der Hochmütige) genannte wurde.

Lucius Junius Brutus war ein Neffe des Tarquinius, dessen Vater und Bruder Tarquinius umbringen ließ, um die Erbfolge seiner Söhne zu sichern. Brutus (das bedeutet Dummkopf) rettete sein Leben, indem er sich dumm stellte.

Lucrezia war die wegen ihrer Schönheit und Tugend gefeierte Gemahlin des Lucius Tarquinius Collatinus, der ebenfalls mit dem Königshaus verwandt war. Sextus, einer der beiden Königssöhne, war in heftiger Leidenschaft zu ihr entbrannt. Während Lucrezias Mann an einem Feldzug gegen die Nachbarstadt Ardea teilnahm, besuchte Sextus das Haus seines Verwandten, wo er gastfreundlich aufgenommen wurde. In der Nacht drang er in Lucrezias Schlafgemach ein und vergewaltigte sie.

Am nächsten Morgen ließ Lucrezia ihren Vater und ihren Gemahl aus dem Feldlager zu sich rufen, sie berichtete, was geschehen war und beschwor sie, den Verlust ihrer Ehre zu rächen. Dann nahm sie vor den Augen der Männer einen Dolch und stieß ihn in ihre Brust. Brutus, der bei diesem Ereignis anwesend war, gab nun seine Verstellung als Dummkopf auf, er zog den blutigen Dolch aus der Wunde und beschwor die Anwesenden mit leidenschaftlichen Worten, am ganzen Geschlecht der Tarquinier Rache zu nehmen. So wurden 510 v. Chr. Tarquinius und seine Söhne aus Rom vertrieben und an die Stelle des Königtums trat die Republik, an deren Spitze zwei jährlich neu gewählte Konsuln standen. Einer der beiden ersten Konsuln wurde Lucius Junius Brutus.

Die Figurengruppe zeigt den Augenblick des Racheschwurs. Beyer hatte für diese Gruppe ein Modell mit einer sitzenden Lucrezia entworfen. Der ausführende Bildhauer Ignaz Platzer hielt sich aber nicht daran, sondern arbeitete nach einem eigenen Entwurf.

Ceres und Bacchus (Nr. 4)

„Dionysius und Ceres reisen durch die Attique, den Sterblichen den Wein- und Ackerbau zu lehren“, so beschreibt Wilhelm Beyer selbst diese Gruppe.

Diese beiden Gottheiten verkörpern die den Menschen dienende Fruchtbarkeit der Natur und werden deshalb oft gemeinsam dargestellt. Ceres als Göttin der Fruchtbarkeit und des Erdensegens trägt einen Ährenkranz im Haar und auch ein Büschel von Ähren und Mohn in den Händen, wobei der Mohn als schlafbringende Pflanze auf das Ruhen der Natur im Winter hinweist. Bacchus ist der Gott des Weinbaus und ganz allgemein der Vegetation. Er trägt einen Kranz von Weinlaub und Efeu auf dem Haupt. Sowohl der Wein, der belebt, aber auch trunken und bewußtlos macht, als auch der immergrüne Efeu sind Symbole für den Kreislauf des Lebens, für Tod und Wiedergeburt. Auch das Leopardenfell über der Schulter des Bacchus bedeutet Vitalität und Weiterleben nach dem Tod.

Die beiden Figuren wurden nach Beyers Modell von Joachim Günther ausgeführt.

Die Flucht aus Troja (Nr. 5) (Abb. 48)

Die Figurengruppe zeigt den trojanischen Helden Aeneas auf der Flucht aus dem brennenden und von den Griechen eroberten Troja. Auf den Schultern trägt er seinen gelähmten Vater Anchises, der die Hausgötter in seinen Händen hält. An seiner Seite folgt ihm sein kleiner Sohn Julus.

Die Szene schildert das Ende des trojanischen Krieges, der in einer der bedeutendsten griechischen Dichtungen, der „Ilias“ von Homer besungen wird. Einige vorangehende Episoden dieser Geschichte wurden in weiteren Parkfiguren dargestellt: Das Urteil des Paris (Nr. 15), der Raub der schönen Helena (Nr. 29), eine ebenfalls dreifigurige Gruppe auf der gegenüberliegenden Seite des Parterres und auch die Szene auf dem großen Neptunbrunnen, wo die Göttin Thetis den Meeresgott Neptun um eine gute Überfahrt der griechischen Schiffe nach Kleinasien zur Eroberung Trojas bittet.

Nach der Zerstörung Trojas floh Aeneas mit einer Anzahl von Getreuen über das Meer nach Westen. Er gelangte zuerst nach Karthago in Nordafrika, wo ihn die Königin Dido aufnahm und sich in ihn verliebte. Auf Geheiß der Götter mußte Aeneas aber weiterziehen, er gelangte nach Latium und sein Nachkomme Romulus gründete Rom und wurde der erste König des Stadtstaates.

Diese Sage, die wahrscheinlich einen historischen Kern hat, erhielt ihre klassische Formulierung in der „Aeneis“ des römischen Dichters Vergil und wurde für das Staatsbewußtsein der Römer sehr wichtig. Die Familie der Julier, der Caesar entstammte, führte ihre Herkunft auf Julus, den Sohn des Aeneas, zurück. Damit wurde Aeneas zum mythischen Stammvater der römischen Caesaren und in der Folge auch der habsburgischen Kaiser gemacht, die sich zwar nicht genealogisch, aber in ihrer Rolle als Träger der Kaiserwürde als deren Nachfolger betrachteten.

Im Barock wurde die Flucht des Aeneas auch als Gleichnis der Fürsorge und Pietät verstanden, die man als wichtige Fürstentugenden ansah.

Entwurf und Ausführung stammen von Philipp Jakob Prokop (1740–1814), einem böhmischen Bildhauer. Das Tonmodell für dieser Figur befindet sich im Österreichischen Barockmuseum.

An dieser Gruppe wird sehr deutlich, daß die Skulpturen ursprünglich frei, von allen Seiten sichtbar aufgestellt werden sollten, denn die Figur des Kleinen Julus ist heute kaum zu sehen.

Abb. 47 Artemisia, Statue im Großen Parterre (Nr. 1)

Abb. 48 Die Flucht aus Troja, Statuengruppe im Großen Parterre (Nr. 5)

Angerona (Nr. 6) (Abb. 49)
Über diese Göttin ist aus der Antike sehr wenig bekannt. Sie dürfte eine spezifisch römische Stadt- und Schutzgöttin gewesen sein. Von dem Aussehen des Götterbildes gibt es nur sehr ungenaue Berichte. Ihr Bildnis im Tempel der Volupia in Rom zeigte sie angeblich mit verbundenem Mund oder mit dem Zeigefinger auf dem Mund. In der Renaissance schuf man aufgrund dieser dürftigen Beschreibungen neue Formen dieses Götterbildes, wobei man verschiedene antike Figuren, die aber mit Angerona nichts zu tun hatten, als Vorbild verwendete. Eine solche Neubildung (vermittelt durch barocke Kupferstichwerke) hat auch Wilhelm Beyer als Vorlage für diese Figur verwendet.

Auch über die Funktion und Bedeutung dieser Göttin ist nichts Genaues überliefert. In der Renaissance und der Barockzeit galt sie wohl vor allem als Göttin des klugen Stillschweigens, vielleicht auch des geheimen Wissens, worauf die Schlange an ihrer Seite hindeuten könnte.

Diese Figur ist ein Werk von Wilhelm Beyer.

Jason (Nr. 7) (Abb. 50)
Der griechische Held Jason erscheint hier im Moment seines Triumphes. In der Linken hält er ein Widderfell, das Goldene Vlies, zu seinen Füßen liegt besiegt der Drache, der das Fell bewacht hatte.

Jason war ein thessalischer Prinz, dessen Onkel Pelias sein Reich als Vormund verwaltete. Als Jason erwachsen war, forderte er die Abtretung der Herrschaft. Der Onkel verlangte vorher eine Mutprobe, und zwar sollte Jason das Goldene Vlies aus dem düsteren Barbarenland Kolchis jenseits des Schwarzen Meeres zurückbringen, welches in der ganzen Welt als einer der kostbarsten und begehrenswertesten Schätze galt.

Aietes, der König von Kolchos, hielt dieses Vlies in hohen Ehren, er bewahrte es im Hain des Kriegsgottes Mars auf und ließ es von einem Drachen bewachen, denn ihm war geweissagt worden, daß er so lange regieren werde, als er das Vlies besitze.

Für die Fahrt nach Kolchis rüstete Jason ein Schiff, die „Argo“. Er wurde von den berühmtesten Helden Griechenlands auf seiner Fahrt begleitet, darunter Herkules, Theseus und der Sänger Orpheus. Nach mancherlei Abenteuern und Gefahren erreichten Jason und seine Gefährten das Kolcherland. König Aietes wollte aber das Goldene Vlies, an das ja der Bestand seiner Herrschaft geknüpft war, nicht herausgeben, deshalb stellte er Jason eine übermenschlich schwere

Abb. 49 Angerona, Statue im Großen Parterre (Nr. 6)

Aufgabe: Er sollte zwei feuerschnaubende Stiere mit ehernen Füßen vor einen Pflug spannen und Drachenzähne aussäen, aus denen riesige Krieger hervorwachsen würden. Diese mußte er alle töten, wenn er überleben wollte. Mit Hilfe der Königstochter Medea, einer Priesterin und Zauberin, die sich in Jason verliebt hatte, gelang ihm diese Aufgabe, denn Medea gab ihm eine Salbe, die ihn unverwundbar machte und riet ihm außerdem, einen Stein zwischen die Krieger zu werfen. Dadurch entstand ein Streit unter ihnen, in dessen Verlauf sie sich gegenseitig töteten.

Da der König ihm das Vlies immer noch verweigerte, beschloß Jason, es zu rauben. Mit Hilfe Medeas schläferte er den Drachen ein und eroberte so das Goldene Vlies.

Der Zug der Argonauten war seit dem späten Mittelalter ein Vorbild für die Kreuzritter, die ja auch den barbarischen Heiden die Heiligtümer der Christenheit entreißen wollten.

1430 gründete Herzog Philipp von Burgund den Orden vom Goldenen Vlies, der durch die Heirat Maximilians I., mit Maria von Burgund 1477 an die Habsburger überging und eines ihrer bedeutendsten Herrschaftsabzeichen wurde. Jedenfalls paßt auch der Gedanke, daß das Goldene Vlies seinem Inhaber die Fortdauer der Herrschaft garantiert, gut in das inhaltliche Programm des Schönbrunner Parks.

Die Statue ist ein Werk von Wilhelm Beyer.

Aspasia (Nr. 8)

Aspasia war eine der berühmtesten Frauen der Antike. Sie stammte aus Milet und kam bald nach 450 v. Chr. mit ihrem Vater nach Athen. Sie besaß große politische und wissenschaftliche Kenntnisse und war eine begabte Dichterin. Sie hatte eine wesentlich sorgfältigere und freiere Erziehung erhalten, als die attischen Frauen, die nur für ihre häuslichen Aufgaben erzogen wurden. So spielte Aspasia in den geistigen Kreisen Athens eine ungewöhnliche Rolle. In ihrem Haus versammelten sich die angesehensten Männer, unter ihnen auch Sokrates. Perikles, der große Staatsmann und Volksführer trennte sich ihretwegen von seiner ersten Frau, er heiratete sie, und sie gebar ihm einen Sohn.

Es wird berichtet, daß die Athener ihr eine Statue in Gestalt der Göttin Athene errichteten.

Athene war die Haupt- und Schutzgöttin Athens, auch Göttin der Weisheit und klugen Kriegsführung. Sie trägt einen großen runden Schild mit dem Haupt des schlangenhaarigen Ungeheuers Medusa, dessen Anblick so schrecklich war, daß jeder der es ansah, zu Stein verwandelt wurde. Um den Ausschnitt ihres Kleides kräuseln sich zwei Schlangen als Andeutung der Aegis, des mit Schlangen gesäumten Brustpanzers der Göttin. Auf dem Haupt trägt sie einen Helm, geziert mit einer kleinen Sphinx und einem Federbusch. An den Seiten sind Reliefs einiger Pferde zu erkennen. In ihrer Rechten hält die Figur ein kurzes Stöckchen als Rest ihrer Lanze. Vermutlich wollte der Bildhauer damit zeigen, daß es sich um das Abbild einer antiken Figur handelt, die im Lauf der Jahrhunderte eben ihre Lanze verloren hatte. Die Sphinx schützte den Helm der Athene als abschreckender Dämon, sie galt als Verbindung von tierischer Kraft und menschlicher Klugheit. Die Pferde auf dem Helm deuten an, daß Athene die Menschen lehrte, die Rosse zu zähmen und zu lenken.

Die Statue ist ein Werk von Wilhelm Beyer.

Ob auch mit dieser Figur eine Anspielung auf Maria Theresia verbunden ist, muß dahingestellt bleiben. Im Jahr 1749 besuchte der Dichter Johann Chr. Gottsched Schönbrunn. Er widmete der Kaiserin eine Ode, in der er sie mit einigen großen Frauen der Antike, mit Kleopatra, Aspasia und Tomyris vergleicht.

Omphale (Nr. 9)

Omphale, die Königin von Lydien in Kleinasien, kaufte den Helden Herkules, der nach einem Spruch des Orakels von Delphi drei Jahre lang als Sklave dienen mußte. Während Herkules Frauenarbeit verrichtete (seine Statue steht auf der gegenüberliegenden Seite des Parterres), nahm sie sein Löwenfell und seine Keule und zog selbst auf Abenteuer aus.

Die Statue wurde von Joseph Weinmüller entworfen und ausgeführt, der einige Jahre vorher eine sehr ähnliche Figur für die Ludwigsburger Porzellanmanufaktur bei Stuttgart, wo auch Wilhelm Beyer arbeitete, angefertigt hat.

Nymphe der Flora (Nr. 10)

Die Nymphen waren weibliche Naturgestalten niedrigen Ranges, welche an Quellen und Bächen, in Wäldern und auf Bergen ihren Sitz hatten. Sie vertraten die nährende Fruchtbarkeit der Erde. Die Nymphen waren nicht unsterblich, sondern lebten nur sehr lange und alterten nie. Sie gehörten auch zum Gefolge höherer Gottheiten, wie diese Figur, die als Dienerin der Blumen- und Frühlingsgöttin Flora eine mit Blumen bekränzte Vase auf ihrem Kopf trägt.

Die Statue ist ein Werk von Wilhelm Beyer.

Bacchantin (Nr. 11) (Abb. 46)
Die Nymphe trägt eine Schale mit Trauben auf dem Haupt. Sie stützt ihre Hand auf einen Dreifuß mit Ziegenköpfen, über den ein Löwen- oder Pantherfell gehängt ist. Sowohl der Ziegenbock als auch der Panther sind Tiere des Bacchus und ihm geweiht.

Bacchus ist nicht nur der Gott des Weinbaus, er hat auch Macht über die Wirkung des Weines, den Rausch und die Ekstase. Mit wildem Gefolge von Satyrn und Nymphen zog er durch die Fluren und feierte orgiastische Feste.

Die Figur ist ein Werk von Wilhelm Beyer.

Apollo (Nr. 12)
Apollo, einer der wichtigsten olympischen Götter, ist in Schönbrunn durch zwei Figuren repräsentiert. Diese erste Figur zeigt ihn als Gott der Weissagung und Herrn des Orakels von Delphi, in langem Gewand mit einem von einer Schlange umwundenen Dreifuß. Die Schlange erinnert an die bezwungene Python, sie ist aber auch ein Symbol des heilenden Gottes. Die Lyra und der Lorbeerkranz weisen ihn als Führer der Musen und als Gott der schönen Künste aus.

Apollo war der Sohn des Jupiter und der Göttin Leto. Juno, die Gemahlin des Jupiter ließ ihre Nebenbuhlerin von der Erdschlange Python, welche das Orakel der Erdmutter in Delphi bewachte, verfolgen. Apollo tötete die Schlange und nahm den Ort in Besitz. Delphi wurde das berühmteste Orakel der antiken Welt.

Die Leier wurde vom Gott Merkur erfunden, er schenkte sie dem Apollo, der ein unübertrefflicher Meister auf diesem Instrument wurde. Der Lorbeerkranz erinnert an Apollos unerwiderte Liebe zur Nymphe Daphne, die vor ihm flüchtete. Er verfolgte sie, doch als er sie beinahe erreicht hatte, verwandelte sie sich in einen Lorbeerbaum. Apollo trauerte sehr um sie und fortan war ihm dieser Baum geheiligt, und mit Lorbeerkränzen wurden erfolgreiche Feldherrn und später auch große Dichter bekrönt.

Die Statue stammt von Wilhelm Beyer.

Hygieia (Nr. 13) (Abb. 51)
Hygieia, die Göttin der durch die Heilkraft wiedererlangten Gesundheit, war die Tochter des Heilgottes Äskulap (er steht ihr gegenüber auf der anderen Seite des Parterres). Um ihren Arm windet sich eine Schlange, welcher sie aus einer Schale einen Heiltrank einflößt.

Bei den Schönbrunner Statuen kommen sehr häufig Schlangen vor. Schon in

Abb. 50 Jason, Statue im Großen Parterre (Nr. 7)

Abb. 51 Hygieia, Statue im Großen Parterre (Nr. 13)

der Antike war ihre Bedeutung ambivalent. Sie waren einerseits bedrohlich und brachten Tod und Verderben, sie hatten aber auch geheimes Wissen und besaßen Zauber- und Heilkraft. Die Schlange, die sich häutet, also ihre alte Haut abstreifen kann, war ein Symbol für Erneuerung und Wiedergeburt, aber auch für wiedererlangte Gesundheit.

Die Figur ist ein Werk J. B. Hagenauers.

Vestalin (Nr. 14) (Abb. 52)

Vesta, die Beschützerin der Familie und des Herdfeuers, war auch die wichtigste Schutzgöttin Roms, der ein Staatskult gewidmet wurde. Der Sage nach hat Aeneas ihren Kult aus Troja nach Italien gebracht. Der zweite König von Rom, Numa Pompilius (715–672 v. Chr.) errichtete ihr einen Tempel und bestellte vier (später sechs) Priesterinnen zur Bewachung des Tempels und der heiligen Flamme auf ihrem Altar, die den Römern als Unterpfand für die ewige Dauer ihrer Herrschaft galt.

Diese Priesterinnen, die Vestalinnen wurden im Alter von sechs bis zehn Jahren ausgewählt, sie mußten ein Keuschheitsgelübde ablegen und sich zu 30jährigem Dienst verpflichten. Danach konnten sie den Tempel verlassen und heiraten.

Die Vestalinnen trugen lange weiße Gewänder und bei Opfern einen Schleier. Die Schönbrunner Vestalin hält in ihren Händen eine Öllampe mit dem heiligen Feuer.

Die Statue wurde von Leonhard Posch, einem Mitarbeiter Hagenauers in den Tiroler Steinbrüchen begonnen und von Hagenauer selbst in Wien fertig ausgearbeitet.

Sie war die erste Figur, die 1774 unter Abfeuerung von Pöllern in Schönbrunn aufgestellt wurde. Sie stand aber damals noch nicht an ihrem heutigen Platz. Erst 1777 beschloß man, die Figuren nicht an den Ecken der Rasenfelder im Großen Parterre, sondern entlang der Heckenwände aufzustellen.

Die Nymphen der Flora und des Bacchus (Nr. 10, 11), die Vestalin und einige weitere Statuen von Priesterinnen sollten veranschaulichen, daß die Religion und die Verehrung der Götter für das Wohlergehen eines Staates von großer Wichtigkeit sind.

Abb. 52 Vestalin, Statue im Großen Parterre (Nr. 14)

Abb. 53 Paris, Statue im Großen Parterre (Nr. 15)

Paris (Nr. 15) (Abb. 53)
Paris war ein Sohn des trojanischen Königs Priamos. Nach seiner Geburt wurde er in den Bergen ausgesetzt, weil ein Orakel angekündigt hatte, daß durch ihn Troja untergehen würde. Er wurde aber von Hirten gefunden und aufgezogen. Eines Tages, als er die Herden im Gebirge Ida hütete, erschienen die drei Göttinnen Juno, Venus und Minerva, begleitet von Merkur, der dem Paris einen goldenen Apfel mit der Aufschrift „der Schönsten" übergab. Diesen Apfel hatte Eris, die Göttin der Zwietracht bei der Götterhochzeit von Peleus und Thetis unter die versammelten olympischen Götter geworfen, aus Ärger, weil man sie nicht eingeladen hatte. Tatsächlich war nun zwischen den drei Göttinnen ein Streit um diesen Apfel entbrannt, und Paris sollte der Schiedsrichter sein. Für die Zuerkennung des Apfels bot ihm Juno großen Reichtum, Minerva Weisheit und Ruhm, Venus aber versprach ihm die schönste Frau der Welt als Gemahlin. Paris entschied sich für Venus, und mit ihrer Hilfe raubte er später die schöne Helena (Nr. 28) und löste dadurch den trojanischen Krieg aus. Durch sein Urteil hatte er natürlich die beiden anderen Göttinnen verärgert, die dann während des trojanischen Krieges auf der Seite der Griechen standen.

Die Figur zeigt Paris als Hirten, mit einer Keule zum Schutz seiner Herde bewaffnet und einem Hund an seiner Seite. Noch hält er den verhängnisvollen Apfel in seiner Hand und scheint um die Entscheidung zu ringen.

Die Statue wurde von Veit Königer geschaffen.

Die Schönbrunner Gartenstatuen dienten Josef Zhismann, dem Lehrer des Kronprinzen Rudolf (1858–1889) als Anschauungsmaterial für den Unterricht in Geschichte und Mythologie. Der kleine Kronprinz war sehr stolz darauf, bald alle Figuren zu kennen und auch zu wissen, daß diese Statue nicht Adam, sondern Paris darstellt.

Hannibal (Nr. 16) (Abb. 54)
Der karthagische Feldherr Hannibal war einer der größten und gefährlichsten Gegner Roms. Im zweiten Punischen Krieg (218–201 v. Chr.) überquerte er von Spanien aus die Pyrenäen und die Alpen. Er besiegte die römische Armee in mehreren Schlachten und drang bis in die Nähe Roms vor.

Die Schönbrunner Statue zeigt den Feldherrn nach der Schlacht bei Cannae (216 v. Chr.), seiner größten, aber auch letzten erfolgreichen Schlacht gegen die Römer. Danach wendete sich das Glück durch die kluge Taktik des Konsuls Fabi-

Abb. 54 Hannibal, Statue im Großen Parterre (Nr. 16)

us Maximus Cunctator (Nr. 26) den Römern zu, die 146 v. Chr. Karthago endgültig vernichteten. Hannibal erscheint als bärtiger Krieger mit Helm, Schuppenpanzer und Löwenfell. Sein Blick ist starr in die Ferne gerichtet (Wilhelm Beyer schreibt, daß er damit andeuten wollte, daß Hannibal vor der Schlacht ein Auge verloren hat). Er stützt sein Schwert auf ein Gefäß, das er angefüllt mit den Ringen der erschlagenen römischen Ritter als Zeichen seines Sieges nach Karthago schicken wollte.

Die Statue wurde von Wilhelm Beyer entworfen und von Johann Baptist Hagenauer ausgeführt.

Westliche Heckenwand, beginnend beim Neptunbrunnen (siehe den Orientierungsplan im Anhang des Buches):

Meleager (Nr. 17) (Abb. 55)
Meleager war der Sohn des Königs Oineus, des Königs von Kalydon in Westgriechenland. Als Jüngling nahm Meleager am berühmten Argonautenzug des Jason zur Eroberung des Goldenen Vlieses teil. Einst vergaß sein Vater, der Göttin Diana zu opfern. Als Strafe schickte sie einen riesigen Eber, der das Land verwüstete. In dieser Not rief Meleager die berühmtesten Helden Griechenlands zusammen, und er lud auch die Königstochter Atalante ein, die eine große Jägerin war. Die nun folgende Jagd auf den kalydonischen Eber hat der Dichter Ovid in seinen „Metamorphosen“ dramatisch und anschaulich geschildert. Atalante gelang es als erster, den Eber mit ihrem Pfeil zu verletzen, doch tötete das Tier noch einige Jäger, bevor Meleager es mit seinem Speer erlegen konnte. Da Meleager das Tier getötet hatte, standen ihm der Kopf und die Haut als Trophäen zu. Er überließ sie aber der Atalante, obwohl die übrigen Jäger über diese Bevorzugung murrten.

Die Statue zeigt Meleager mit einem Bärenfell bekleidet und auf seinen Bogen gestützt mit dem Haupt des Ebers zu Füßen, während er gegenüber den anderen Jägern das Anrecht der Atalante auf die Trophäen verteidigt.

Diese Figur eines großen Jägers steht sicher nicht ganz ohne Absicht neben dem Eingang zum neueren Teil des Tiergartens, der früher Kleiner Fasangarten hieß und in dem auch gejagt wurde.

Die Statue des Meleager ist ein Werk Wilhelm Beyers.

Abb. 55 Meleager, Statue im Großen Parterre (Nr. 17)

Merkur (Nr. 18)

Merkur, ein Sohn Jupiters, war der listenreiche, wendige und sehr beredtsame Götterbote, meistens dargestellt mit Flügelhut, Flügelschuhen und seinem von zwei Schlangen umwundenen Heroldstab. Er war der Gott der Reisenden und Kaufleute, aber auch Schutzherr der Lügner und Diebe. Von Apollo übernahm er den Schutz der Tierherden und der Hirten.

Bevor er aber alle diese Aufgaben übernahm, erfand er die Leier und die Flöte. Auf diese Episoden bezieht sich die Schönbrunner Figur. Die Sage berichtet, daß Merkur schon als Knabe dem Apollo eine Rinderherde stahl. Um nicht entdeckt zu werden, machte er aus Eichenrinde Schuhe und band sie mit geflochtenem Gras den Rindern an die Hufe. Dann trieb er die Tiere davon. Apollo suchte lange nach seiner Herde, plötzlich vernahm er wunderbare, noch nie gehörte Klänge. Sie kamen von einem Musikinstrument, das der junge Merkur aus der Schale einer Schildkröte und dem Darm einer geschlachteten Kuh aus Apollos Herde gebaut hatte. Diese Klänge gefielen Apollo so sehr, daß er seinen Zorn vergaß und Merkur bat, ihm dieses Instrument, die Leier, zu überlassen. Merkur durfte dafür die gestohlene Herde behalten. Während die Kühe weideten, schnitt Merkur eine Rute ab und machte aus ihr eine Hirtenflöte, auf der er eine Melodie spielte. Von neuem begeistert wollte Apollo auch die Flöte besitzen und bot ihm dafür seinen goldenen Hirtenstab an, als Zeichen, daß Merkur ab nun der Gott der Viehzüchter und Hirten sei. Merkur wollte aber noch ein bißchen mehr für seine Flöte. Er verlangte, daß Apollo ihn das Wahrsagen lehren möge. Apollo stimmte zu, und so wurde der Stab später noch von zwei Schlangen, den Zeichen geheimen Wissens umschlungen. Dieser Schlangenstab, der Caduceus, wurde sein wichtigstes Attribut.

Die Statue zeigt Merkur beim Flötenspiel, gestützt auf einen Holzstamm mit einem Lammfell und einer Leier. Er wird hier also als Gott der Künste, vor allem der Musik dargestellt.

Diese Figur wurde von Ignaz Platzer geschaffen.

Priesterin mit Opferschale (Nr. 19)

Diese Priesterin hält in der Hand eine kleine Schale für Opfergaben, die man den Göttern auf den Altar stellte. Sie trägt ein langes weites Gewand, das an den Schultern durch zwei Spangen festgehalten wird.

Die Figur ist ein Werk Joseph Weinmüllers, der sie nach demselben Entwurf ausführte wie eine Porzellanfigur, die er einige Jahre vorher für die Ludwigsburger Porzellanmanufaktur geschaffen hatte.

Abb. 56 Sibylle, Statue im Großen Parterre (Nr. 20)

Sibylle (Nr. 20) (Abb. 56)

Die Sibyllen waren in der Antike weissagende Frauen, die in die Zukunft sehen konnten. Ursprünglich kannte man nur eine Sibylle, später soll es an mehreren Orten solche Prophetinnen gegeben haben. Für Rom erlangte die Sibylle von Cumae in Unteritalien besondere Bedeutung. Die Sage berichtet, daß sie die Sibyllinischen Bücher verfaßt hat, die eine Reihe von Kultvorschriften und Weissagungen über die Zukunft des römischen Staates und der Welt enthielten. Neun von diesen Büchern bot sie dem König Tarquinius Superbus zum Kauf an. Als dieser den Preis zu hoch fand, warf sie drei und später noch drei weitere Bücher ins Feuer. Da ließ der König die restlichen Bücher von den Priestern und Auguren überprüfen, die ihren unschätzbaren Wert erkannten, und so kaufte der König diese drei Bücher um die anfangs für neun Bücher geforderte Summe. Diese Bücher wurden im Tempel auf dem Capitol aufbewahrt und im Auftrag des Senats bei allen wichtigen Entscheidungen befragt. Sie sind 83 v. Chr. samt dem Tempel verbrannt.

Die Statue der Sibylle deutet mit der Rechten auf die zu ihren Füßen liegenden Bücher, die schon von den Flammen erfaßt wurden, während sie die letzten drei noch unter ihrem Arm hält.

Der Entwurf für diese Figur stammt von Wilhelm Beyer, die Ausführung wurde von Vinzenz Lang in Tirol begonnen und von Johann Bapt. Hagenauer in Wien beendet.

Aeskulap (Nr. 21)

Aeskulap war ein Sohn des Apollo. Er wurde von dem Kentauren Chiron erzogen und erlernte von ihm auch die Heilkunst. Als Gott der Medizin heilte er nicht nur Kranke, sondern erweckte auch Tote zum Leben. Sein berühmtestes Heiligtum war in Epidauros im Peloponnes.

Die Statue zeigt ihn als bejahrten bärtigen Mann. Er stützt sich auf einen Stock der von einer Schlange umwunden ist. Dieser Stab wird als Lebensbaum gedeutet, die Schlange ist sowohl Symbol der Erneuerung als auch der Weisheit.

Eine sehr handfeste Interpretation der gebräuchlichen Darstellung des Aeskulap gibt ein mythologisches Lexikon aus dem Jahr 1741: „Er hat solchem nach einen Bart, weil Medici keine jungen Laffen sondern alte erfahrne Leute seyn sollen. Er hat einen Stab in der Hand auf den er sich stemmet, weil die Medicin gleichsam auch eine Stütze des menschlichen Lebens ist. Solcher Stab ist von einer Schlange umwunden, welche sehr scharffsichtig seyn soll, weil dergleichen von einem Medico auch erfordert wird, ist aber auch voller Knoten, weil es in der Medicin noch viele Schwierigkeiten giebet."

Diese Statue wurde von Veit Königer geschaffen.

Zwei Priesterinnen der Ceres (Nr. 22 und 23)

Die beiden Statuen sind als Nymphen oder Priesterinnen der Fruchtbarkeitsgöttin Ceres zu verstehen. Auf ihren Köpfen tragen sie Fruchtkörbe als Geschenke oder Opfergaben für die Göttin. Am Rand eines Korbes ringeln sich einige Schlangen, als Zeichen für Erneuerung und Wiedergeburt.

Die zwei Figuren stehen in inhaltlichem Zusammenhang mit den beiden Nymphen der Flora und des Bacchus (Nr. 10, 11) auf der gegenüberliegenden Seite des Parterres. Sie alle gehören zum Gefolge von Vegetations- und Fruchtbarkeitsgöttern, deren Verehrung in einem Garten natürlich besonders sinnreich ist.

Die beiden Statuen stammen von Johann Bapt. Hagenauer. Sein Name ist am oberen Rand des Korbes der ersten Priesterin (Nr. 22) eingeritzt: JOH. HAGENAUER INVE. ET FEC. (entworfen und ausgeführt von Joh. Hagenauer).

Herkules (Nr. 24) (Abb. 57)

Herkules war ein Sohn des Jupiter und der Königin Alkmene. Juno, erbost über die Untreue ihres Gemahls, verfolgte Herkules sein Leben lang mit ihrem Zorn. Auf ihre Veranlassung mußte er in den Dienst des Königs Eurystheus von Mykene treten und zwölf mühevolle Arbeiten verrichten. Er befreite Griechenland von einer ganzen Reihe von Ungeheuern, u. a. bekämpfte er den nemäischen Löwen und den kretischen Stier. Er holte auch den Höllenhund Cerberus aus der Unterwelt.

Herkules galt auch im Barock als der große Held der Antike, als Symbolfigur für Tüchtigkeit und Tugendhaftigkeit eines durch Leid und Mühsal geläuterten Menschen. Doch Herkules war nicht völlig frei von Schuld und Fehlern. Im Zorn tötete er seinen Gast Iphitos, und nachdem das Orakel von Delphi ihm wegen dieses Mordes keine Antwort geben wollte, stahl er sogar den delphischen Dreifuß. Zur Sühne mußte er sich drei Jahre lang in Sklaverei begeben. Merkur verkaufte ihn an die Königin Omphale (Nr. 9), wo er häusliche Arbeiten verrichten mußte.

Herkules ist hier weniger muskulös als sonst dargestellt, mit einer Spindel in der Hand und einem über die Schulter hängenden Spinnrocken. Auf einem

Postament neben ihm hängen eine Maske, ein Tamburin und eine Panflöte. Er präsentiert sich hier auf sehr ungewöhnliche Weise bei einer handwerklichen Tätigkeit und umgeben von künstlerischen Geräten.

Mit dieser ungewöhnlichen Darstellung des großen Helden und Kriegers wird eine Grundaussage der Schönbrunner Statuenserie deutlich, daß nämlich der Friede und die Pflege von Kunst und Handwerk dem Staat und den Menschen förderlicher sind, als Krieg und Kampf.

Diese Figur ist ein Werk von Ignaz Platzer.

Perseus (Nr. 25) (Abb. 58)

Perseus war der Sohn des Jupiter und der Königstochter Danae. Er wuchs am Hof des Königs Polydektes auf, der seine Mutter und ihn aufgenommen hatte. Als Polydektes einen Kriegszug plante, sandte er Perseus aus, um ihm als besonders wirksame Waffe das Haupt der Medusa zu beschaffen.

Die Göttertochter Medusa lebte jenseits des Ozeans am Rande der Welt. Sie war einst sehr schön gewesen, doch wegen ihrer Eitelkeit hatten sie die Götter in ein geflügeltes Ungeheuer verwandelt, dessen Haupt statt mit Haaren von lebendigen Schlangen bedeckt war. Ihr bloßer Anblick verwandelte jeden in Stein.

Nur mit Hilfe der Götter konnte Perseus sein gefährliches Unternehmen ausführen. Die Nymphen gaben ihm geflügelte Schuhe, einen Beutel, worin er das Haupt der Medusa aufbewahren sollte, und einen Helm, der ihn unsichtbar machte. Minerva reichte ihm einen spiegelnden Schild, denn als Spiegelbild konnte ihm die Medusa nichts anhaben. Von Merkur erhielt er eine Sichel, mit der er das Haupt der Medusa abschlug.

Zweimal machte Perseus Gebrauch von der Wirkung des furchtbaren Medusenhauptes und verwandelte seine Gegner zu Stein; zuerst bei seiner Hochzeit mit Andromeda (die er vor einem Meerungeheuer errettet hatte), als ein früherer Freier die Braut für sich beanspruchte und einmal gegen Polydektes, der ihm nicht glauben wollte, daß er das Medusenhaupt tatsächlich mitgebracht habe und ihn verspottete, bis Perseus es hervorholte und Polydektes und seine Freunde zu Stein wurden. Dann übergab Perseus das Medusenhaupt der Göttin Minerva, die es in die Mitte ihres Schildes setzte, den sie seither immer bei sich trug. Die Flügelschuhe, den Beutel und den Helm gab er den Nymphen zurück.

Die Statue zeigt Perseus mit einem geflügelten Tarnhelm und Flügelschuhen, neben sich den Spiegelschild. Mit abgewendetem Blick hält er in seiner Linken

Abb. 57 Herkules, Statue im Großen Parterre (Nr. 24)

Abb. 58 Perseus, Statue im Großen Parterre (Nr. 25)

das Haupt der Medusa, das hier eigentlich nicht schrecklich aussieht, sondern noch an ihre einstige Schönheit erinnert.

Perseus galt, ähnlich wie Jason, in der Renaissance und im Barock als fürstliche Idealgestalt und, bezugnehmend auf die Befreiung der Andromeda, als Retter von Staat und Vaterland.

Die Figur ist ein Werk von Wilhelm Beyer.

Fabius Cunctator (Nr. 26) (Abb. 59)
Der Feldherr Quintus Fabius Maximus, der von den Römern 217 v. Chr. zum Diktator gewählt wurde, war ein bedeutender Gegner Hannibals. Nach mehreren Niederlagen der Römer erkannte er, daß Hannibal in offener Schlacht nicht zu schlagen war, deshalb lieferte er den Karthagern immer wieder kleine Scharmützel, vermied aber große Kämpfe. Damit schonte er die Kräfte des römischen Heeres und ermüdete die Karthager. Teile der römischen Bevölkerung lehnten diese Hinhaltetaktik aber ab, und so kam es 216 v. Chr. zur großen Niederlage der Römer in der Schlacht bei Cannae.

Die unheroische, aber kluge und auf lange Sicht erfolgreiche Taktik des Fabius trug ihm den Namen „Cunctator" (der Zögerer) ein.

Die Statue des Fabius ist mit Helm und Rüstung bekleidet, die rechte Hand ist sinnend aufs Kinn gelegt, während die Linke auf die Fasces gestützt ist. Diese Fasces, ein Rutenbündel aus dem ein Beil hervorragt, war das Abzeichen höchster Regierungsgewalt der römischen Konsuln und Ausdruck des Rechtes zu züchtigen (durch die Ruten) und die Todesstrafe zu verhängen (durch das Beil). Der zu seinen Füßen liegende Schild deutet auf die Vorsicht des klugen Feldherrn hin, der die Streitmacht, den „Schild Roms" vor der Vernichtung bewahrte.

Diese Figur wurde von Johann Baptist Hagenauer geschaffen.

Flora (Nr. 27) (Abb. 60)
Flora war bei den Römern die Göttin der Blumen und Blüten. Sie gehört in den Umkreis der Göttin Ceres. Unter den Jahreszeiten vertritt sie den Frühling.

Die Figur trägt ein langes Gewand, das mit einer Spange an der Schulter und einem Gürtel um die Hüften zusammengehalten wird. In der Linken hält sie einen Blumenkranz.

Die Statue wurde von Wilhelm Beyer geschaffen. Als Vorlage diente ihm eine berühmte antike Figur, die Flora Farnese, von der es zahlreiche Abbildungen und Kopien gab.

Abb. 59 Fabius Cunctator, Statue im Großen Parterre (Nr. 26)

Abb. 60 Flora, Statue im Großen Parterre (Nr. 27)

Der Raub der Helena (Nr. 28) (Abb. 61)
Die Gruppe schildert den Raub der schönen Helena, also jenes Ereignis, das den trojanischen Krieg auslöste.

Paris, dem ja die Göttin Venus für den Apfel der Eris die schönste Frau der Welt versprochen hatte, kam auf einer Reise nach Griechenland auch nach Sparta, wo er freundlich aufgenommen wurde. Er überredete die Königin Helena mit ihm zu fliehen, während ihr Gemahl Menelaos in Kreta weilte. Menelaos, aus Kreta heimgekehrt, verlangte seine Gemahlin zurück. Paris aber weigerte sich, so rüsteten die Griechen ein großes Heer, segelten übers Meer und begannen die zehnjährige Belagerung Trojas, das sie schließlich nur durch List mit dem Trojanischen Pferd erobern konnten. Die Statuengruppe besteht aus drei Figuren, ebenso wie ihr Gegenstück auf der anderen Seite des Parterres, wo die Flucht aus Troja geschildert wird. Die Darstellung zeigt, daß Helena mit ihrer Entführung eigentlich ganz einverstanden ist, und das verschnürte Paket, auf das Paris seinen Fuß setzt, weist darauf hin, daß auch noch einige Schätze mitgenommen wurden. Der kniende Mann, der Anker und Taue in seinen Armen hält, deutet an, daß Paris und Helena das Schiff besteigen, das sie nach Troja bringen soll.

Diese Gruppe ist ein Werk von Wilhelm Beyer.

Janus und Bellona (Nr. 29)
Bellona ist eine Göttin des Krieges und die Schwester des Mars. Sie verkörpert das wütende, rasende Schlachtengetümmel. Bellona trägt Helm und Rüstung und aus ihren Händen lodert der Feuerbrand des Krieges, den sie überall hin verbreiten will.

Janus, eine sehr alte römische Gottheit, besitzt zwei Gesichter, ein altes und ein junges, die in die Vergangenheit und in die Zukunft schauen. Er gilt als Gott des Anfangs und des Übergangs („janus“ bedeutet Tor oder Durchgang. Der Monat Januar trägt nach ihm seinen Namen). Sein doppeltüriger Tempel wurde in Kriegszeiten geöffnet, damit Janus in den Kampf eingreifen kann. So wurde das Öffnen und Schließen des Janustempels zum Sinnbild für Krieg und Frieden. Hier ist er derjenige, der die rasende Bellona besänftigt, der also nach dem Krieg wieder Frieden herstellen will.

Die Figurengruppe wurde von Wilhelm Beyer geschaffen.

Abb. 61 Der Raub der Helena, Statuengruppe im Großen Parterre (Nr. 28)

Abb. 62 Mucius Scaevola, Statue im Großen Parterre (Nr. 32)

Mars und Minerva (Nr. 30)
Mars, der Gott des Krieges und des ungestümen Kampfes will gerade sein Schwert aus der Scheide ziehen, Minerva aber versucht ihn daran zu hindern. Sie ist zwar auch eine Kriegsgöttin, ausgestattet mit Rüstung und Schild, aber sie vertritt den überlegten, begrenzten Kampf, der nicht Selbstzweck ist, sondern zum Sieg und einem neuen Frieden führt.

Diese Gruppe ist eine Ergänzung zur vorigen. Beide sagen aus, daß die Kräfte des Friedens den Krieg überwinden sollen.

Die beiden Figuren wurden von Veit Königer geschaffen.

Amphion (Nr. 31)
Amphion war der Sohn des Jupiter und der vornehmen Thebanerin Antiope. Antiopes Onkel setzte ihn und seinen Zwillingsbruder Zethos kurz nach der Geburt im Gebirge aus, sie wurden aber von Hirten gefunden und aufgezogen. Amphion hatte von Merkur eine Leier erhalten und liebte das Saitenspiel sehr. Er wurde deshalb oft von seinem Zwillingsbruder Zethos verspottet, der meinte, er solle etwas Nützlicheres tun.

Gemeinsam eroberten die beiden Brüder die Stadt Theben. Die beiden wollten die Stadt auch erweitern und eine neue Stadtmauer errichten. Während Zethos sich mit den Steinen abmühte, ergriff Amphion seine Leier; zu ihren Klängen bewegten sich die Steine und glitten von selbst an ihren Platz. Diese Sage über Amphion ist ein beliebtes Beispiel für die Macht der Musik.

Die Statue zeigt Amphion beim Leierspiel, hinter ihm stapeln sich die Steine übereinander.

Die Figur ist ein Werk Johann Baptist Hagenauers.

Mucius Scaevola (Nr. 32) (Abb. 62)
Mucius Scaevola ist eine Heldengestalt aus der Frühzeit Roms, ein Beispiel von Mut und Opferbereitschaft für den Staat.

Als Tarquinius Superbus, der letzte römische König, wegen seines tyrannischen und selbstherrlichen Verhaltens aus Rom vertrieben worden war (den letzten Ausschlag gab der Tod der Lucrezia), fand er bei dem Etruskerkönig Porsenna Aufnahme und Hilfe. Im Jahr 507 v. Chr. zog Porsenna mit einem mächtigen Heer vor Rom und belagerte die Stadt. Da ging, wie die Sage berichtet, Mucius in das feindliche Lager um Porsenna zu ermorden, aus Irrtum erstach er aber den Schreiber statt des Königs. Als er dem König vorgeführt wurde, erklärte er, daß er nichts verraten werde, obwohl man ihm mit Foltern drohte. Als Zeichen seiner Unerschrockenheit hielt er seine rechte Hand freiwillig über ein glühendes Kohlebecken und ließ sie verbrennen. Von dieser Entschlossenheit beeindruckt, gab Porsenna den Gefangenen frei. Nun teilte Mucius dem König mit, daß sich 300 römische Jünglinge verschworen hätten, ihn zu töten, auf ihn sei zuerst das Los gefallen, die anderen würden aber sicher geschickter sein als er. Daraufhin machte Porsenna bald Frieden mit den Römern. Mucius aber hieß, weil er seine rechte Hand im Feuer verloren hatte, „Scaevola“ (Linkshänder).

Das Modell für diese Figur stammt von Beyer, die Ausführung wurde von dem bayrischen Bildhauer Roman Boos in Tirol begonnen und von Johann Martin Fischer mit einigen Veränderungen gegenüber dem Modell beendet.

Die übrigen Figuren in den verschiedenen Bosketten:

Hesperia und Erytheis

Die Figurengruppe bildet den östlichen Endpunkt der ostwestlich verlaufenden Lindenallee. Wilhelm Beyer hatte für diese Gruppe einen Entwurf mit einer stehenden und einer sitzenden Figur gemacht, der ausführende Bildhauer Hagenauer schuf aber zwei stehende Figuren.

Die Hesperiden, wie die beiden Schwestern auch genannt werden, waren Töchter der Hespera, der Göttin des Westens, und des Riesen Atlas, des im äußersten Westen der Welt das Himmelsgewölbe trug. Sie lebten der Sage nach in einem heiligen Garten auf einer Insel am westlichen Rand der Welt. Die Göttin Juno hatte ihnen einen Baum mit goldenen Äpfeln, ein Hochzeitsgeschenk der Urmutter Gaia anvertraut. Von diesen Früchten durften nur die Götter kosten. Da die Hesperiden aber nicht ganz verläßlich waren und hin und wieder selbst Äpfel abpflückten, bestellte Juno noch den Drachen Ladon zur Bewachung der Früchte. Der Held Herakles überwand diesen Drachen und brachte drei goldene Äpfel aus dem Göttergarten auf die Erde. Im 16. – 18. Jahrhundert wurden die Orangen als die Äpfel der Hesperiden angesehen. Die Anwesenheit der Hesperiden macht Schönbrunn gleichsam zu einem Göttergarten.

Römische Matrone
Sie steht neben dem Obeliskbrunnen als östlicher Abschluß der ostwestlich verlaufenden Rustenallee. Die Frauenfigur trägt ein langes Gewand ,hat sonst aber keinerlei Attribute und wird allgemein als „Römische Matrone“ bezeichnet. Sie gehört wahrscheinlich, wie die Nymphen und die Priesterinnen, zu den Teilnehmerinnen an einem Götterkult, vielleicht der Kybele oder der Ceres.

Die Statue ist ein Werk von Johann Baptist Hagenauer.

Weitere Figuren wurden in folgenden Kapiteln behandelt:
Alexander und **Olympias**, siehe das Kapitel „Bei der Kaiserfigur“ (S. 148)
Egeria, Kybele, Eurydike, Cincinnatus, siehe das Kapitel „Schöner Brunnen und Engelbrunnen“ (S. 158, 161 f.)
Diana, siehe das Kapitel „Der Fächer“ (S. 178)
Apollo, siehe das Kapitel „Die Boskette um das Rosarium“ (S. 179)

KAPITEL 7

Die Alleen

Die Alleen bilden das formale Grundgerüst des Parks und sind das Kommunikationssystem, das die Parterres und die verschiedenen Heckenquartiere im Boskettbereich verbindet (Abb. 8 und Tafel IX). Sie sind aber auch eine der großen Attraktionen des Parks und wurden in den Beschreibungen immer wieder besonders hervorgehoben. Schon Maria Theresias Hofdichter Pietro Metastasio lobt die Abwechslung von offenen und geschlossenen Alleen in seiner Ode „La deliciosa Imperial residenza di Schönbrunn“ von 1776:

Ne saprai se questa o quella
Di più rara o di più bella
Debba il vanto aver da te.

Se le chiare aperte vie
D´ordinate annose piante,
Dove stanca il passo errante
Il sorpreso passagier:
Dove l´occhio adombra, e in vano
Cerca il termine lontano
Sulle tracce del pensier.

O se l´altre opache e brune
Dove ogn´arbore sublime
Curva docile le cime
E fa scudo ai rai del Sol:
Ove scherzan delle fronde,
Quando l´aura le confonde,
L´ombre tremule nel suol.

Das heißt frei übersetzt:

Du weißt nicht, ob du diesem oder jenem,
dem Schöneren oder dem Selteneren den
Vorzug geben sollst:

Ob den hellen offenen Wegen
mit Reihen von alten Bäumen,
wo der schweifende Schritt
des überraschten Spaziergängers ermüdet,
wo das beschattete Auge
vergeblich das ferne Ende (der Allee) sucht.

Oder den anderen
dunklen braun-schattigen (Alleen),
wo jeder erhabene Baum
gefügig den Wipfel beugt
und Schutz vor den Strahlen der Sonne gewährt,
wo die Gegensätze miteinander scherzen,
wenn ein Lufthauch sie vermischt
und die Schatten auf dem Boden erzittern.

Das Alleensystem im ebenen Bereich des Parks besteht aus fünf Alleen, die parallel zur Schloßfassade über die ganze Breite des Parks in ost-westlicher Richtung verlaufen, fünf Alleen (vier lange und eine kurze) die im rechten Winkel dazu nord-südlich ausgerichtet sind und sechs Diagnalalleen (vier lange und zwei kurze). Der Berghang wird in ähnlicher Weise von Weg- und Sichtachsen durchzogen, die aber nicht als eigentliche Alleen, sondern als in den Waldbestand eingeschnittene Schneisen ausgeformt sind.

Abb. 64 L. Janscha und J. Ziegler, Das östliche Najadenrondeau um 1790

Sämtliche Alleebezeichnungen sind im Vorsatzplan am Anfang des Buches eingetragen:

Ost-westliche Alleen:
Meidlinger und Hietzinger Fahrstraße (führen in den Ehrenhof)
Lichte Allee (verläuft unmittelbar südlich der Schloßfassade)
Finstere Allee
Lindenallee
Rustenallee (Rusten = Ulmen)

Nord-südliche Alleen:
Schlosserallee (an der Meidlinger Parkmauer)
Ruinenallee
Hundshofallee (benannt nach dem ehemaligen Hundezwinger der Kaiserin Elisabeth am südlichen Ende der Allee)
Kurze Kastanienallee (reicht nur von der Lichten Allee bis zur Finsteren Allee)
Kastanienallee

Diagonale Alleen:
Meidlinger Gloriettealee (die Fortsetzung am Berghang bis zur Gloriette heißt „Rennweg")
Taubenhausallee
Obeliskallee
Tiergartenallee
Irrgartenallee
Hietzinger Gloriettealee

Vom Neptunbrunnen gehen zwei diagonale Wege den Berghang hinauf, der östliche heißt Pulverturmweg und führt zur Kleinen Gloriette, der westliche wird Tirolerweg genannt, weil er zum Tirolergarten führt.

Die Entstehung des Alleensystems

Das Schönbrunner Alleensystem ist im wesentlichen in zwei Phasen um 1700 und in den Jahren 1750/55 entstanden.

Die erste Phase um 1700

In den Jahren 1695–1699 arbeitete Jean Trehet intensiv an der „anleg- aussteck – und verferttigung" des Schönbrunner Gartens. Im Oktober 1695 wurden 20.000 Buchenstauden vom Waldamt angefordert (wahrscheinlich für die Pflanzung von Hecken) und im Juni 1696 verlangt man 1000 Baumstangen (die vermutlich zur Stützung neugepflanzter Alleebäume dienen sollten). Um 1700 entstand ein orthogonales System, von dem die Lichte Allee und die Finstere Allee heute noch bestehen. Vielleicht sind auch die Wegachsen der Meidlinger Fahrstraße, der Lindenallee, der Rustenallee, der Schlosserallee und der Kastanienallee schon damals entstanden, sie waren aber sicher noch nicht alle mit Alleebäumen bepflanzt. Die Spuren von zwei weiteren Nord-Südalleen lassen sich auf dem Grundriß des Parks ablesen: Die eine bildete die Westgrenze des Irrgartens und des Bosketts „Beim Fischbassin", die andere, symmetrisch entsprechende, begrenzte das auf der anderen Seite des Großen Parterres gegenüberliegende Boskett „Bei der Kaiserfigur" (Abb. 2).

Die zweite Phase um 1750/55

Über das ältere orthogonale System wurde um 1750/55 ein sternförmiges Alleensystem gelegt. Von dem älteren System wurden die ostwestlich verlaufenden Achsen beibehalten, die nordsüdlichen aber zum Teil verlegt. Sämtliche Diagonalalleen wurden damals neu geschaffen.

Die Entstehungszeit ist aus dem vorhandenen Plan- und Quellenmaterial sehr klar abzulesen. Auf dem Hätzl-Plan um 1746/50 ist von den Sternalleen noch nichts zu sehen (Abb. 30). Die Phase des Planens dokumentiert ein nicht ausgeführter Entwurf um 1750, wo mit Bleistift zwei Varianten für Diagonalalleen, die von der Mitte des Schlosses ausgehen, eingetragen sind (Abb. 2). Auf Brequins Plan von 1754/55 erscheint dieses sternförmige System bereits weitgehend ausgeführt (Abb. 2). Bellottos Ansicht des Parks um 1760 zeigt die noch ganz jungen Bäumchen der Lindenallee und der Rustenallee, die wohl erst kurz vorher gepflanzt worden sind (Abb. 7), und die Notiz aus dem Tagebuch des Obersthofmeisters Khevenhüller-Metsch vom 9. April 1755, daß ihn der Kaiser in den Park kommen ließ, um die neugesetzten Alleen anzusehen, bestätigt ebenfalls, daß diese Alleen knapp vor 1755 entstanden sind.

Bei der Ausführung dieser Alleen mußten zum Teil ältere Strukturen durchschnitten werden (die beiden Boskette seitlich des Großen Parterres an der Ecke zur Lichten Allee, die Lindenhaine und der Irrgarten). Der Hang des Schönbrunner Berges wurde ebenfalls mit sternförmig angelegten Waldschneisen durchzogen.

Einige Jahre später wurden durch die Verlängerung der Ruinenallee und der dazu symmetrischen Hundshofallee auf der Hietzinger Seite des Parks, auch die Boskette bei der Meidlinger und der Hietzinger Vertiefung durchtrennt. Auch die östliche Hälfte der Obeliskallee stellte man erst nach 1755 fertig (Abb. 67).

Die zweite Hälfte des 18. Jahrhunderts, 19. und 20. Jahrhundert

Durch den Grunderwerb am Wienfluß von 1756 konnten die Hietzinger Fahrstraße und die Lichte Allee nach Westen und die Kastanienallee nach Norden verlängert werden. Um 1770/80 wurden für einige Alleen Ausblicke in die Landschaft geschaffen, indem man an ihren Enden die Parkmauer öffnete und Gitter einsetzte (Abb. 8), die aber im 19. Jahrhundert durch die zunehmende Verbauung der Umgebung ihre Attraktivität verloren und deshalb zum Teil mit Bäumen verstellt wurden. Andere Alleen erhielten Statuen oder Bauwerke als optische Endpunkte (Tiergartenpavillon 1752, Obelisk 1777, Ruine 1778).

Der Aufbau der Alleen

„Die Alléen in denen Gärten sind wie die Straßen in denen Städten. Sie führen einen bequemlich von einem Ort zum andern, und sind gleichsam Wegweiser, welche einen durch den ganzen Garten führen. Ausser der Annehmlichkeit und der Bequemlichkeit, welche man jederzeit bei ihnen findet, wenn man darinnen heumspatzieret, sind sie auch eine von den grösten Schönheiten der Gärten, wenn sie gut ausgetheilet und wohl angelegt sind.

Von dene vielen Arten der Alléen werden solche in bedeckte, offne, einfache, doppelte . . . eingetheilet. Die bedeckten Alléen bestehen aus Bäumen oder Spalieren (= Hecken), welche sich oben dergestalt schliessen, daß man den Himmel nicht sehen kan, und durch ihre Dunckele, in welche die Hitze der Sonne nicht

Abb. 65 Östliches Najadenbassin und Ruinenallee um 1900

dringen kan, eine angenehme Kühle verursachen . . . Die offenen Alléen . . . (sind) oben ganz offen . . ., entweder weil man den Spalieren ihre gewisse Höhe gibt, oder die Bäume an beiden Seiten ausästet, damit man von oben her frische Luft genießen kan.“

Diese Bemerkungen aus „La Théorie et la Pratique du Jardinage“ von Antoine Joseph Dezallier d´Argenville, dem am meisten verbreiteten Gartenbuch des 18. Jahrhunderts, das zwischen 1709 und 1760 elf Auflagen erlebte und 1771 von Franz Anton Danreiter, dem Hofgarteninspektor des Salzburger Erzbischofs, ins Deutsche übersetzt wurde, gelten auch für Schönbrunn.

Abb. 65 Parade des k. k. Husarenregiments Nr. 1 in der Lichten Allee am 6. Juni 1908

Die Schönbrunner Alleen sind zum Großteil Doppelalleen, das heißt sie bestehen aus vier Baumreihen, die einen breiteren Mittelgang und zwei schmalere Seitengänge bilden. Ein Teil der Alleen hat Mittelgänge mit vertikal geschnittenen Baumwänden und ist oben offen, z.B. die Obeliskallee, die Ruinenallee und die Tiergartenallee, die zu wichtigen Blickpunkten führen. Andere Alleen, vor allem alle ostwestlichen, haben ein tonnenförmig geschnittenes geschlossenes Blätterdach. Diese zwei Typen unterscheidet auch Pietro Metastasio in seiner schon zitierten Ode auf Schönbrunn. In den Seitengängen haben sowohl die offenen als auch die geschlossenen Alleen ein gewölbtes Blätterdach, die einzige Ausnahme ist die Kurze Kastanienallee.

Zwischen den äußeren Baumreihen der Seitengänge stehen Hecken, die bis in die 1950er Jahre mannshoch waren und den seitlichen Ausblick verstellten. Erst in jüngster Vergangenheit wurden sie aus pflegetechnischen Gründen niedriger geschnitten, weil die großen Alleebäume den Hecken viel Licht wegnehmen und sie deshalb leicht schütter werden. Man bewegte sich also früher durch geschlossenen Laubgänge. Dezallier d´Argenville bemerkt dazu: Spaliere

(=Hecken) haben die Aufgabe „das Gesicht an gewissen Orten aufzuhalten, damit man nicht den ganzen Bezirck des Gartens auf einmal überblicke. . .“, vielmehr soll der Garten durch vielfältige gelenkte und beschränkte Ausblicke größer erscheinen als er tatsächlich ist. Prinzipiell sollte jede Allee dem Spaziergänger an ihrem Ende einen attraktiven Blickpunkt bieten; durch Bauwerke, Statuen oder durch einen Ausblick in die Landschaft, wie er in Schönbrunn zum Beispiel an den beiden Enden der Lichten Allee und der Finsteren Allee um 1770/80 geschaffen wurde, indem man in die Gartenmauer Gitter einfügte, die den Blick in die Landschaft freigaben.

Der Punkt des optimalen Überblicks über die gesamte Parkanlage ist die Mitte der Schloßterrasse, wo der Betrachter das Große Parterre und den Schönbrunner Berg samt Gloriette vor sich hat; durch die östliche Diagonalallee blickt er bis zum Obeliskbrunnen an der Ostgrenze des Parks und durch die westliche Diagonalallee bis zum Tiergartenpavillon am westlichen Rand der Anlage.

Die Öffnungen in den seitlichen Heckenwänden der Alleen sollten den Spaziergänger aber auch immer wieder mit Einblicken in die angrenzenden Boskette mit ihren Heckensälen und -kabinetten überraschen. Welchen Eindruck diese Alleen Ende des 19. Jahrhunderts auf den bedeutenden Jugendstilarchitekten Otto Wagner machten, schildert seine Tochter Louise in ihren Memoiren: „Als ich einmal mit ihm in Schönbrunn durch die alten breiten Alleen spazierte und die hohen grünen, exakt geschnittenen Heckenwände betrachtete, wies er mich darauf hin, was für wunderbare Alleen und Rondelle diese Hecken ergaben, wobei sie genau berechnete bezaubernde Ausblicke enthüllten. Er erklärte, wie Fischer von Erlach diese Effekte für uns vorausgeplant hätte, obwohl er selbst diese Raumeffekte nie in ihrem endgültigen Zustand erleben konnte“. Otto Wagner hat zwar den Anteil Fischers an der Gartenplanung überschätzt, aber er erkannte sehr genau, wie die Heckenwände der Inszenierung des Gartens dienten.

Eine Sonderform unter den Schönbrunner Alleen ist die etwa 20 Meter breite Lichte Allee, die nicht aus mehreren Baumreihen besteht, sondern an der Südseite von einer etwa zwölf Meter hohen Heckenwand begleitet wird, während an den Großteil der Nordseite die Kammergärten angrenzen und nur ganz im Westen ein Stück Heckenwand besteht.

In der Regierungszeit von Kaiser Franz Joseph wurden in der Lichten Allee häufig Militärparaden abgehalten, die der Kaiser von der Schloßterrasse aus beobachten konnte (Abb. 65).

Die beiden Najadenbrunnen

Besonders vielfältige Ausblicke bieten die beiden Zentren des sternförmigen Alleensystems, wo sich je vier Alleen schneiden. Die Seitenalleen werden hier als kreisförmiger Umgang weitergeführt (Abb. 63 und 64).

Die Bassins wurden um 1772 angelegt. Das westliche Sternbassin befand sich von etwa 1700 bis 1772 in der Mitte des Großen Parterres und ist auf der Gartenansicht Belottos um 1760 noch dort zu sehen. Im Zug der Umgestaltung des Großen Parterres durch Hohenberg versetzte man das Bassin 1772 auf seinen heutigen Platz. Die beiden Najadengruppen aus Sterzinger Marmor wurden zwischen 1777 und 1780 gleichzeitig mit dem Neptunbrunnen von Wilhelm Beyer geschaffen. Najaden sind Quell- und Wassergeister und gehören zum Gefolge Neptuns. Am Rand der beiden Rundplätze, an den Eingängen zu den orthogonalen Alleen stehen je acht große Marmorvasen, die Johann Baptist Hagenauer um 1772/80 geschaffen hat. Sie sind in josephinischem Stil (der Zeit Kaiser Joseph II.) gestaltet, der schon über das Rokoko hinaus in Richtung Klassizismus geht (Tafel XV).

Um die beiden Najadenbrunnen wurden früher die Orangenbäumchen aus der Orangerie kreisförmig aufgestellt. 1985 mußte man dies wegen zunehmender Vandalenakte aufgeben.

Abb. 66 Schneidegerüst in der Lichten Allee

KAPITEL 8

Die Boskette und die Parkbauten der Meidlinger und der Hietzinger Parkhälfte

Das Wort „Boskett“ bedeutet Wäldchen; die Boskette mit ihren raffinierten Raumformationen sind ein wesentlicher Bestandteil des philosophischen Grundkonzepts jedes Barockgartens. Schon seit der Renaissancezeit ging es im Garten immer um einen Wettstreit zwischen Kunst und Natur, und dementsprechend waren die Boskette der Übergangsbereich zwischen dem Parterre, wo die Kunst vorherrschte, und dem natürlichen Waldbereich. Hier konnte man die zeremonielle Öffentlichkeit verlassen und sich ungezwungener in intimen, kleinen Gartenräumen aufhalten. In den Zwischenräumen hinter den streng architektonisch gestalteten Heckenwänden der Boskette wurde der Wildnis Raum gelassen, und so waren schon in der Barockzeit in einem fürstlichen Garten Biotope möglich.

Auch in Schönbrunn wurden die Waldbereiche östlich und westlich des Großen Parterres in Boskette unterteilt, in denen man aus übermannshohen Hecken Gänge sowie Säle und Kabinette formte, von denen einige auch mit Brunnen, Statuen oder kleinen Parterrefeldern ausgestattet waren. Sie sollten den Spaziergänger verlocken, die weiten übersichtlichen Alleen, an deren Enden die großen Parkbauten standen, zu verlassen um diese verborgenen, intimen Räume zu entdecken.

Es ist eine besondere Qualität des Schönbrunner Parks, daß diese Boskettäume, deren Heckenwände zumindest jedes Jahr einmal geschnitten werden müssen, um nicht zu verwildern und ihre Form zu verlieren, seit 250 Jahren ohne Unterbrechung, auch über Krisenzeiten hinweg, gepflegt und kaum verändert wurden. Durch den Konservativismus des Kaiserhauses wurde hier ein ausgedehnter Boskettbereich des Rokoko in einer Kontinuität erhalten, die in Europa wohl einmalig ist (vgl. Abb. 8, 11 und 67).

Während in der Meidlinger Parkhälfte durch die verschiedenen Parkbauten vor allem der Aspekt der Geschichte zum Tragen kommt, könnte man die Hietzinger Hälfte mit dem angrenzenden Tiergarten und dem Botanischen Garten als Bereich der Natur bezeichnen.

Das Boskett „Bei der Kaiserfigur“

Dieses Boskett und auch sein Gegenstück, das Boskett „Beim Fischbassin“, gehören sicher zu den ältesten Heckenquartieren, sie müssen schon um 1700 in der Zeit Trehets entstanden sein.

Das Boskett bildete ursprünglich ein Rechteck mit streng symmetrischer Gliederung durch zwei gekreuzte Wegachsen mit einem ovalen Platz in der Mitte und einem rhombenförmigen Umgang, von dem aus die zugehörigen Heckenkabinette in den Ecken zugänglich waren (Abb. 2). Durch die 1750/55 angelegte Diagonalallee und durch die Erweiterung des Großen Parterres um 1770 wurden zwei Ecken abgeschnitten (Abb. 67 und Tafel IV).

Alexander und Olympias

Diese Figurengruppe, ein Werk Wilhelm Beyers aus der Zeit um 1773/80 steht im Zentrum des Bosketts. Beyer benennt diese Gruppe „Olympias entdecket dem Alexander bey seiner Abreise gegen die Perser das Geheimnis seiner Geburt.“ Alexander erfährt von seiner Mutter, daß er von Jupiter oder nach einer anderen Version, von Herkules abstamme.

Für das 18. Jahrhundert war Alexander eine große antike Heldengestalt, ein großzügiger Sieger, der seine unterlegenen Feinde schonte und Begründer eines Vielvölkerstaates, der immer auf Ausgleich der Nationen bedacht war.

Die Fackel in Alexanders Hand bedeutet wahrscheinlich die Flamme des Krieges, vielleicht bezieht sie sich auch auf ein Orakel bei seiner Geburt, welches prophezeite, daß eine Flamme viele Länder Asiens zerstören werde (ein Hinweis auf Alexanders Perserfeldzüge).

Schon um 1800 interpretierte man die beiden Statuen als Portraits Josephs II. und seiner ersten Gemahlin Isabella von Parma in antikem Kostüm, obwohl das Thema dafür nicht paßt und es keinerlei Anhaltspunkt gibt, daß die Schöpfer der Statuen dies beabsichtigt hätten.

Das Familienmonument

In einem Heckenkabinett, steht das Familienmonument, das die Königin von Neapel, Marie Caroline, eine Tochter Maria Theresias, bei ihrem Besuch 1802 von dem Bildhauer Franz Thaler errichten ließ (Abb. 69).

Das Denkmal besteht aus einem Granitpfeiler, der von einer Bronzevase bekrönt ist. Auf der Vorderseite des Pfeilers ist ein Medaillon mit fünf Büsten,

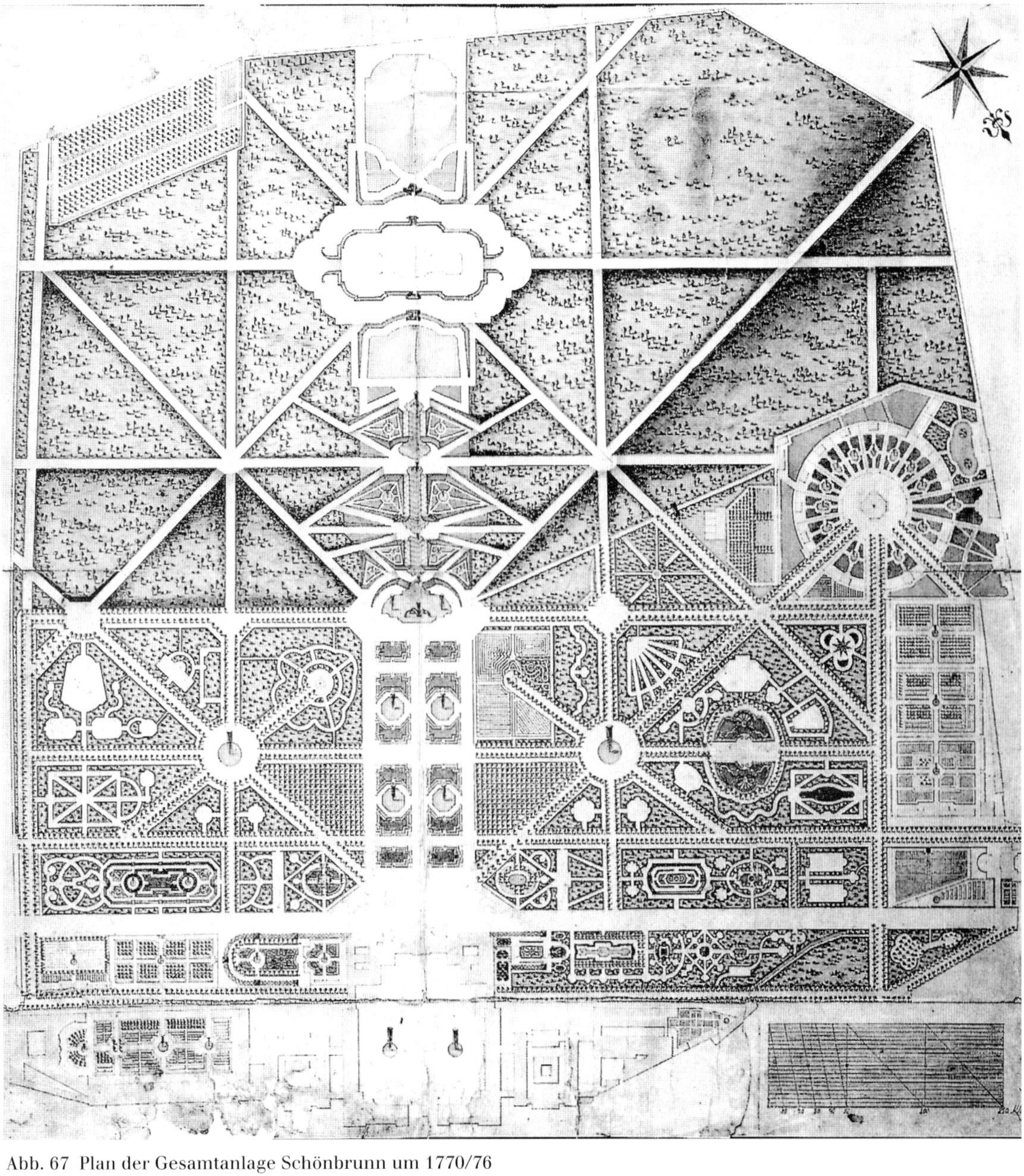

Abb. 67 Plan der Gesamtanlage Schönbrunn um 1770/76

Abb. 68 Rudolf von Alt, Vogelschaubild der Gesamtanlage von Osten um 1850

den Portraits der Königin und vier ihrer Kinder, angebracht. Eine Tafel auf der Rückseite trägt die Inschrift: „Der kindlichen Zärtlichkeit für die unsterbliche Maria Theresia, der Liebe zum theuren Vaterlande, der frohen Rückerinnerung an die Freude der sorgenfreyen Jugend, widmet dieses ländliche Denkmal auf dem Platze, den sie einst als Kind pflegte, nun in dem Kreise ihrer Kinder, Marie Carolina Königin beyder Sicilien bey ihrer Anwesenheit im Jahr 1802."

Marie Caroline (1757–1814) war das dreizehnte Kind des Kaiserpaares. Sie wurde gemeinsam mit ihrer drei Jahre jüngeren Schwester Marie Antoinette erzogen und hielt sich sicher oft in diesem Gartenteil, der kaiserlicher Privatbereich war, auf. 1768 wurde Marie Caroline mit dem 17jährigen König Ferdinand IV. von Neapel-Sizilien verheiratet. Sie versuchte, aus der Ehe mit ihrem als derb, bequem und verspielt beschriebenen Gemahl das beste zu machen und gebar ihm 17 Kinder. Sie schaltete sich auch energisch und umsichtig in die Regierungsgeschäfte ein. 1802 kam die Königin nach Wien, um politische und militärische Hilfe für ihr Land gegen Napoleon zu organisieren, was ihr aber nicht gelang, weil Kaiser Franz II. (ihr Neffe und Schwiegersohn) mit eigenen Schwierigkeiten zu kämpfen hatte. 1806 verlor sie Neapel an die Franzosen, sie regierte nur noch in Sizilien, das sie 1813 auf Druck der Engländer verlassen mußte. Sie starb 1814 in Schloß Hetzendorf in Wien.

Abb. 69 Denkmal der Königin Marie Caroline von Neapel von Franz Thaler, 1802

Das Gärtchen der Kaiserkinder

Die Inschrift von Königin Marie Caroline auf dem Familiendenkmal, das Denkmal stehe „auf dem Platze, den sie einst als Kind pflegte“, weist darauf hin, daß die kaiserlichen Kinder hier schon im 18. Jahrhundert ein Gärtchen betreuten. Auch im 19. Jahrhundert war dieses Boskett ein umzäunter Privatbereich der kaiserlichen Familie. Eine Beschreibung von 1875 berichtet: „Die dieser Gruppe (Alexander und Olympias) zunächst liegenden Rabatten sind in kleine Beete für Gemüse und Obstcultur abgetheilt, welche früher von Ihrer Kais. Hheit der Frau Erzherzogin Gisela, jetzt aber von der Frau Erzherzogin Valerie (den Töchtern Kaiser Franz Josephs) mit Vorliebe gepflegt werden.“

Abb. 70 Peter Fendi, Die Erzherzoge Franz Josef, Ferdinand Maximilian und Ludwig Victor spielen mit einem Reh einer fahrbaren Feuerspritze beim Pavillon an der Meidlinger Vertiefung, um 1840

Die Meidlinger Vertiefung

Die rechteckige Meidlinger Vertiefung war ein besonders aufwendiges Boulingrin (ein vertiefter Gartenbereich) mit drei Niveaus, die durch zahlreiche Rasentreppen verbunden waren. Das höchste Niveau war mit vier Broderiefeldern geschmückt, etwas tiefer lagen zwei kleine Rundplätze mit Brunnen und auf dem tiefsten Niveau befand sich das zentrale Rasenfeld. Rund um die Vertiefung stand schon im 18. Jahrhundert eine Reihe von Fichten oder Tannen. An der Ost- und Westseite wurde das Boulingrin durch zwei symmetrische Boskette eingefaßt (Abb. 67).

Das westliche Boskett wurde aber um 1760 durch die Verlängerung der Ruinenallee zerschnitten, während das östliche (die Anlage bei der Meierei) mit seinen sich überschneidenden bogenförmigen Wegen und den Hohen Hecken noch einen Eindruck des ursprünglichen Zustandes gibt, obwohl auch hier seit dem 18. Jahrhundert einige Veränderungen vorgenommen wurden.

Die Vertiefung und die beiden Boskette bilden eine formale Einheit, die jedenfalls älter ist als das sternförmige Alleensystem von 1750/55, durch welches ja das westliche Boskett zerstört wurde. Da seine Formen schon eher einem Rokokogarten entsprechen, dürfte es wahrscheinlich erst in den 1740er Jahren entstanden sein.

Die weitere Nutzung und formale Entwicklung stehen in so engem Zusammenhang, daß man sie gemeinsam behandeln muß:

Um 1830/40 erhielt die Meidlinger Vertiefung eine neue Funktion. Sie wurde nun Spiel-, Turn- und Exerzierplatz für die Kinder der kaiserlichen Familie. Zu diesem Zweck wurde die Anlage vereinfacht und umgestaltet. Man gab die Broderiebeete und die Brunnen auf, die Grundstruktur mit den verschiedenen Niveaus blieb aber bestehen. An der Ostseite entstand anstelle der Broderiebeete eine Bastion für militärische Übungen, und am östlichen Rand der Vertiefung errichtete man einen rechteckigen Gartenpavillon. Als kaiserlicher Privatbereich war auch die Vertiefung und die Anlage bei der Meierei von einem Zaun mit mehreren Gartentüren umschlossen, während das westliche Boskett (heute das Hortensienwäldchen) öffentlich zugänglich blieb (Abb. 10 und 11).

Kaiser Franz Joseph und seine Brüder, die als Kinder die Sommer in Schönbrunn verbrachten, hielten sich häufig hier auf. Ein Aquarell von Peter Fendi um 1840 zeigt Franz Joseph als etwa zehnjährigen Knaben mit seinen Brüdern neben diesem Pavillon (Abb. 70). Im Boulingrin waren eine Schaukel, verschiedene Turngeräte und ein Kaninchenstall aufgestellt, auch Schafe und Ziegen, welche die Kinder geschenkt bekommen hatten, wurden hier gehalten. Besonders Franz Josephs jüngerer Bruder „Maxi", der spätere Kaiser Maximilian von Mexiko, liebte Tiere und schwärmte schon damals von fremden Ländern. Zu seinem achten Geburtstag am 6. Juli 1840 baute ihm der Gärtner im Boulingrin eine exotische Strohhütte, umgeben von Gebüsch und Lianen. Ein angeketteter Papagei, eine feuerrote hölzerne Kröte und einige Eichhörnchen bevölkerten diesen „Urwald". Im Inneren der Hütte gab es Schilde, Speere und Federschmuck, mit dem sich die Kinder in wilde Indianer verwandelten und dann auf ihrer Spielwiese herumtobten.

Auch Reiterspiele wurden im Boulingrin veranstaltet, wo der neunjährige Franz Joseph und seine Kameraden an Strohpuppen mit Türkenköpfen vorbeiritten und sie mit Säbeln abschlugen. Die Kinder besaßen außerdem eine kleine Kanone, mit der die Bastion an der Ostseite beschossen wurde. In späteren Jahren spielte und turnte hier auch Franz Josephs Sohn, der Kronprinz Rudolf.

Bis 1920 wurde wenig verändert, denn in diesem Jahr wird in den Akten der Schloßhauptmannschaft vermerkt, daß in der Meidlinger Vertiefung noch die Spiel- und Turngeräte der Kinder des Kaiserhauses vorhanden waren. 1927 wurde der Gartenpavillon verpachtet und zu einer Café-Meierei umgebaut, die gegenwärtig noch besteht. Um 1950 wurde die Bastion entfernt, und es entstand das heutige Erscheinungsbild der Vertiefung.

Vom Konzept des 18. Jahrhunderts sind die großen Terrainformen des Boulingrins sowie der umlaufende Weg mit der Fichtenreihe noch vorhanden.

Meidlinger und Hietzinger Lindenwäldchen

Das Meidlinger und das Hietzinger Lindenwäldchen sind völlig symmetrisch und werden deshalb hier gemeinsam behandelt.

Die zwei Lindenwäldchen zu beiden Seiten des Großen Parterres gehören zu den ältesten Quartieren des Parks. Sie wurden wahrscheinlich schon von Trehet um 1700 angelegt, da sie auf Bellottos Gartenansicht um 1760 (Abb. 7) schon als hoher, einige Jahrzehnte alter Baumbestand erscheinen. Sie waren ursprünglich rechteckig, die Begrenzungslinie lag in der Verlängerung des östlichen Randes des Irrgartens und des Boskett „Beim Fischbassin", dort verlief die wahrscheinlich von Trehet angelegte Allee (Abb. 2), die bei der Neugestaltung der Alleen um 1750/55 aufgelassen wurde. Durch die neuen Diagonalalleen erhielten auch die beiden Lindenwäldchen ihren heutigen trapezförmigen Grundriß (Abb. 67).

Die Bäume sind in regelmäßigen Abständen von etwa sechs Metern in einem Quadratraster gepflanzt, ein System das seit der Antike gebräuchlich war und dessen Name „Quincunx“ sich von dem Bild der Fünf auf dem Würfel ableitet. Die Form des Quincunx wurde im 16. und 17. Jahrhundert gerne für Boskette verwendet, im 18. Jahrhundert findet man sie nur mehr für Obstbaumpflanzungen.

Diese Baumsäle dienten als schattiger Aufenthalt an heißen Sommertagen.

Das Rosenwäldchen

Dieses Boskett ist um 1760 im Zuge der zweiten großen Ausgestaltungsphase des Parks, wenige Jahre nach dem sternförmigen Alleensystem, entstanden. Auf dem Brequin-Plan von 1754/55 erscheint dieses Areal noch völlig ungestaltet, aber unmittelbar danach entstanden die Boskette, wie sie auf dem Plan um 1770/76 zu sehen sind (Abb. 67).

Es ist unklar, warum dieses Boskett den Namen Rosenwäldchen erhielt, denn es gibt keinen Hinweis, daß es je Blumenschmuck besaß. Die hohen Hainbuchenhecken bilden ein Wegesystem, das aus einem achtstrahligen Stern und einem rechteckigen Umgangsweg besteht, an den im Westen ein halbkreisförmiger Bogenweg und ein Heckenkabinett anschließen. Es wirkt ein wenig labyrinthisch, besonders reizvoll ist der Ausblick vom Zentrum des Sterns auf die Vielzahl der Wege und die dazwischen liegenden spitz zulaufenden grünen Heckenzwickel.

Taubenhausanlage

Das Taubenhaus ist der Endpunkt der diagonal verlaufenden Taubenhausallee und gleichzeitig das Zentrum eines Wegesystems aus ringförmigen und radialen Gängen, das in der Schönbrunner Tradition „Ringelspiel“ genannt wird (Abb. 67).

Sein Standort entspricht symmetrisch dem Mittelpunkt des ehemaligen Irrgartens auf der anderen Seite des Großen Parterres. Diese beiden Punkte sind vielleicht eine gewisse Reminiszenz an die beiden Gartenpavillons im zweiten Schönbrunn-Entwurf Fischers von Erlach.

Das Taubenhaus ist eine hohe runde Voliere aus Drahtgitter, die Kuppel wird von einer kupfernen Schabracke bedeckt und von einem Knauf bekrönt. Dem luftigen Rundbau wurden vier gemauerte Nischen angefügt, in denen die Vögel ihre Schlafplätze haben (Tafel XII). Seinem stilistischen Erscheinungsbild nach muß das Taubenhaus um 1750/60 entstanden sein. Auch das Wegesystem des „Ringelspiels" wurde um 1760 angelegt, die Hecken waren sicher zumindest mannshoch, um auch hier das Labyrinthische zu betonen und überraschende Effekte zu erzielen.

Schöner Brunnen und Engelbrunnen

In dem dreiteiligen Boskettbereich, der von Obeliskallee, Rustenallee und Ruinenallee umschlossen wird, befinden sich zwei Brunnenanlagen, der Schöne Brunnen und ein zweiter, der in der Schloßtradition „Engelbrunnen" genannt wird. Beide werden von der Quelle des „Kaiser Bründls" gespeist, die am Fuß des Schönbrunner Berges, direkt an der Rustenallee entspringt. Jedem der beiden Brunnen ist ein eigener Heckenraum zugeordnet, der um 1760/70 angelegt wurde (Abb. 67). Der Schöne Brunnen liegt an der erweiterten Ecke eines rechtwinkeligen Heckenganges, der von der Ruinenallee ausgeht. Der Engelbrunnen steht in einem rechteckigen Heckensaal mit zwei kleinen Nischen, in denen zwei Statuen stehen, an den Schmalseiten und einer größeren Nische für den Engelbrunnen an der Längsseite. Ein schmaler Heckengang verbindet die beiden Brunnenbereiche.

Der Schöne Brunnen

Eine Sage berichtet, daß Kaiser Matthias um 1600 auf der Jagd diese Quelle entdeckt hat, deren Wasser bis in unser Jahrhundert von den Mitgliedern des Kaiserhauses sehr geschätzt wurde. Daran erinnern die beiden Quellensteine, rechteckige Steinplatten mit zwei ineinander verschränkten „M" und einer Krone darüber. Eine dieser Platten befindet sich heute an der Innenwand des Brunnenhäuschens, die zweite ist an der Außenseite der Meidlinger Parkmauer, nahe der zur Gloriette führenden Maria Theresienbrücke eingemauert. Um 1630 wurde die Quelle gefaßt und 1642 wird erstmals die gesamte Schloßanlage mit dem Namen „Schönbrunn" bezeichnet. Eine Beschreibung Schönbrunns um 1660 erwähnt, daß an der schöngefaßten Quelle eine weibliche Marmorfigur stand, aus deren Brüsten Wasser floß. Der Brunnen war von vier großen Linden umgeben und mit einem hölzernen Gatter eingezäunt. Im Türkenjahr 1683 wurde diese Brunnenanlage zerstört.

Über das Schicksal des Schönen Brunnens in der ersten Hälfte des 18. Jahrhunderts weiß man nichts Näheres. Eine Steintafel aus der Zeit um 1900 an der linken Innenwand des heutigen Brunnenhäuschens gibt an, daß 1758 der Hofgärtner Adrian van Stekhoven über dem Schönen Brunnen ein Grottenhaus errichtete, welches 1771 durch den Hofarchitekten Isidor Canevale seine heutige Gestalt erhielt und daß die Marmorfigur der Nymphe Egeria 1780 von Wilhelm Beyer geschaffen wurde.

Canevales Brunnenhäuschen ist ein quadratischer Pavillon mit eingezogenen Ecken und je einer Rundbogenöffnung an der Vorder- und Rückseite. Die Wände haben eine tropfsteinartige Oberfläche. Den oberen Abschluß bildet ein mit Muscheln verzierter Architrav, ein Dreiecksgiebel und eine Flachkuppel, die von mehreren ebenfalls mit Tropfstein bedeckten Vasen bekrönt wird. Auch das Innere ist mit Stuck ausgestaltet, an den Wänden findet man Tropfsteindekor, in den Ecken Schilfbündel und an der Decke Festons. Eine Beschreibung von 1784 berichtet, daß damals in den beiden halbrunden Nischen zwei Kanapees zum Ausruhen standen.

Egeria

Die Quellnymphe Egeria, eine der anmutigsten und schönsten Arbeiten Wilhelm Beyers, wurde 1780 im Brunnenhäuschen aufgestellt (Abb. 71).

Der Sage nach war die Nymphe Egeria die Gattin oder Geliebte des Numa Pompilius, des zweiten Königs von Rom (715–672 v. Chr.). Dieser weise und fromme Friedensfürst begründete nach den Ratschlägen der Egeria die gottesdienstlichen Ordnungen des römischen Staates, zum Beispiel auch den Kult der Vesta. Egeria lehrte die Römer also, wie sie durch religiöse Handlungen die Götter günstig stimmen und dadurch das Wohlergehen des Staates sichern konnten.

Das Wasser des Schönen Brunnens

Bis zur Schaffung der Wiener Hochquellenwasserleitung war das Wasser des Schönen Brunnens das Trinkwasser von Kaiser Franz Joseph und Kaiserin Elisabeth. Ein Mauleselgespann führte täglich das Wasser des Schönen Brunnens in die Hofburg. Als der Kaiser nach Jerusalem reiste, wurde es sogar in verlöteten Blechkisten mitgeführt. Auch als die beiden Kinder der Kaiserin Elisabeth im November 1861 zum Empfang ihrer Mutter nach Venedig reisen sollten, erlaubte ihre Großmutter, die Erzherzogin Sophie, diese Reise erst, nachdem sichergestellt war, daß für die Kinder Schönbrunner Wasser mitgenommen wurde.

Abb. 71 Die Nymphe Egeria im Schönen Brunnen

Abb. 72 J. Jaschke, Der Engelbrunnen, 1821

Aber auch die Parkbesucher kamen in den Genuß des köstlichen Wassers. Josef Oehler berichtet 1805 vom Schönen Brunnen: „Ein Mann von der Burgwache ist dabey immer mit einem Glase in Bereitschaft, um den Besuchern einen erquickenden Trank davon zu überreichen." Diese Tradition wurde bis in die 70er und 80er Jahre unseres Jahrhunderts fortgesetzt. Viele erinnern sich noch an die Brunnenfrau, die an schönen Tagen das Gittertor des Brunnenhäuschens aufsperrte und Wasser ausschenkte. Sie lebt heute hochbetagt in einem Nebengebäude des Schlosses.

Der Engelbrunnen (Abb. 72)

Der Engelbrunnen scheint erstmals auf einen Plan von 1777 auf. In der Beschreibung von 1784 heißt es: „. . . kommt man zu einem ovalen Platz, woselbst auf einer Seite ein grünes Gitterwerk ist, mit einem großen Portal und sechs großen Nischen, in welchen Sitze angebracht sind. Im großen Portale ist ein sehr

Tafel IX Heckenschnitt in der Finsteren Allee

Tafel X Pavillon im Hietzinger Kammergarten

Tafel XI Barocke Steinvase im Meidlinger Kammergarten

Tafel XII Das Taubenhaus

Tafel XIII Rhea Kybele, gegenüber dem Schönen Brunnen

Tafel XIV Cincinnatus, beim Engelbrunnen

Tafel XV Steinvase im östlichen Najadenrondeau

Tafel XVI Das große Palmenhaus

großes rosenfarb und weiß gesprenkeltes Wasserbassin; oberhalb sitzen zwei kleine Kinder auf einem Wallfisch, aus welchem das Wasser in das Becken rinnt". Die erwähnte halbkreisförmige Treillage bestand bis um 1820/30 und wurde dann durch das heutige Eisengitter ersetzt. Der Unterbau des Brunnens besteht aus Felsenwerk, ähnlich wie beim Schönen Brunnen.

Die marmorne Puttengruppe mit dem Fisch ist wahrscheinlich gleichzeitig mit dem Brunnen um 1777, im Zuge der Ausstattung des Parks mit Skulpturen, entstanden. Sie wurde 1947 von S. Haberl-Calo restauriert, wobei die Gesichter, die Haartracht und auch die Draperie verändert wurden. 1994 erfolgte eine Restaurierung der gesamten Brunnenanlage mit Unterstützung der Firma Shell. Das sehr interessante Muschelbecken wurde herausgelöst. Dabei zeigte sich, daß es eigentlich die Form einer Schnecke hatte, es war also sicher nicht für diesen Brunnen geschaffen worden. Man nimmt deshalb an, daß diese Schnecke, ebenso wie einige andere Skulpturen und Architekturelemente , aus dem ehemaligen kaiserlichen Renaissancebau Neugebäude um 1775 nach Schönbrunn gebracht wurde. Die Schnecke wurde nicht mehr in den Brunnen eingebaut, sie soll im Foyer des Schlosses präsentiert werden. Der Brunnen besitzt nun ein neu angefertigtes Muschelbecken aus rosa Marmor.

Rhea Kybele (Tafel XIII)

Die sehr elegante, leicht gedrehte Sitzfigur der Rhea Kybele gegenüber dem Schönen Brunnen ist ein Werk von Wilhelm Beyer aus der Zeit um 1773/80.

Rhea war die Tochter der Erd- und Urmutter Gaia und des Uranos, des Gottes des Sternenhimmels, Schwester und Gemahlin des Titanen Chronos (des römischen Saturn) und Mutter des Jupiter. Sie wurde anfangs vor allem auf Kreta verehrt. Später wurde sie gleichgesetzt mit der kleinasiatischen Kybele, der „Großen Mutter vom Gebirge Ida", einer Erd- und Fruchtbarkeitsgöttin mit matriarchalischen Zügen, die auch als Herrin des Waldgebirges und der darin lebenden wilden Tiere verehrt wurde. Sie wird deshalb oft in Begleitung von Löwen dargestellt. Sie gilt auch als die Begründerin befestigter Städte, weshalb sie eine Mauerkrone auf dem Haupt trägt.

204 v.Chr., in den entscheidenden Jahren des zweiten Punischen Krieges, wurde der Kult der Kybele in Rom eingeführt. Das Götterbild, ein schwarzer Stein, wurde aus Kleinasien, der sagenhaften Urheimat des römischen Volkes, nach Italien gebracht. Die Göttin erhielt einen Tempel und einen Staatskult.

Im Zusammenhang der Schönbrunner Statuenfolge ist Kybele also die aus der Heimat des Stammvaters Aeneas gekommene Schutzherrin Roms, die den Staat vor den Karthagern gerettet hat.

Eurydike

Die Statue der Eurydike befidet sich in der nördlichen Nische des Heckensaals beim Engelbrunnen.

Sie war die Gemahlin des Orpheus, des berühmtesten Sängers Griechenlands, er galt als der Sohn des Apollo und der Muse Kalliope. Durch seinen wunderbaren Gesang, den er auf der Leier begleitete, konnte er wildeTiere zähmen, Steine und Bäume bewegen.

An ihrem Hochzeitstag wurde Eurydike von dem verliebten Aristheus verfolgt. Auf der Flucht vor ihm trat sie auf eine giftige Schlange und starb. In seiner Trauer ging Orpheus in die Unterwelt und bewegte den Gott Pluto durch seine Musik zu der Erlaubnis, Eurydike zurückzuführen. Pluto stellte aber die Bedingung, daß Orpheus sich nicht nach seiner Frau umschaue, bevor sie die Oberwelt erreicht hätten. Orpheus, in Sorge um seine Frau, drehte sich aber um und so mußte Eurydike für immer in der Unterwelt bleiben.

Die Statue ist ein Werk Wilhelm Beyers um 1773/80. Er stellt den Moment dar, wo Eurydike versucht, die giftige Schlange aus ihrem Fuß zu reißen, während sie sich gleichzeitig ängstlich nach ihrem Verfolger umwendet.

Cincinnatus (Tafel XIV)

Auch diese Figur an der Südseite des Heckensaals beim Engelbrunnen ist ein Werk Wilhelm Beyers.

Lucius Quinctius Cincinnatus galt in späterer Zeit als Musterbild des schlichten, ganz dem Dienst für den Staat hingegebenen, altrömischen Edelmannes. Nachdem er durch eine Bürgschaft für seinen Sohn verarmt war, hatte er sich auf sein Landgut zurückgezogen. Der Sage nach erreichte ihn dort 458 v. Chr. die vom Senat ausgesprochene Ernennung zum Diktator, als er gerade sein Feld pflügte. Nach der Erfüllung seiner Aufgabe, der Besiegung der feindlichen Äquer, kehrte er auf sein Landgut zurück.

Cincinnatus ist dargestellt, wie er den Fuß auf den Pflug gestützt, sich die Sandalen schnürt, die er sich samt seinem Mantel von seiner Frau hatte aus dem Haus bringen lassen.

Das Fichtenwäldchen

Das Fichtenwäldchen wurde ebenso wie das Rosenwäldchen um 1760 während der zweiten großen Ausgestaltungsphase des Parks angelegt. Ein Weg, der vom Rosenwäldchen bis zum Platz vor dem (erst später entstandenen) Obeliskbrunnen verlief, bildete die Mittelachse eines trapezförmigen Heckensaals mit rundbogigen Ausweitungen, der von symmetrisch angelegten Heckenkabinetten und Gängen umgeben war (Abb. 67). Kurz danach wurden entlang der mittleren Wegachse zwei Reihen von Fichten gepflanzt (Abb. 8). Dieses Boskett wurde bis ins 20. Jahrhundert kaum verändert, erst in der Zeit zwischen den beiden Weltkriegen zerstörte man die kleineren Heckenkabinette und Gänge, um an dieser Stelle ein Erddepot der Gartenverwaltung anzulegen. Aus der selben Zeit dürften auch die kugelfömig geschnittenen Buchs- und Eibenbüsche in den beiden seitlichen Feldern des mittleren trapezförmigen Heckensaals stammen.

Der Obeliskbrunnen

Der Obeliskbrunnen liegt am Fuß des Schönbrunner Berghanges und ist der optische Abschluß der von der Schloßterrasse ausgehenden Diagonalallee und damit (neben der Gloriette und dem Tiergartenpavillon) einer der wichtigsten Blickpunkte des Parks (Abb. 73 und Tafel V).

Die Brunnenanlage wurde laut Inschrift am Sockel des Obelisks 1777 errichtet. Der Architekt ist Ferdinand Hetzendorf von Hohenberg. Als Bildhauer war vor allem Benedikt Henrici tätig, vielleicht teilweise nach Entwürfen von Wilhelm Beyer.

Der Brunnen liegt am Fuß des Berghanges und besteht aus einem Bassin, hinter dem sich konkav zurückschwingend ein mit Flußgöttern besetzter Grottenberg erhebt, der von einem Obelisken bekrönt wird. Dieser Grottenberg war mit Kaskaden und Wasserspielen ausgestattet. Aus dem Mund einer riesigen Maske und aus den Vasen der Flußgötter ergoß sich das Wasser über drei Becken in das große Bassin.

Für diese Wasserspiele wurde ein eigenes Reservoir (heute das Bundessportbad Schönbrunn) angelegt.

Die Böschung hinter dem Grottenberg wird durch eine ebenfalls konkave Mauer abgestützt, welche von einer Balustrade mit Vasen bekrönt ist. Zwischen Grottenberg und Mauer führt eine zweiläufige Treppe zu einer erhöhten Terrasse und zu einer kleinen Höhle im Grottenberg, mit Aussicht auf die Allee.

In der Verlängerung der Obeliskallee nach Osten erhielt die Gartenmauer hinter der Brunnenanlage um 1777/80 eine Knick nach außen, weil man hier ein Aussichtsgitter im rechten Winkel zur Allee einsetzen wollte, um einen Ausblick in die Landschaft zu erhalten.

Der zerklüftete Grottenberg stellt den Ort des Dunkels und der wilden ungebändigten Kräfte der Erde dar. Im 18. Jahrhundert wurde er als „Sibyllengrotte" bezeichnet. Damit wird auf die antiken Sibyllen hingewiesen, die der Sage nach meist in Höhlen nahe einer Quelle lebten und prophezeiten, daß das römische Kaisertum bis ans Ende der Zeiten dauern werde, bis zu dem Zeitpunkt, wo ein goldenes Zeitalter in ewigem Frieden anbricht und der Kaiser die Herrschaft über die Erde an Gott übergibt. Darüber erhebt sich die klare Form des Obelisken. Der Obelisk, der auf vier Schildkröten (Symbole der Stabilität und der Ewigkeit) ruht, erzählt in erfundenen „Hieroglyphen" (erst ab 1822 gelang es, die ägyptischen Hieroglyphen zu entziffern) die Geschichte des Hauses Habsburg von seinen Anfängen bis in die Zeit Maria Theresias.

Obeliske sind sehr alte und elementare kosmische Symbole. Nach dem Glauben der Römer standen sie schon bei den Ägyptern in Zusammenhang mit dem Sonnenkult. Der Obelisk verkörpert den Weg der Sonnenstrahlen zur Erde, er ist deshalb auch oft von einer Goldkugel als Sonnensymbol bekrönt. Seine Kanten markieren die vier Weltrichtungen, die vom lebensspendenden Licht bestrahlt werden. Dem entspricht die Vierzahl der Flußgötter, welche die vier Weltgegenden mit belebendem Wasser durchströmen.

Auf der Sonnenkugel sitzt ein Adler. Er ist nach alten Vorstellungen das einzige Tier, das sich ohne Schaden der Sonne nähern kann und damit ein Symbol des Herrschers als Vermittler zwischen Himmel und Erde. Der Adler war sowohl in Rom als auch im Deutschen Reich das Zeichen des Kaisers.

Der aufragende Obelisk war aber im Barock auch ein Symbol für die Standfestigkeit des Fürsten und die Stabilität seiner Herrschaft, die von seinen Feinden nicht gestürzt werden kann. Nachdem die Römer zahlreiche ägyptische Obeliske nach Rom gebracht hatten, ist der Obelisk auch ein Hinweis auf Rom, das heißt, daß Schönbrunn als ein neues Rom verstanden wird.

Abb. 73 Carl Schütz, Der Obeliskbrunnen von J. F. Hetzendorf von Hohenberg, um 1780

Der Obelisk sollte somit den Anspruch auf die unumstößliche und ewige Herrschaft des Hauses Habsburg als Nachfolger der römischen Kaiser und sein segensreiches Regiment veranschaulichen, das gleich der Sonne die Erde belebt, das den wilden, ungestümen Kräften der Erde himmlisches Licht und göttlichen Geist vermittelt und sie einer höheren Ordnung in ewigem Frieden und Harmonie zuführt.

Das Wasserreservoir

Gleichzeitig mit dem Obeliskbrunnen baute man etwas weiter oberhalb auf dem Berghang ein Wasserreservoir, von dem zahlreiche Leitungen zu den verschiedenen Wasserauslässen des Brunnens führten, sodaß dieser reichlich mit Wasser versorgt werden konnte (Abb. 8). Seit der Mitte des 19. Jahrhunderts wurde das Reservoir auch als Schwimmbad verwendet, wo der spätere Kaiser Franz Joseph 1838 seinen ersten Schwimmunterricht erhielt (Abb. 68). 1841 schreibt der Elfjährige an seinen Bruder Maximilian: „wir sind den ganzen Tag von früh neun Uhr bis nachmittag halb sechs im Garten, speisen auch dort und schwimmen alle Tage“.

1919 übernahm die Bundesheerverwaltung das Schwimmbad und machte es zu einem öffentlichen Bad, welches nach den Zerstörungen des Zweiten Weltkriegs renoviert und in den 1960er Jahren weiter ausgebaut wurde.

Die Ruine

Diese künstliche Ruine steht am Fuß des Schönbrunner Berges und bildet, zusammen mit der etwa 150 Meter entfernt auf dem Berghang stehenden Figur des Herkules, den Blickpunkt und Abschluß einer Allee. Sie ist eine der schönsten und stimmungsvollsten Ruinen, sowohl in ihrer Gesamtwirkung als auch durch die hohe Qualität ihrer architektonischen Details (Abb. 74 und Tafel VI).

Das Bauwerk wurde von Ferdinand Hetzendorf von Hohenberg geplant und 1778 fertiggestellt. Es umfaßt an drei Seiten ein rechteckiges Bassin und wirkt wie ein halb in den Boden versunkenes antikes Gebäude. An den zentralen Teil sind seitlich noch zwei gemauerte Ziegelwände angefügt, die von Rundbogen durchbrochen und mit Reliefmedaillons dekoriert sind.

Abb. 74 Carl Schütz, Die Ruine von J. F. Hetzendorf von Hohenberg, um 1780

Der besonders antikische Charakter entstand einerseits durch die hier verwendeten Architekturteile aus dem Renaissancebauwerk Neugebäude, aber auch durch die Auseinandersetzung Hohenbergs mit den Radierungen von Giambattista Piranesi (1720–1778), der Bilder von riesenhaften, oft düster und bedrohlich wirkenden antiken Ruinen als Überresten einer heroischen aber untergegangenen Zeit schuf.

Lange Zeit glaubte man, daß die Schönbrunner Ruine zur Gänze ein Werk Hohenbergs wäre. Erst 1986 wurde im Zuge von bauhistorischen Untersuchungen eindeutig nachgewiesen, daß alle steinernen Architekturteile der Ruine aus dem 1568 begonnenen aber unvollendeten Neugebäude in Wien-Simmering stammen und nach 1774 nach Schönbrunn gebracht wurden. Man verwendete den ganzen Portikus vom südlichen Mittelrisalit des Neugebäudes mit doppelter Säulenreihe, Architrav und einem Rundbogen nun als Mittelteil der künstlichen Ruine, die gleichsam ein halb in der Erde versunkenes antikes Bauwerk darstellt. Die Architekturelemente des Neugebäudes sind besonders schön und sorgfältig gearbeitet und stammen wahrscheinlich von italienischen Künstlern, die sich sehr genau an antiken Bauten orientiert hatten. Besonders für den Fries mit Reliefs von verschiedenen Opfergeräten konnte ein römisches Vorbild genau nachgewiesen werden, nämlich der 69–79 n.Chr. erbaute Tempel des Vespasian und Titus auf dem Forum Romanum, der einen nahezu identischen Fries besitzt.

Der Mittelteil der Ruine wird von zwei rechtwinkelig vorgezogenen Seitenwänden aus neuem Ziegelmauerwerk flankiert, die ebenfalls mit Stücken aus dem Neugebäude aber auch mit antiksierenden Figuren, Büsten und Reliefs dekoriert sind, welche von den Bildhauern Henrici und Zächerl um 1776 geschaffen wurden. In dem rechteckigen Bassin vor der Ruine befinden sich die beiden Flußgötter „Moldau und Elbe“ von Wilhelm Beyer, die ursprünglich in einen der geplanten vier Brunnen im Großen Parterre gesetzt werden sollten. Nachdem man dieses Projekt 1776/77 aufgegeben hatte, wurden die beiden Figuren hierher versetzt.

Unter dem mittleren Rundbogen befand sich ein Arrangement von Architekturtrümmern und Skulpturen, das einen Opferaltar darstellt, der von den Resten des zerstörten Tempels und der Götterbilder umgeben ist.

Einige Teile der Ruine erhielten 1778 einen farbigen Anstrich. Die Kapitelle der Säulen, Teile des Gesimses und die Rosetten in der Wölbung des Rundbogens waren grün bemalt. Spuren dieser Farbe haben sich bei der Untersuchung des Gebäudes gefunden und mit dieser Farbigkeit wird die Ruine auch auf vielen alten Ansichten dargestellt.

Hinter der Ruine führt eine Waldschneise empor zur Figur des Herkules, der mit dem dreiköpfigen Höllenhund Cerberus und den Verkörperungen von Neid, Mißgunst und anderen Lastern (eine alte Frau, ein Hund und eine Schlange mit Hundekopf) kämpft. Diese Herkulesfigur dürfte ihrem Stil nach aus der ersten Hälfte des 18. Jahrhunderts stammen und nicht für Schönbrunn, sondern für einen anderen Ort geschaffen worden sein. Hohenberg hat sie 1778 für 51 Gulden gekauft und hier aufgestellt. Die Waldschneise war ursprünglich in sechs Terrassenstufen gegliedert. Damit sollte eine Wasserkaskade simuliert werden, welche wohl teils aus Geld- und teils aus Wassermangel nicht realisiert werden konnte. Die sechs Stufen sind heute noch unter der Rasendecke zu erkennen.

Es stellt sich nun die Frage, welchen Sinn man darin sah, in einem Park ein halbzerstörtes Gebäude zu errichten. Bilder, deren Hauptthema eine Ruine ist, entstanden in Italien schon Ende des 15. Jahrhunderts. Als freistehende Bauwerke wurden Ruinen dann im 18. Jahrhundert mit Vorliebe in Landschaftsgärten errichtet, die Ruine im barocken Park von Schönbrunn ist eine Ausnahme.

Im Symbol der Ruine überlagern sich mehrere Sinngehalte. Da ist zum ersten der Gedanke an den Untergang einstiger Größe als Strafe für Hochmut und Sündhaftigkeit. Andererseits galten aber die antiken Ruinen schon im Mittelalter (bei Dante) als bedeutsame, kostbare Überreste einer heroischen Vergangenheit. Diese beiden Sinngehalte kommen in der Deutung der Ruine zum Tragen und lassen sich an den zwei Benennungen des Bauwerks festmachen, das ursprünglich „Ruine von Karthago" hieß und erst ab 1800 immer häufiger als „Römische Ruine" bezeichnet wurde.

Ursprünglich war also mit diesem zerfallenden Bauwerk nicht Rom, sondern Karthago, Roms gefährlichster Gegner gemeint, dessen Untergang hier dargestellt werden sollte. Dabei ist ein moralisierender Unterton nicht zu übersehen, denn über der Ruine steht der tugendhafte Held Herkules, der eine Sintflut (die hier nur in Form von Rasenterrassen dargestellt werden konnte) auf Karthago niedergehen läßt, dessen Bauten schon halb in der Erde (gemeint ist eigentlich Wasser) versunken sind.

Herkules gilt als der große Held der Antike, der bereit ist, für die Ordnung der Welt gegen die Mächte des Chaos (verkörpert durch Drachen und Dämonen) zu kämpfen und der schließlich, durch Prüfungen und Mühsal geläutert, Unsterblichkeit erlangt und unter die olympischen Götter aufgenommen wird. In der römischen Kaiserzeit wurde Herkules zum Inbegriff der Tugend, weshalb sich schon römische Herrscher mit ihm identifizierten. Diese Tradition wurde auch von den habsburgischen Kaisern, besonders von Karl VI., dem Vater Maria Theresias, wieder aufgegriffen.

So verbindet sich hier Mythisches mit Historischem und der Sieg Roms über Karthago wird auch als Triumph von Tugend und göttlicher Ordnung über Laster und Chaos gedeutet. Gleichzeitig ist damit auch der Sieg des habsburgischen Kaisers über seine Feinde gemeint.

Mit dem Namen „Römische Ruine" verbindet sich ein zweites, positiveres Verständnis des ruinösen Gebäudes. Das antike Rom galt als Zentrum des römischen Weltreichs, als dessen Erben und Nachfolger sich die Habsburger in ihrer Funktion als Kaiser des Heiligen Römischen Reiches Deutscher Nation sahen. Die antikischen Architekturstücke sollten dokumentieren, daß das Römische Reich in Schönbrunn seine Fortsetzung und Vollendung findet.

In der Ruine findet man also, wie auch in der übrigen Ausstattung des Schönbrunner Parks, grundlegende Aussagen über das Herrschaftsverständnis des Hauses Habsburg, sie steht im Dienst einer sehr traditionsbewußten Propaganda und Selbstdarstellung.

Das Boskett „Beim Fischbassin"

Dieses Boskett ist ebenso wie sein symmetrisches Gegenstück, das Boskett „Bei der Kaiserfigur", wahrscheinlich schon um 1700 angelegt worden. Der Grundriß war weitgehend identisch, nur die Ecken mit den bogenförmigen Gängen, die zu winzigen Heckenkabinetten führten, waren unterschiedlich gestaltet. Durch die Anlegung der großen Diagonalallee zum Tiergarten um 1750/55 und durch die Erweiterung des Großen Parterres vor der Schloßfassade um 1770 wurden zwei Ecken abgeschnitten (Abb. 67).

Um 1770/80 erhielt auch das bis dahin leere mittlere Oval ein Bassin, das von einer Baumreihe umgeben war (Tafel IV). In diesem Bassin und auch in den Bassins der Kammergärten und der Orangerie hielt man schon in der Mitte des 18. Jahrhunderts Goldfische, die in verschiedenen Berichten als besondere Attraktion Schönbrunns erwähnt wurden. Die steinerne Puttengruppe und das umlaufende Eisengitter kamen im späten 19. Jahrhundert dazu.

Seit 1819 zeigen die Pläne eine doppelte Baumreihe um den ovalen Teich, wie sie heute noch besteht, obwohl die Bäume in der Zwischenzeit ausgewechselt wurden (Abb. 11). Die bogenförmigen Wege in den beiden erhalten gebliebenen Ecken fehlen heute, sie wurden um 1950 aufgelassen.

Hietzinger Vertiefung, Hietzinger Kobel, Großer und Kleiner Buchengang

Die Hietzinger Vertiefung ist ein Boulingrin, das von einem zweiteiligen Boskett umschlossen wird. Der größere Teil des östlichen Bosketts mit dem dreistrahli-

Abb. 75 Die westliche Hälfte der Schönbrunner Gärten, Ausschnitt aus dem Gesamtplan von Franz Boos, 1780, (Abb. 8)

gen Wegesystem wurde um 1760 durch die Verlängerung der nordsüdlich verlaufende Hundshofallee abgetrennt, so ist unmittelbar an die Vertiefung angrenzend nur noch ein Fragment des Bosketts mit einer Mittelachse und zwei Heckenkabinetten verblieben. Das Boskett westlich der Vertiefung heißt in der Schönbrunner Tradition „Hietzinger Kobel". An der Nordseite der Vertiefung verläuft parallel zur Lichten Allee über die ganze Länge des Boskotts der Große Buchengang, an der Südseite der Kleine Buchengang.

Das Boskett mit der Vertiefung im Zentrum war als einheitliche Anlage konzipiert, es bildet das symmetrische Gegenstück zur Meidlinger Vertiefung und ist auch um die selbe Zeit in den 1740er Jahren entstanden.

Die Vertiefung war im 18. Jahrhundert zweifach abgestuft und mit ornamental gegliederten Rasenparterres „à l´angloise" ausgestattet. An den Böschungen der östlichen und westlichen Schmalseite führten zwei Rasentreppen in das Boulingrin hinab (Abb. 67 und 75). Im 19. Jahrhundert wurde die kleine Eintiefung in der Mitte zugeschüttet, sodaß die Vertiefung nur noch ein einheitliches Niveau hatte, welches dann mit einer ungegliederten Rasenfläche bedeckt wurde und zeitweilig mit einem Zierbeet in der Mitte geschmückt war (Abb. 11). Dieser Zustand wurde im wesentlichen bis zur Gegenwart beibehalten.

Die Boskettbereiche um die Vertiefung mit ihrem sehr differenzierten System von Gängen und Heckenkabinetten wurden seit dem 18. Jahrhundert kaum verändert. Durch vielfältige Ausweitungen und Einschwingungen ergaben sich sehr komplizierte Grundrisse, die auch den Schnitt der Heckenwände sehr aufwendig machen.

Der Gesamtplan von 1780 (Abb. 8) zeigt im Zentrum der Hietzinger Kobel einen rechteckigen Heckensaal mit angesetzten Nischen, woraus sich eine vielfach geknickte Umrißlinie ergibt. In diesen Heckensaal ist eine freistehende Baumreihe rund um ein kleines „à l´angloise" gegliedertes Rasenparterre eingestellt. Dieser zentrale Raum wird von einem vielfältigen Wegesystem und vier Heckenkabinetten umgeben, die je zwei Nischen besitzen. Es war ein wichtiges Formprinzip barocker Gartenkunst, daß eine einmündende Wegachse niemals auf eine gerade Wand aufläuft, sondern immer eine „Antwort" durch eine Nische erhält. Auf dem Schönbrunn-Plan von 1780 ist dieses Prinzip an vielen Stellen zu erkennen, im heutigen Bestand sind einige dieser Nischen verschwunden, aber gerade im Boskett um die Hietzinger Vertiefung sind sie noch weitgehend erhalten.

Das Kleeblatt

Das symmetrisch angelegte Boskett wurde um 1760 angelegt und ist nach dem kleeblattförmigen Ende seines mittleren Heckenganges benannt, das auch den Endpunkt der Mittelachse darstellt, welche den gesamten Boskettstreifen zwischen Lichter Allee und Finsterer Allee durchläuft (Abb. 8, 67 und 75).

Dieser mittlere Heckengang war ursprünglich von zwei rechteckigen Heckensälen flankiert, an deren Stelle sich heute zwei Wiesen bis zu den Randhecken der Alleen ausdehnen. Vom Kleeblatt-Ende des Mittelganges führt ein gebogener Weg zur Kastanienallee. Die Umrisse der beiden Heckensäle blieben bis ins 20. Jahrhundert unverändert. Das Innere war im 18. Jahrhundert leer, im 19. Jahrhundert aber mit kleinen Bäumen oder Nutzgewächsen bepflanzt. Im 20. Jahrhundert, wahrscheinlich kurz nach dem Ersten Weltkrieg, wurden die Einfassungen der Heckensäle aufgegeben und an der Südseite des Bosketts ein Heckengang als Fortsetzung des Kleinen Buchenganges angelegt.

Der ehemalige Irrgarten

Das Gelände des ehemaligen Irrgartens, an den nur noch der Name erinnert, wird heute als Betriebs- und Gartenfläche der Bundesgartenverwaltung genützt. Dieser Irrgarten bestand im 18. Jahrhundert aus vier Quartieren, in der Mitte befand sich ein Pavillon, der sicher erhöht war, sodaß man von dort die Irrgänge und die nach dem richtigen Weg Suchenden gut überblicken konnte. Ein Teil des Irrgartens ist am linken Rand von Bellottos Gartenansicht um 1760 zu sehen (Abb. 7).

Nachdem die Westgrenze des Irrgartens von einer ehemaligen Allee bestimmt ist, die wahrscheinlich um 1700 angelegt und um 1750 aufgelassen wurde, könnte auch der Irrgarten selbst aus der Zeit um 1700 stammen (Abb. 2 und 76). Er muß aber jedenfalls vor 1750 entstanden sein, denn ab diesem Zeitpunkt kam es zu einer schrittweisen Reduktion des Irrgartens. Bei der Anlegung des sternförmigen Alleensystems um 1750/55 wurde eine Diagonalallee bis zum Mittelpavillon des Irrgartens geführt, dafür mußten einige Irrgänge zerstört werden (Abb. 3 und Tafel IV). Am Anfang des 19. Jahrhunderts wurde das ganze nordwestliche Viertel aufgegeben, um die Mitte des 19. Jahrhunderts verschwand der Pavillon, und um 1870 wurde auch das nordöstliche Viertel in einen Obstgarten umgewandelt. 1892

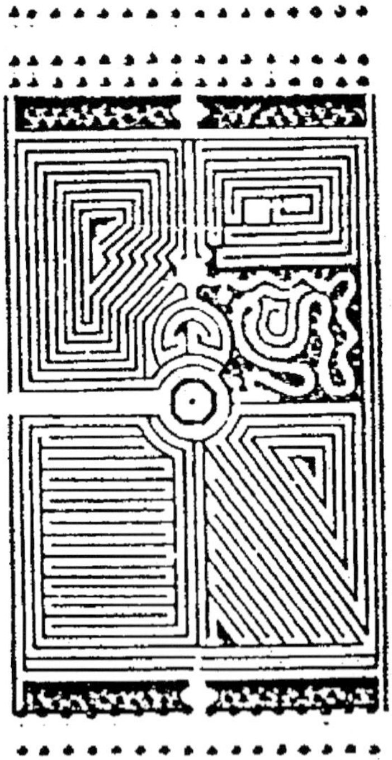

Abb. 76 Der Irrgarten um 1750,
Ausschnitt aus Abb. 2

beschloß das Obersthofmeisteramt, den restlichen Irrgarten abzuholzen, weil er „wegen seiner Dichtigkeit Zwecken dient, welche in öffentlichen Anlagen verboten sind“. Dieser Beschluß wurde aber nicht vollständig durchgeführt, denn Reste des Irrgartens haben noch bis zum Ersten Weltkrieg existiert (Abb. 11).

Labyrinthe, die Vorgänger der Irrgärten, sind seit der Antike bekannt, sie waren über die ganze Welt verbreitet und besaßen ursprünglich magische Bedeutung; ein besonderer Ort oder Gegenstand wurde mit Mäanderwegen umkreist. Das Labyrinth diente der Abwehr böser Geister oder war ein Prüfungsweg für denjenigen, der das Zentrum erreichen wollte, wo entweder ein Ungeheuer zu besiegen oder, in anderen Labyrinthen, eine Jungfrau zu befreien war. Sie wurden aus Steinen gelegt, als Mosaik in Fußböden eingefügt oder auch in den Rasen geschnitten. Heckenlabyrinthe waren seit dem 16. Jahrhundert ein beliebter Bestandteil herrschaftlicher Gärten. Sie dienten vor allem der Unterhaltung und dem Vergnügen, aber ein Rest von ihrer magischen Bedeutung schwang immer noch mit. Im 18. Jahrhundert kamen sie allmählich aus der Mode.

In klassischen Labyrinthen führt ein einziger, in komplizierten Mäandern geführter Weg zum Zentrum, während es in den neueren Labyrinthen Abzweigungen und Irrwege gab. Das Schönbrunner Labyrinth besaß lange mäanderförmige Gänge, aber nur wenige Punkte, wo man sich zwischen mehreren Wegen entscheiden mußte, von denen einige in „Sackgassen" führten. Die meisten dieser Scheidewege und Sackgassen lagen nahe dem Zentrum und es war sicher amusant, die Umherirrenden vom Pavillon aus zu beobachten.

Der Schlangenweg

Der sogenannte Schlangenweg liegt östlich des Irrgartens. Er wurde um 1760 im Zuge der Ausgestaltung der durch das sternförmige Alleensystem entstandenen Boskette angelegt. Dieser vielfach gekrümmte und geknickte Heckengang besteht aus geraden und bogenförmigen Elementen. Ein querovales Heckenkabinett und sein Zugang, der in der Mitte des Weges im rechten Winkel abzweigt, bildet die Symmetrieachse der Anlage (Abb. 67, 75 und Tafel IV).

Die Hecken waren ursprünglich sicher mannshoch, sodaß man nicht über sie hinwegsehen konnte. Durch die im 19. Jahrhundert in die Hecke eingestellten Kastanienbäume, die viel Licht wegnehmen, ist es heute schwierig, die Hecke hoch und dicht zu erhalten.

Das Rosarium

Die Benennung dieses Gartenbereichs bezieht sich auf seine seit 1914 bestehende Nutzung als Rosengarten. Der ovale Gartenraum, der in der Mitte von der Lindenallee durchquert wird, entstand gleichzeitig mit dem sternförmigen Alleensystem um 1750/55. Er war von zwei Baumreihen eingefaßt und erhielt um 1760 zwei symmetrische Parterrefelder, die „à l'angloise" mit Muschel- und Rankenornamenten aus Rasen und schmalen Sandwegen gestaltet waren (Abb. 8, 67 und 75), in ähnlicher Weise wie die Felder des Großen Parterres auf dem Gemälde Bellottos um 1760 (Abb. 7). Kurz nach 1780 wurden die Parterrefelder vereinfacht. Sie erhielten eine einheitliche Rasendecke mit einer Randbepflanzung und je einem runden Blumenbeet in der Mitte. Die heutige Gestaltung der Parterrefelder mit ornamental geformten Blumenbeeten ist 1914 entstanden, als man in diesem Gartensaal ein Rosarium einrichtete.

Die Boskette um das Rosarium

(„Beim Schützen", Maroniwäldchen, Lange Wiese)

Rund um das heutige Rosarium legte man um 1760 mehrere Heckenräume an, die durch Gänge miteinander verbunden sind. Einige Wegachsen setzen sich über die großen Alleen hinweg in den benachbarten Bosketten fort (z.B im Fächer und im Sequoienstern). Bemerkenswert ist die schon sehr aufgelockerte Symmetrie dieses Bereichs, welche teils durch die dreieckige Struktur der Boskette bedingt ist, die aber auch dem Gartenstil des Rokoko entspricht. Es gibt hier keine durchlaufenden Symmetrieachsen und wenig rechte Winkel. Die vielen kleinen gegeneinander versetzten Blick- und Wegachsen erwecken einen labyrinthischen Eindruck von verwirrender Vielfalt.

Einige dieser Boskette haben Namen erhalten :

„Beim Schützen" (Abb. 8, 67 und 75)
Das Boskett besteht aus einem System von Heckengängen, zu dem auch ein halbkreisförmiger Bogengang gehört. Die Heckennische in der Mitte des Halbkreisbogens beherbergt eine Statue des Sonnengottes Apollo als Bogenschütze von J.B. Hagenauer, die 1779 hier aufgestellt wurde (Abb. 78). Die Statue ist eine Nachempfindung der berühmten antiken Figur des „Apollo vom Belvedere" in den Vatikanischen Museen in Rom. Apollo erscheint hier als kriegerischer Sonnengott, der seine Sonnenpfeile verschießt. Mit diesen Pfeilen hat er auch die Erdschlange Python getötet, die sich hier neben ihm um einen Baumstamm ringelt. Die Schlange Python hatte im Auftrag der Göttin Juno, die wegen der Liebschaften ihres Gemahls Jupiter stets eifersüchtig war, die Titanin Leto, die Mutter der Zwillinge Apollo und Diana verfolgt. Über dem Erdspalt aus dem die Schlange gekommen war, errichtete Apollo das Orakel von Delphi dessen Prophetin „Pythia" genannt wurde.

Das Maroniwäldchen, ein kleiner sechseckiger Hain, liegt unmittelbar neben dem Boskett „Beim Schützen".

Abb. 77 Diana, Statue im Hietzinger Boskettbereich

Die Lange Wiese (Abb. 8, 11, 67 und 75)

Nordwestlich des Rosariums liegt ein gestreckter Heckensaal mit segmentbogenförmigen Ausweitungen, der von einem rhombischen und einem rechteckigen Heckengang umgeben ist. Der Heckensaal war im 18. Jahrhundert nur mit einem Rasenfeld ausgestattet. Gegen Ende des 19. Jahrhunderts wurden hier exotische Nadelbäume in geometrischer Ordnung gepflanzt.

Der Fächer (Abb. 8, 67 und 75)

Eine besonders reizvolle, ebenfalls um 1760 entstandene Formation ist der „Fächer“, der die dreieckige Form des von drei Alleen begrenzten Bosketts raffiniert nützt. Er besteht aus einem System von acht Wegachsen, die in einem Winkel von nicht ganz 90 Grad fächerförmig von einem durch eine Heckennische markierten Punkt ausstrahlen und durch schmale Heckensektoren voneinander getrennt sind. Die Enden der beiden äußersten Achsen werden durch einen Viertelkreisbogen miteinander verbunden. Sechs Achsen führen über den Viertelkreisbogen hinaus zur Tiergartenallee, wobei eine der beiden mittleren sich jenseits der Allee in der Mittelachse des benachbarten Bosketts „Beim Schützen“ fortsetzt.

Diana (Abb. 77)

Am Ausgangspunkt des „Fächers“, der auch der optimale Standpunkt für den Betrachter ist, wurde 1779 die von J.B. Hagenauer geschaffene Statue der Jagd- und Mondgöttin Diana aufgestellt. Ihr gegenüber steht am anderen Ende der Mittelachse die Statue des Apoll im Boskett „Beim Schützen“.

Die Zwillinge Apollo und Diana repräsentieren die elementaren Naturerscheinungen Sonne und Mond. Auch die Diana ist einer berühmten antiken Statue, der Diana von Versailles (heute im Louvre) nachempfunden. Sowohl Diana als auch Apollo hielten von Anfang an ein kurzes Stöckchen, den Rest ihres Bogens in der Hand. Damit wollte der Bildhauer zeigen, daß es sich um Abbilder antiker Figuren handelt, denen eben im Lauf der Jahrhunderte der Bogen abgebrochen war.

Dieses Boskett hat seinen Namen von den drei Mammutbäumen, die in seiner Mitte stehen. Der Heckenraum, dessen Grundriß aus einem Kreis mit drei halbkreisförmigen Ausweitungen besteht, ist um 1760 entstanden und war ursprünglich mit Rasenfeldern ausgestattet. Eine Wegachse verband den Sequoienstern quer über eine große Allee hinweg mit dem Boskettbereich um das Rosarium (Abb. 8, 67 und 75).

Gegen Ende des 19. Jahrhunderts wurden hier immergrüne Büsche und exotische Nadelbäume in geometrischer Ordnung angepflanzt (Abb. 11). Im Mittelteil steht eine Eibe, umgeben von drei kugelförmig geschnittenen Buchsbüschen und drei Mammutbäumen, in den drei Ausweitungen je eine Thuje und zwei Buchsbüsche.

Abb. 78 Apoll, Statue im Hietzinger Boskettbereich

KAPITEL 9

Kaiserstöckl, Postwiese und Dreieckwiese

Das Kaiserstöckl

1751 kaufte Maria Theresia die an der Hietzinger Parkmauer gelegene Schleifmühle und ließ das Gebäude als Sommerquartier ihres Leibarztes Gerard van Swieten umbauen.

Nach van Swieten wohnte hier Maria Theresias Staatskanzler Fürst Wenzel Kaunitz und später Fürst Klemens Lothar Metternich, Außenminister und Staatskanzler unter Franz II. und Ferdinand I. Bis 1918 diente das Gebäude weiterhin als sommerlicher Wohnsitz des jeweiligen Außenministers.

Nach dem Ende der Monarchie wurde das Gebäude zunächst als Kaffeehaus vermietet, seit 1929 ist hier ein Postamt. 1931 wurde noch ein Anbau errichtet.

Die Postwiese

Die Postwiese, der Gartenbereich östlich des Kaiserstöckls (heute Postamt – daher der Name) wurde ab etwa 1760 als Reservegarten des Holländischen Gartens verwendet (Abb. 8 und 67), über den Oehler 1805 berichtet: „Zu dem botanischen Garten Schönbrunns gehört noch derjenige eingeschlossene Garten, welcher sich links am Eingange von Hizing, hinter dem schönen Gebäude befindet, das einst der große Gerard van Swieten bewohnte, dem das medizinische Studium, wie überhaupt die Wissenschaften in den österreichischen Staaten so vieles zu verdanken haben. Hier trifft man ein Glashaus an, worinn die Pflanzen mit ihren Gartengeschirren in Lederlohe eingegraben sind. Diejenigen Gewächse, welche an eine größere Wärme gewöhnt sind, werden hier zuerst erzogen, und für ihre künftige Bestimmung vorbereitet. Hierher kommen auch die kränkelnden Pflanzen, so lange, bis sie sich wieder erholt haben. Man kann also dieses Glashaus als die Kindsstube und das Spital des botanischen Gartens ansehen."

Nachdem Heinrich Schott den Reservegarten östlich der Menagerie vergrößert hatte, gestaltete er den Bereich der Postwiese 1852 in einen Landschaftsgarten um, dessen Wegesystem im wesentlichen bis heute beibehalten wurde (Abb. 11). Schott verwendete hier dieselben Gestaltungselemente wie im Südteil des Botanischen Gartens: Einen umlaufenden Weg mit einer Querverbindung; die Bepflanzung ist am Rand dicht und in der Mitte eher locker, sodaß sich dort weitere Durchblicke ergeben.

Die Dreieckwiese

Der Grund auf dem die Dreieckwiese liegt, wurde 1756 vom kaiserlichen Hof zum Zweck der Erweiterung des Parks erworben. Man schuf dort eine schräg verlaufende Allee als Verbindung zwischen Hietzinger Fahrstraße und Lichter Allee. Auf dem dreieckigen Gartenstück legte man um 1760/70 ein geometrisch gestaltetes Boskett mit zwei Heckenräumen an, die durch einen geraden Weg verbunden waren (Abb. 67).

Um 1800 war dieser Bereich dem Erzherzog Anton, einem Bruder Kaiser Franz II., als privater Garten zugeteilt (Abb. 21).

Vermutlich befand sich hier jene Anlage nach dem Linnéschen System zum Selbstunterricht in der Botanik, von der Oehler 1805 berichtet:

„Wenn man vom Schloße rechts neben den kleinen, niedlichen Ziergärten vorbeygeht, so kömmt man ganz am Ende zu einer eingeschlossenen Abteilung. Darinn befindet sich diese seit vier Jahren angelegte Anstalt zum Selbstunterricht in der Botanik. In der Mitte sind 24 Beete, welche die 24 Klassen enthalten, worein das ganze Pflanzenreich nach dem Linneischen Sexualsystem eingetheilt ist. Jede von diesen Klassen ist wieder in ihre Ordnungen abgetheilt, und jede Ordnung enthält eine oder mehrere Pflanzen aus den Unterabtheilungen der Ordnungen. So sind in einer Sammlung von beyläufig vierhundert Gewächsen die Uebersicht und die Haupteintheilungen des ganzen Pflanzenreiches enthalten, und dadurch der weitere Fortgang in dem Studium der Gattungen (genera), zu den Arten (species), und zu den Abarten (varietates) gehörig vorbereitet und erleichtert. Es sind fast lauter inländische Pflanzen, und durchaus solche, an denen man die charakteristischen Unterscheidungszeichen bestimmt und deutlich wahrnehmen kann. Durch diese anschauliche und leicht faßliche Methode kann derjenige, der sich dem Studium der Botanik widmen will, selbst praktisch unterrichten, und sich das ganze System gehörig einprägen.“

Der schwedische Naturforscher Carl von Linné (1707–1778) schuf 1735 das nach ihm benannte Linnésche System, eine systematische Ordnung der Pflanzen, die bis 1810 die am meisten verwendete blieb. Linné ordnete die Pflanzen nach der Anzahl ihrer männlichen und weiblichen Geschlechtsorgane. Dies verglich er zur besseren Veranschaulichung mit den verschiedensten Formen menschlicher Polygamie. Goethe äußerte deshalb noch 1820 Bedenken, ob man Frauen und Jugendliche nach diesem System unterrichten sollte.

Um 1852 wurde die Dreieckwiese durch die Erweiterung des Parks nach Norden etwas vergrößert und von Heinrich Schott in einen Landschaftsgarten mit geschwungenen Wegen umgewandelt, an dem bis zur Gegenwart keine grundlegenden Änderungen mehr vorgenommen wurden (Abb. 11).

Abb. 79 Christian Brand, Das Monument des Kaisers Franz Stephan im Holländischen Garten, 1775

KAPITEL 10

Der Botanische Garten

Der Holländische Garten

Bis zur Mitte des 18. Jahrhunderts betrieb man die Kultur exotischer Pflanzen in den älteren Orangeriegärten im Ostteil des Schönbrunner Parks. Es war der kaiserliche Leibarzt Gerhard van Swieten, der dem Kaiserpaar empfahl, in Schönbrunn einen nach wissenschaftlichen Grundsätzen angelegten botanischen Garten zu gründen.

1753 kaufte der naturwissenschaftlich vielseitig interessierte Kaiser Franz Stephan von der Gemeinde Hietzing ein mit Hecken bewachsenes und ganz vernachlässigtes Feld, auf dem er den „Holländischen Garten“ anlegen ließ. Holland war damals das führende Land in der Pflanzenkunde, deshalb berief der Kaiser auf Anraten von van Swieten den holländischen Gartenfachmann Adrian van Stekhoven (1704/05–1782), der gemeinsam mit seinem Gehilfen Richard van der Schot innerhalb eines Jahres diesen botanischen Garten anlegte (Abb. 67 und 80).

An der Nordseite wurde ein großes Gewächshaus errichtet. Vier weitere Gewächshäuser und das heute noch bestehende Wohnhaus des Gartendirektors entstanden entlang der Westseite des Gartens (Abb. 81).

Der Garten selbst war geometrisch angelegt. Er war in drei an einer durchlaufenden Mittelachse aufgereihte Teile gegliedert. Jeder Teil bestand aus vier Quartieren mit einem Brunnen in der Mitte. Der nördliche Teil war der Blumengarten, er enthielt auch ein „arboretum ex diversis arboribus Indicis“, also einen Bereich mit exotischen Bäumen, der mittlere diente als Gemüsegarten, in dem auch Spalierobst gezogen wurde und der südliche als Obstbaumgarten.

Am 23. Oktober 1758 fand im Holländischen Garten ein Weinlesefest statt. Kaiser Franz Stephan hatte dort versuchsweise ausländische Reben pflanzen lassen. Sie wurden von der Hofgesellschaft abgeerntet, wobei je eine Dame und ein Herr zusammenarbeiteten.

Den Blumengarten schildert Josef Oehler 1805: Hier „sind die zahlreichen prächtigen Tulpen- und Hyazinthenbeeten, die sich im Monat May zur Zeit ihres Flores den Blumenliebhabern in der größten Herrlichkeit darstellen, die daher

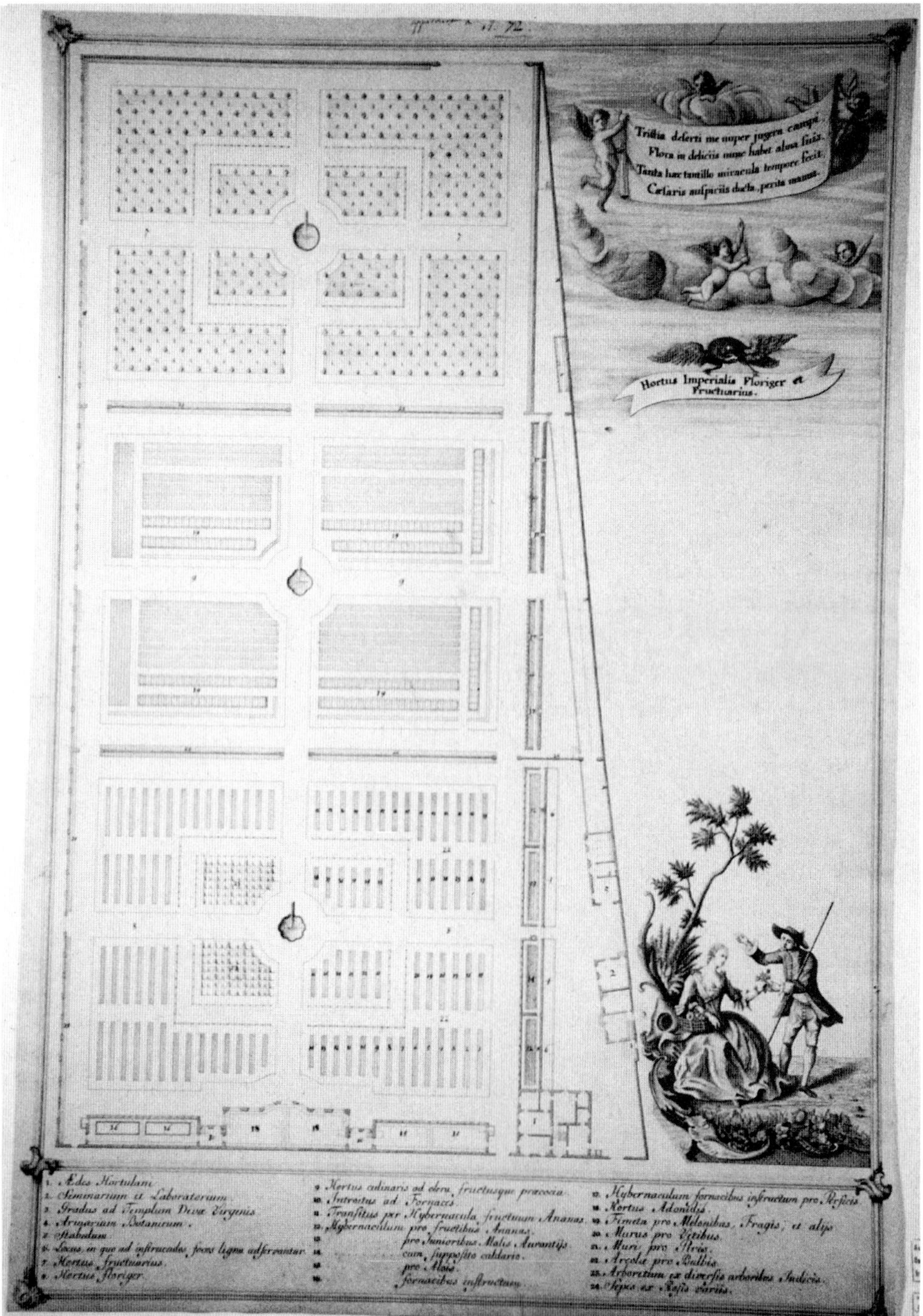

Abb. 80 Grundriß des „Holländischen Gartens“ um 1753

auch häufige Wallfahrten nach Schönbrunn anstellen, um dieses nicht leicht irgendwo in solcher Fülle, Mannigfaltigkeit und Schönheit vorhandene Schauspiel in Augenschein zu nehmen".

Eine mit 1775 datierte Federzeichnung von Christian Brand (Abb. 79) zeigt die Mittelachse des Holländischen Gartens mit dem Denkmal des Kaisers Franz Stephan. Maria Theresia hatte diese Bronzebüste, eine Schöpfung des Bildhauers Balthasar Moll, 1766 zur Erinnerung an ihren 1765 verstorbenen Gemahl vor dem Mittelpavillon des großen Gewächshauses aufstellen lassen. Um 1830 wurde das Monument an seinen heutigen Platz südlich des Sonnenuhrhauses versetzt.

Hinter dem Denkmal sind auf Brands Zeichnung die drei Brunnen in der Mittelachse des Holländischen Gartens zu sehen. Oehler erwähnt 1805, daß in diesen Bassins Goldfische und Karpfen gehalten wurden und daß sie auch zur Bewässerung der Gewächse dienten. Die Quartiere sind von hohen Hecken umgeben . Um die Brunnen, das Denkmal und auch an den Heckenwänden wurden exotische Kübelpflanzen aufgestellt.

Im Vordergrund sind zwei berühmte Gewächse des Holländischen Gartens wiedergegeben, die Richard van der Schot bereits 1754 nach Wien gebracht hatte. Links sieht man die aus China oder Japan stammende Fächerpalme, die seit 1684 im Besitz des Prinzen Wilhelm von Oranien und ab 1702 Eigentum Friedrichs I. von Preußen war, bevor sie 1739 von Stekhoven erworben wurde. 1765 gelang es, diese Palme in Schönbrunn zur Blüte zu bringen. Rechts steht eine Agave, die 1760 einen Blütenschaft trieb, aber anstatt Blüten zahlreiche Brutknospen entwickelte.

Die Expeditionen

Um die Bestände des Holländischen Gartens, aber auch der Menagerie zu vergrößern, schickte der Kaiser in den Jahren 1755–1759 eine Expedition unter der Leitung des ebenfalls von van Swieten empfohlenen Arztes und Botanikers Nicolaus Jacquin (1727–1817) in die Karibik. Dieses Gebiet hatte man wegen seiner nicht allzugroßen Entfernung von Europa gewählt. Als Jacquins Begleiter reiste Richard van der Schot mit, außerdem begleiteten ihn zwei italienische Vogelsteller.

Der primäre Zweck dieser Expedition war die wissenschaftliche Erforschung der besuchten Gebiete, aber auch wirtschaftliche Interessen, sowohl an Mineralvorkommen als auch an der möglichen Entdeckung neuer Kultur- oder Medizinalpflanzen, spielten eine Rolle. Für die Menagerie sollten vor allem Vögel, für den Holländischen Garten hauptsächlich Pflanzen mit schönen Blüten oder wohlschmeckenden Früchten gesammelt werden, für das kaiserliche Naturalienkabinett Mineralien, Muscheln und ausgestopfte Tiere.

Jacquin und van der Schot besuchten die Inseln Martinique, St. Eustache, St. Martin, Guadeloupe, St. Christophe, Curacao, Santo Domingo und Jamaica sowie das südamerikanische Festland im heutigen Kolumbien und Venezuela.

Ganze Tropenbäume mit Erdballen, die mit Bananenblättern umhüllt und mit Bast von Hibiscus tiliaceus verschnürt waren, erreichten damals in sieben Transporten nach umständlicher Seereise bis Livorno, Amsterdam oder Marseille, und anschließendem mühseligen Landtransport die Schönbrunner Gewächshäuser.

Auch der 1754 gegründete botanische Garten der Universität am Rennweg, die Schönbrunner Menagerie und das kaiserliche Mineralienkabinett erhielten reichlichen Zuwachs. Damals lernten die Wiener zum Beispiel Zuckerrohr, Zimt-, Kakao-, Brotfruchtbäume und Mangostane kennen.

Einen Höhepunkt erreichten die Forschungsreisen unter Kaiser Joseph II. Der Kaiser rüstete drei wichtige Expeditionen aus: 1783–1785 und 1785–1788 zwei Reisen nach dem südlichen Nordamerika und in die Karibik und 1785–1788 eine Expedition zum Kap der Guten Hoffnung und zur Insel Mauritius. Bei diesen Expeditionen haben sich besonders die beiden Gärtner Franz Boos und Franz Bredemayer sehr bewährt.

Der Grund für eine neuerliche Expedition in die Karibik war die Tatsache, daß ein Großteil der von Jacquin mitgebrachten lebenden Tropenpflanzen in Schönbrunn durch die Unterkühlung und anschließende Überheizung des größten Gewächshauses in einer Winternacht des Jahres 1780 vernichtet worden war.

Der Leiter der Amerika-Expedition war Franz Joseph Märter, Professor für Naturgeschichte am Theresianum, den der junger Botaniker Dr. Matthias Stupicz, der Pflanzen- und Konchylienmaler Nikolaus Moll und die beiden Schönbrunner Gärtner Boos und Bredemayer begleiteten. Die Überfuhr erfolgte von Le Havre nach Philadelphia. Stupicz und Moll sagten sich bald von kaiserlichen Diensten los, weil ihnen die Strapazen zu groß und der Sold zu gering

Abb. 81 A. de Laborde, Die Schönbrunner Gewächshäuser, 1821

waren und bauten sich in Amerika eine neue Existenz als Arzt bzw. Portraitmaler auf.

Märter, Boos und Bredemayer sammelten zunächst in der Umgebung von Philadelphia und reisten dann nach Charleston (Süd-Carolina), Augustine (Florida) und auf die Bahamas, um weiter zu forschen und zu sammeln. Bredemayer kehrte schon 1784 mit einem Transport von gesammelten Naturalien

Abb. 82 Der „Hof-Pflanzen-Garten“ um 1865

nach Wien zurück. Boos fuhr 1785 mit einem englischen Schiff von Charleston nach London und weiter nach Ostende, von da auf dem Kanal nach Brüssel, weiter auf dem Landweg nach Ulm und dann mit dem Schiff auf der Donau nach Wien.

Bredemayer und ein zweiter Gärtner, Josef Schücht, reisten 1785 ein zweitesmal in die Karibik, wo Professor Märter zurückgeblieben war. Sie trafen mit ihm in Santo Domingo auf Haiti zusammen. Sie sammelten in Portorico, Jamaica, fuhren nach Caracas und drangen bis zum Amazonas vor. Märter kehrte 1787, Bredemayer und Schücht 1788 mit reichen Sammlungen nach Wien zurück.

Das Interesse für die Insel Mauritius war durch eine Sendung von Bäumen und Samen geweckt worden, die Nicolas Céré, der Direktor der königlichen Gärten auf Mauritius (damals eine französische Kolonie), dem Kaiser gesandt hatte. Die Pflanzen und Samen waren auf der Reise verdorben, aber der beigelegte Katalog bewog den Kaiser, eine Expedition nach Mauritius zu planen.

So wurde Franz Boos sechs Wochen nach seiner Rückkehr aus Amerika auf eine zweite Reise nach Südafrika und zur Insel Mauritius geschickt. Sein Begleiter war der Gärtner Georg Scholl. Die beiden sammelten am Kap der Guten Hoffnung und auf der Insel Mauritius soviel Material, daß ihr Schiff nicht alles aufnehmen konnte. Deshalb blieb Scholl am Kap zurück, während Boos mit dem ersten Transport, der unter anderem elf Affen, zwei Zebras und 250 Vögel umfaßte, 1788 über Triest nach Wien reiste.

Durch widrige Umstände (1789, bei Ausbruch der Französischen Revolution, wollte der französische Schiffskapitän, den Kaiser Josef II engagiert hatte, nur noch für seine Heimat fahren und ließ Scholl am Kap sitzen. Auch in der Folgezeit konnte Scholl nie genug Laderaum für seine Pflanzen und Tiere bekommen), kehrte Scholl erst 14 Jahre später 1799 auf einem englischen Schiff über London zurück, wo man ihm noch einen Teil seiner Schätze wegnahm, bevor man ihn nach Wien weiterreisen ließ.

Die Ausbeute dieser Expeditionen wurde von Nicolaus Jacquin (1727–1817), dem Maria Theresia 1768 die Direktion des Botanischen Universitätsgartens (gegründet 1754) sowie die Lehrkanzel für Botanik und Chemie an der Universität übertragen hatte und der von Kaiser Leopold II. 1791 auch mit der wissenschaftlichen Aufsicht über die Schönbrunner Gärten beauftragt worden war, in reich illustrierten Prachtwerken publiziert, vor allem in dem Werk „Plantarum rariorum horti Caesarei Schoenbrunnensis descriptiones et icones“ mit etwa 500 farbigen Pflanzendarstellungen, das er in den Jahren 1797–1804 verfaßte. Im Vorwort dieses Werks gibt Jacquin einen kurzen Bericht über den Verlauf der vier Expeditionen, die den botanischen Garten von Schönbrunn zu einem der reichhaltigsten der Welt gemacht hatten, der mit 4.000 Pflanzenarten sogar den königlichen Garten in Kew bei London übertraf.

Zahlreiche Naturforscher reisten nach Wien, um die Schönbrunner Pflanzenschätze zu studieren. 1797 kam Alexander von Humboldt vor seiner großen Amerikareise nach Schönbrunn, um einen ersten Eindruck der Pflanzenformen des tropischen Amerika zu gewinnen und sich mit Jacquin zu beraten.

Kaiser Franz I.(II.), der „Blumenkaiser“, der selbst den Gärtnerberuf erlernte und in seinen Mußestunden auch ausübte, trat 1792 die Regierung an und setzte die Sammeltätigkeit fort.

Als sich 1815 der kaiserliche Komissär Baron Stürmer zur Insel St.Helena begab, um dort Napoleon zu beaufsichtigen, wurde auf Wunsch von Franz Boos auch der Schönbrunner Gärtner Philipp Welle zum Zweck botanischer Studien mitgeschickt.

1817 reiste Erzherzogin Leopoldine, eine Tochter Franz II., nach Brasilien, um Dom Pedro, den künftigen Kaiser des Landes, zu heiraten. In ihrem Gefolge waren einige Botaniker unter der Leitung des Hofgärtners Wilhelm Heinrich Schott, der in der Geschichte des Schönbrunner botanischen Gartens eine wichtige Rolle spielen sollte. Auch ein Maler, der junge Thomas Ender, gehörte dieser Expedition an.

Eine zweite Brasilienreise unternahm 1859–1860 Erzherzog Maximilian (später Kaiser von Mexiko), der Bruder Kaiser Franz Josephs, der unterstützt von dem Linienschiffsarzt Dr. Heinrich von Wawra und dem Schönbrunner Hofgärtner Franz Maly eifrig für Schönbrunn sammelte.

Die Erweiterungen des Holländischen Gartens

Die große Anzahl von Pflanzen, die durch die Expeditionen der Jahre 1783–1788 nach Schönbrunn gekommen waren, konnten in den vorhandenen Gewächshäusern nicht mehr untergebracht werden, sodaß Kaiser Josef II. sich zu Erweiterungen und Neubauten von Gewächshäusern entschloß (Abb. 90).

Im Holländischen Garten wurden am nordseitig gelegenen großen Stekhovenschen Treibhaus die seitlichen Flügel erweitert, und an der Westseite entstand anstelle älterer Gewächshäuser das etwa 80 Meter lange „Kaphaus", das die von Boos mitgebrachten Pflanzen von Kap der Guten Hoffnung beherbergte (Tafel VII). Zusätzlich kaufte der Kaiser vom Stift Klosterneuburg das Grundstück südlich der Hietzinger Kirche. Dadurch konnte der botanische Garten nach Westen erweitert werden. Hier entstanden drei weitere Glashäuser und ein Arboretum, das aus exotischen, meist amerikanischen Bäumen bestand, die in gleichmäßigen Reihen auf Sandboden standen und mit angehefteten Täfelchen beschriftet waren.

Aus dieser Zeit stammen die vier mächtigen Platanen, die wahrscheinlich Teil einer Allee waren und 1816 in einer Beschreibung besonders erwähnt wurden. Ein hohes Alter haben auch die beiden Eiben, die unter den Platanen den Zugang zum Vorplatz des Sonnenuhrhauses flankieren.

Schönbrunn besitzt noch zwei weitere Pflanzen-Veteranen aus der Zeit Joseph II.: Den ältesten Gingkobaum in Wien, der über England als eines der ersten Exemplare seiner Art in Europa eingeführt und 1781 in Schönbrunn nahe der Wagenburg ausgepflanzt wurde, und die Fockea Capensis, welche der Gärtner Georg Scholl aus Südafrika nach Wien geschickt hatte. Diese Fockea crispa aus der Familie der Seidenpflanzengewächse hat einen nur wenige Dezimeter hohen flaschenförmigen Stamm, aus dem dünne Ästchen sprießen. Lange Zeit galt dieses Gewächs als das einzige überlebende Exemplar seiner Art. Erst 1908 wurden weitere Exemplare an ihrem natürlichen Standort in der kleinen Karoo entdeckt. Dieses seltsame Gewächs ist ein wohlgehüteter Schatz, der im Reservegarten verwahrt wird.

Das Reiterdenkmal Josephs II.

1810 ließ der damalige Gartendirektor Franz Boos zur Erinnerung an den Gründer dieses 1788 dazugekommenen Gartenbereichs ein Reiterdenkmal Joseph II. aufstellen. Das Reiterstandbild ist ein verkleinertes Modell, das als Probeguß für das repräsentative Denkmal des Kaisers auf dem Josefsplatz vor der Nationalbibliothek entstanden ist, welches 1795–1806 von dem Bildhauer Franz Zauner geschaffen wurde. Dieses Modell stand ursprünglich im Park von Laxenburg und wurde 1810 an seinem heutigen Platz aufgestellt.

Die Reiterstatue des Kaisers im Kostüm eines römischen Imperators steht auf einem Sockel, der an der Vorder- und Rückseite mit Stiftungsinschriften und an den beiden Seiten mit Reliefs dekoriert ist.

Das erste Relief zeigt Kaiser Joseph als Förderer des österreichischen Handels. Der Kaiser (auch hier in römischem Gewand) steht am Ufer des Meeres und befiehlt dem Gott Merkur, dem Handel (der auf einem Warenballen sitzenden Frau) die Fesseln zu lösen. Hinter dem Kaiser steht ein hoher Beamter und die Göttin Fama, die seinen Ruhm verkündet.

Auf dem zweiten Relief erscheint Kaiser Joseph als Reisender, den ein Genius auf die Gestalt der Europa (gekennzeichnet durch ein Pferd) hinweist. Als Begleiterin folgt ihm die Klugheit (charakterisiert durch die Schlange auf der Brust). Die Rolle in der Hand des Kaisers verweist darauf, daß er sich alles Vorbildliche und Bemerkenswerte notiert, um es später zum Nutzen seiner Völker anzuwenden. Der Bauer, der seinen Sohn das Pflügen lehrt, deutet auf den Kaiser als Förderer des Ackerbaus. Am Himmel erscheint das Sternzeichen des Widders und weist auf Josephs Geburtsmonat hin.

An den vier Ecken des Podests stehen runde Granitpfeiler mit je vier Bronzemedaillons, die sich auf Josephs Leben, Taten, und Tugenden beziehen.

Auch die *Sonnenuhr*, die vor dem nach ihr benannten Gewächshaus steht, dürfte noch aus der Zeit Kaiser Josephs II. stammen.

Über das Innere der Gewächshäuser berichtet Josef Oehler 1805: „Diese Gewächshäuser beleben zugleich einige schöne und seltene Vögel aus dem Vaterlande der Pflanzen, so zwar, daß diese Vögel ihren angewohnte Wärmegrad und ihre einheimischen Gewächse hier antreffen“.

Ähnliches schildert ein Bericht von 1818: „In den Caphäusern findet man Affen, Papageien und andere Bewohner der entsprechenden Länder, welche in ihr Klima versetzt, von lauter bekannten Gegenständen um geben, recht munter und lustig sind. Im ganzen ist es unmöglich, gesündere und besser gepflegte Pflanzen zu sehen als hier“.

In den Jahren 1801–1804 und 1817 erwarb Kaiser Franz II. vom Stift Klosterneuburg und von Hietzinger Bürgern einige Grundstücke, die südlich an das Arboretum angrenzten und zunächst wahrscheinlich zur Erweiterung des Arboretums genutzt wurden (Abb. 90). Nach der Brasilien-Expedition von 1817–1821 ließ der Kaiser dort mehrere neue Gewächshäuser errichten, um die Neuerwerbungen unterzubringen, darunter auch das Alte Palmenhaus (heute umgebaut und vom Österreichischen Rundfunk benützt).

Franz Boos

Neben dem Naturwissenschafter Nicolaus Jacquin nimmt vor allem der aus der gärtnerischen Praxis kommende Franz Boos (1753–1832) in dieser Epoche Schönbrunns eine wichtige Stellung ein. Er war durch mehr als 40 Jahre (1776–1827) für die Schönbrunner Sammlungen, den Park und den botanischen Garten tätig.

Boos ist 1753 in Frauenalb in der Markgrafschaft Baden als Sohn eines Oberhofgärtners geboren. Nach der Ausbildung durch den Vater arbeitet er ab 1771 in den Dietrichsteinschen Gärten in Selowitz in Mähren und 1774–1775 als Gartengehilfe beim Fürsten Liechtenstein in Eisgrub. 1776 wurde er Gartengehilfe in Schönbrunn. Seine Aufgabe war die Durchführung der gärtnerischen Arbeiten im Zusammenhang mit der Ausgestaltung des Parks durch Hohenberg (der die Gloriette samt Wasserreservoir, den Obeliskbrunnen und die Ruine errichtete) und auch der Buchführung und Verrechnung der Ausgaben, die aus der Privatschatulle der Kaiserin bezahlt wurden.

1780 zeichnete Boos einen Gartenplan, der heute in der Österreichischen Nationalbibliothek verwahrt wird. Er dokumentiert den Park von Schönbrunn auf seinem Höhepunkt an Reichhaltigkeit der Ausstattung und ist mit seiner präzisen Zeichentechnik und sorgfältigen Aquarellierung auch selbst ein Kunstwerk (Abb. 67, Tafel IV).

1783–1785 nahm er an der von Kaiser Josef II. ausgeschickten Expedition nach dem südlichen Nordamerika und den Westindischen Inseln teil. Nach nur sechs Wochen Aufenthalt in Wien schickt ihn der Kaiser 1785–1788 als Leiter einer zweiten Sammel-Expedition zum Kap der Guten Hoffnung und zur Insel Mauritius (damals Isle de France). Bei beiden Expeditionen bewährte sich Boos als umsichtiger Organisator und Sammler, der sparsam wirtschaftete und die gesammelten Bestände an Pflanzen, Tieren und anderen Naturalien sorgfältig für den Transport vorbereitete, sodaß der Großteil die lange Reise nach Wien gut überstand.

1790 ernannte ihn Kaiser Leopold II. zum Hofgartendirektor als Nachfolger von Richard van der Schot und 1791 auch zum Direktor der Menagerie. In dieser Stellung blieb er bis 1827, als er sich krankheitshalber in den Ruhestand versetzen ließ.

1799 verfaßte er ein handschriftliches, alphabetisch geordenetes Verzeichnis des gesamten Pflanzenbestandes des Holländisch-Botanischen Gartens, es umfaßte 4.000 Pflanzen in nahezu 800 Gattungen.

Welch wichtige Stellung der Hofgartendirektor in der Zeit von Kaiser Franz II. einnahm, illustriert ein Bericht um 1825: „Eine wichtige Rolle spielte in Schönbrunn der kaiserliche Hofgärtner, da sich der Kaiser und die Kaiserin einen großen Teil des Tages in den Gartensälen aufzuhalten, dort Tee zu trinken und geheime Audienzen zu geben pflegten, entblößt von allem äußeren Hofschein, ohne Kammerherren und Hofdamen, so daß der Hofgärtner allein die Mittelsperson war, welche anzumelden, einzuführen und den gewöhnlichen Hofdienst zu machen hatte. Diese Stellung konnte nicht ohne Einfluß bleiben, und sein Ritterkreuz des Leopoldordens bezeichnete schon, für was der Kaiser selbst ihn geltend machen wollte. Man buhlte in allen Sälen, in allen bedeutenden Häusern um die Gesellschaft des Hofgärtners, der auch außerdem ein schlichter, ehrlicher, vielerfahrener, weitgereister und lebensfroher Mann war, noch aus des alten Josephs Schule.“

Heinrich Schott und die Umgestaltung in einen Landschaftsgarten

Heinrich Wilhelm Schott (1794–1865) war sicher der wissenschaftlich am meisten Gebildete in der Reihe der Schönbrunner Gartendirektoren. Er ist 1794 in Brünn als Sohn eines Gärtners geboren. 1801 übersiedelte die Familie nach Wien, dort erhielt der Vater die Stelle eines Obergärtners am Botanischen Garten der Universität, wo damals auch Nicolaus Jacquin und sein Sohn Josef tätig waren. Schott studierte Naturgeschichte, Landwirtschaft und Chemie. Gleichzeitig erwarb er sich praktische Erfahrung als Gärtnergeselle bei seinem Vater im Universitätsgarten.

1815 wurde er Hofgärtner am Garten der „Flora austriaca" im Oberen Belvedere. 1817–1821 nahm er als Gärtner an der österreichischen Brasilien-Expedition teil und wurde anschließend Direktions-Adjunkt am Botanischen und Zoologischen Garten in Schönbrunn.

Schott publizierte zahlreiche botanische Arbeiten. Sein Spezialgebiet waren die Aaronstabgewächse, die ihn seit der Brasilien-Expedition besonders fasziniert hatten. Er verstand sich aber auch auf die Pflege exotischer Pflanzen. Im Reservegarten östlich der Menagerie, der auf seine Initiative hin beträchtlich vergrößert wurde, gelang es Schott, in den 1850er Jahren die größte Seerose der Welt, die „Victoria Regia" – die übrigens von einem Österreicher entdeckt worden ist – zur Blüte zu bringen.

Als Gartenarchitekt profilierte sich Heinrich Schott bei der Umgestaltung des Botanischen Gartens. 1828 wurde für den Holländisch-Botanischen Garten der neue Name „Hofpflanzengarten" eingeführt. Im selben Jahr wurde Schott zum Hofgärtner ernannt und beauftragt, diese Anlage in einen Landschaftsgarten umzuwandeln. 1828–1830 schuf Schott eine landschaftliche Anlage im Bereich des ehemaligen Holländischen Gartens und des Arboretums (Tafel VII). In den Jahren zwischen 1830–1848 gestaltete er auch die von Kaiser Franz II. neu erworbenen südlichen Grundstücke (an der heutigen Maxingstraße) im landschaftlichen Stil (Abb. 82).

Das Denkmal Kaiser Franz Stephans

Im Zuge dieser Arbeiten zwischen 1828–1830 wurde auch das 1766 entstandene Denkmal Kaiser Franz Stephans von seinem früheren Standort vor dem Stekhovenschen Treibhaus an seinen heutigen Platz südlich des Sonnenuhrhauses versetzt. Der dreieckige Sockel trägt folgende Inschrift:

Abb. 83 Das Große Palmenhaus um 1900

Viridiarium quod
Franciscus Rom. Imp. P.F. Augustus
Floribus Fructibus Arboribus et
Plantis rarioribus
colendis instituit
Maria Theresia Rom. Imp. P.F. Augusta
Memoriae et Posteritati
Sacrum voluit MDCCLXVI

Der Inhalt dieser Zeilen bedeutet: Der Garten, den Kaiser Franz I. zur Aufzucht von Blumen, Früchten, Bäumen und seltenen Pflanzen gründete, widmet Kaiserin Maria Theresia der Erinnerung und der Nachwelt im Jahr 1766.

Die Bronzebüste ist mit dem Orden vom Goldenen Vlies geschmückt. Die drei bronzenen Adler am dreieckigen Sockel hielten ursprünglich die Insignien der römischen Imperatoren (Fasces und Feldzeichen) und der römisch-deutschen Kaiser (Krone, Szepter und Reichsapfel). Sie sind heute zum Teil verlorengegangen.

Der leicht ansteigende südliche Teil des Botanischen Gartens wurde von Schott nach den in der ersten Hälfte des 19. Jahrhunderts gebräuchlichen Regeln geplant. Das Wegesystem bestand aus einem geschwungenen umlaufenden Weg entlang der Ränder des langgestreckten Grundstücks und einigen Querverbindungen. Die Ränder waren dicht bepflanzt, während in der Mitte locker aufgeteilte Busch- und Baumgruppen standen, sodaß sich in der Längsachse weite Durchblicke ergaben. Schott berücksichtigte aber auch die Ausblicke nach Westen in den Wienerwald (z.B. zum Satzberg oder zum Tempel auf dem Wilhelminenberg), die heute leider verbaut sind.

1836 wurde das Alte Palmenhaus „neu und höher gebaut". Außerdem entstanden weiter südlich (auf der Höhe des heutigen Rundbeets) zwei Glashäuser, die gleichsam einen Querriegel gegen den südlichsten Gartenteil bildeten (sie enthielten Protaceen, Ericeen und Orchideen). Ihnen waren südlich noch zwei Reihen von glasgedeckten Beeten vorgelagert, in denen eine große Sammlung der von Schott besonders gepflegten Alpenpflanzen in Töpfen gehalten wurde. Um 1860/65 entfernte man diese Glashäuser wieder. Die Bestände übersiedelten in den Reservegarten östlich der Menagerie. Die Alpenpflanzen kamen nach Schotts Tod 1865 in den Garten der „Flora austriaca" im Oberen Belvedere und bildeten den Grundstock des heute noch bestehenden Alpengartens.

Dort wo die quergestellten Glashäuser sich befunden hatten, wurde ein kreisrundes Teppichbeet angelegt (Abb. 11), das heute noch besteht, so wie überhaupt der Bereich vor dem Sonnenuhrhaus und der südliche Teil des Botanischen Gartens im Grundriß noch weitgehend der Konzeption Schotts entsprechen, wenn auch manche Durchblicke derzeit durch zu dichte Bepflanzung verstellt sind.

Das Große Palmenhaus und die umgebenden Anlagen

Nach Planungen, die schon 1869 begonnen hatten, wurde auf dem Areal des ehemaligen Holländischen Gartens in den Jahren 1880–1882 das Große Palmenhaus

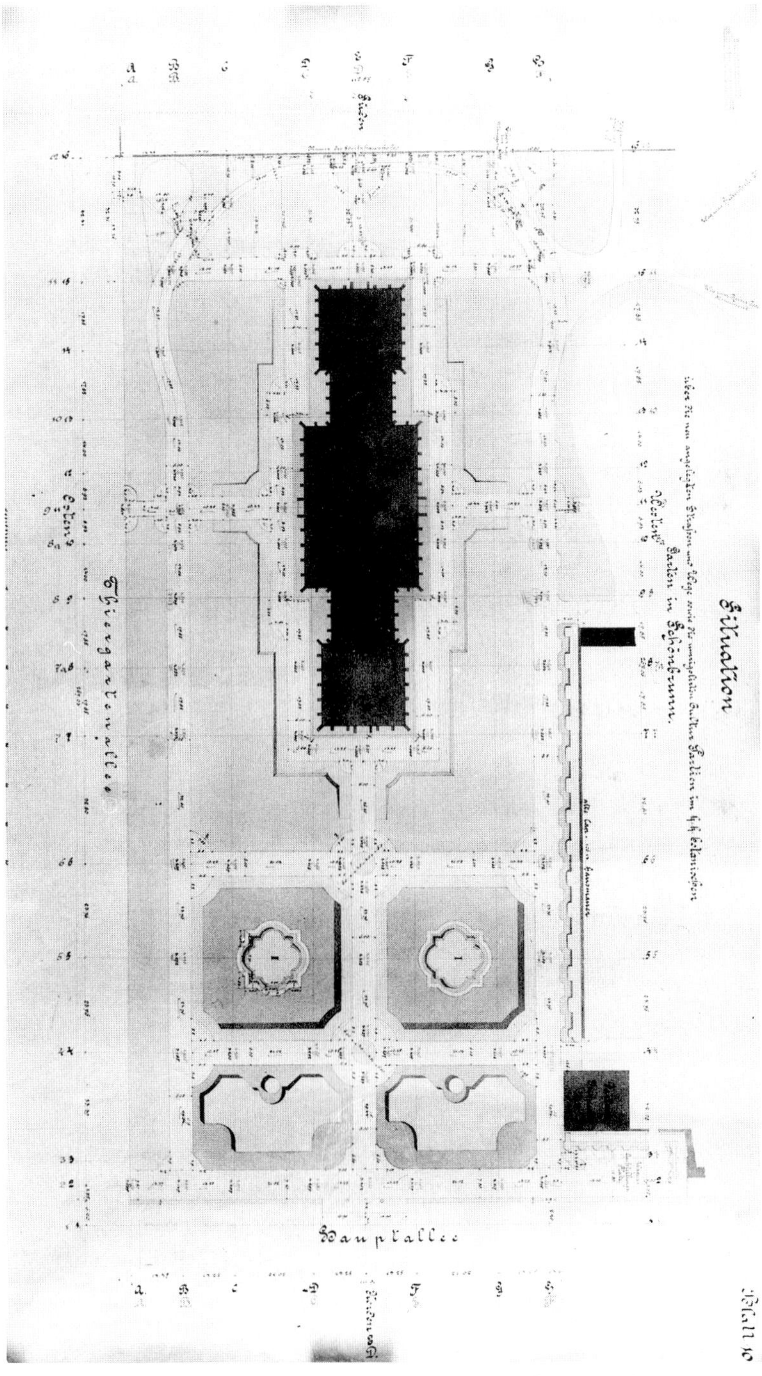

Abb. 84 Grundriß des Palmenhausgartens um 1880. Der Plan zeigt die Geländemodellierung mit den vertieften Brunnenparterres und den erhöhten nördlichen Beeten

nach den Plänen des k.u.k. Hofsekretärs Franz Xaver Segenschmid durch die Firma Gridl (die später von der Firma Waagner-Biró übernommen wurde) errichtet (Abb. 83, 85 und Tafel XVI).

Die imposante Eisenarchitektur, die mit ihren fließenden, konkav und konvex geschwungenen Formen einem riesigen Dach gleicht, gehört bereits dem Späthistorismus an und ist in ästhetischer wie in technischer Hinsicht eine bedeutende Leistung. Das Gebäude ist 114 Meter lang und besteht aus einem 25 Meter hohen Mittelpavillon und zwei niedrigeren Seitenpavillons, die durch tunnelförmige Gänge miteinander verbunden sind. Die drei Teile des Palmenhauses sind unterschiedlich temperiert, wobei der südliche Teil der wärmste und der nördliche der kühlste ist.

Das zugehörige Heizhaus baute man an der Mauer des Tiergartens, an der Stelle wo jetzt das Elefantenhaus steht. 1904/05 wurde es hinter das damals neugebaute Sonnenuhrhaus an die Maxingstraße verlegt.

Die Technologie der Glas-Eisenkonstruktion wurde in der ersten Hälfte des 19. Jahrhunderts vor allem in England entwickelt und hauptsächlich für Ausstellungs- und Bahnhofshallen, aber auch für große Palmenhäuser verwendet. Das erste solche Palmenhaus wurde 1844–1848 in Kew-Gardens bei London errichtet. Das Schönbrunner Palmenhaus ist das letzte und größte seiner Art auf dem europäischen Kontinent. Die neuen Gestaltungsmöglichkeiten, die diese Technologie bot, wurden in Schönbrunn voll genützt, um die Konstruktion in schwingenden Linien vom Boden weg nach oben streben zu lassen. Die ursprünglich aus 45.000 einzelnen Schuppen bestehende Glashaut schmiegt sich direkt an die nach außen verlegten kurvigen Eisenträger an.

Die älteren Gewächshäuser an der Nord- und Westseite des Gartens wurden abgebrochen. Die Rückwand der westlichen Glashäuser besteht noch heute als Gartenmauer gegen den sogenannten Schlosserhof. An ihrer unverputzten Rückseite sind noch die vermauerten Türöffnungen zu sehen, die in die Glashäuser führten.

Im letzten Drittel des 19. Jahrhunderts erwachte ein neues Interesse für regelmäßig angelegte Gärten. Anstelle des bisherigen Landschaftsgartens entstand um das neue Große Palmenhaus ein Formalgarten mit zwei symmetrischen vertieften Blumenparterres, in deren Mitte sich je ein Bassin befindet. Im Gegensatz dazu erhielt das nördlich davon liegende Beet ein erhöhtes Bodenrelief (Abb. 84). Die kugel- und kegelstumpfförmig beschnittenen Büsche und Bäume, die heute in dieser Anlage stehen, stammen zum Großteil noch aus der Bauzeit

Abb. 85 Das Innere des Großen Palmenhauses um 1900

des Großen Palmenhauses. Die Planung wurde von der Schönbrunner Hofgartendirektion durchgeführt.

1904 errichtete die Firma Gridl anstelle des älteren Vorgängers ein neues „Sonnenuhrhaus“, dessen Eisenkonstruktion schon die Formen des Jugendstils aufweist (Abb. 11), nach Entwurf von Alfons Custodis.

Zwischen der Tiergartenmauer und der Südseite des Großen Palmenhauses wurde 1913 ein Felsengarten angelegt. Die Anregung dazu erhielt eine Gruppe von Schönbrunner Gärtnern beim Besuch der Londoner Gartenausstellung. Dieser Steingarten war auch als Modell für Gartenbesitzer gedacht. Man wollte zeigen, wie auf einer kleinen Fläche eine vielfältige Bepflanzung möglich ist.

Die Zeit der Republik

Mit dem Ende der Monarchie fanden sich Interessenten für eine neue Nutzung einiger Schönbrunner Bauten.

In das Alte Palmenhaus zog kurz nach dem Ende des Ersten Weltkriegs die Filmgesellschaft „Schönbrunn-Film“ ein, die 1921 das danebenstehende Kulissenhaus errichten ließ. Seit 1958 benützt der Österreichische Rundfunk das Gebäude.

Denkmal für Philipp Franz Siebold

1926 wurde an der Ostseite des Großen Palmenhauses ein Gedenkstein für Philipp Franz von Siebold errichtet. Siebold (geb. 1796 in Würzburg, gest. 1866 in München) entstammt einer alten Würzburger Gelehrtenfamilie. Er war als Arzt im Dienst der Niederländer 1823–1830 in Japan, das er 1859–1862 nochmals besuchte. Durch seine Forschungen wurden die Kenntnisse der Europäer über Japan in ethnologischer und botanischer Hinsicht beträchtlich erweitert. Japan schloß sich bis zur Mitte des 19. Jahrhunderts streng von der Außenwelt ab und duldete nur sehr beschränkt fremde Handelsleute im Land. Erst ab 1868 unter Kaiser Mitsukito erfolgte eine Öffnung gegenüber dem Abendland. Das hatte auch zur Folge, daß Japan 1873 an der Weltausstellung in Wien teilnahm. Am Ende der Weltausstellung schenkte Kaiser Mitsukito der k.u.k. Gartenbaugesellschaft einen Stein, der mit der Zeichnung einer Bambuspflanze versehen war. Dieser wurde 1880 zusammen mit einem Sockel auf dem ein Portraitmedaillon angebracht war, als Denkmal für Siebold, der sich auch um die Einfuhr japanischer Pflanzen bemüht hatte, im Garten der k.u.k. Gartenbaugesellschaft an der Wiener Ringstraße (gegenüber dem Stadtpark) aufgestellt. 1926 übertrug man das Denkmal auf seinen heutigen Platz.

Im Februar 1945 erhielt das Große Palmenhaus einen Bombentreffer. Die Wiederherstellung erfolgte in den Jahren 1948–1952. Dennoch wurden die Schäden durch Feuchtigkeit und Rost immer größer, sodaß 1986–1990 ein Generalsanierung vorgenommen werden mußte. Durch die neuen Verbundglasscheiben, die viel weniger verschmutzen als die alte Doppelverglasung, wirkt das Große Palmenhaus heute luftiger und durchsichtiger als früher.

Eine Attraktion aus jüngster Zeit ist seit einigen Jahren auch die Präsentation freifliegender tropischer Schmetterlinge in einem Teil des Sonnenuhrhauses.

Der Tiergarten

Kaiser Maximilian II. hatte schon um 1570, in der Zeit der Katterburg, einen Tiergarten angelegt, der von einem 2.200 Klafter (= ca. 43 km.) langen Zaun umgeben war, und in dem Jagdwild – Damhirsche, Fasane, Enten – gehalten wurde. Auch nach dem Neubau des Schlosses um 1700 existierte ein großer Tiergarten und Jagdbereich in der westlichen Hälfte des Parks. Zweck dieser Anlage war das Jagdvergnügen und die Versorgung des kaiserlichen Haushalts mit Wildbret.

Ganz andere Zielsetzungen werden in einer Menagerie verfolgt. Hier geht es um das Sammeln und Zurschaustellen einer möglichst großen Vielfalt an seltenen und ungewöhnlichen Tieren aus aller Welt, um eine kostbare, lebendige „Raritätensammlung“. Eine barocke fürstliche Residenz mit ihren Bauten und Gärten verkörpert immer auch das Bestreben, ein „Mikrokosmos“ zu sein, das heißt, die ganze Welt im Kleinen um sich zu versammeln, zum Zeichen, daß fürstlicher Wille sich alles untertan machen kann. Solche Ideen schwangen sicher auch bei der Gründung der Schönbrunner Menagerie mit.

Der Schönbrunner Tiergarten existiert seit fast 250 Jahren und ist damit der älteste noch bestehende Zoo der Welt. Die kreisförmige Menagerie, der zentrale Teil des Tiergartens , ist die einzige zumindest noch teilweise vorhandene Anlage dieser Art und ein bedeutendes Beispiel barocker Gartenarchitektur.

Die Gründung der Menagerie

Die Menagerie wurde 1751 von Kaiser Franz Stefan gegründet. Den Plan für die Anlage lieferte der vom Kaiser aus Lothringen gerufene Architekt Nicolas Jadot (Abb. 86). Die Tiergehege waren bereits im folgenden Jahr fertig, im Juli trafen die ersten Tiere ein, und am 31. Juli 1752 führte der Kaiser seinen Gästen die neue Menagerie vor – allerdings noch ohne den zentralen Pavillon, der erst 1759 beendet wurde.

Die kreisförmige Anlage von etwa 190 Metern Durchmesser ist in 13 Sektoren (12 Tierlogen und das Direktionsgebäude) unterteilt, die strahlenförmig um den mittleren Pavillon angeordnet sind. Die einzelnen Tierhäuser, Logen genannt,

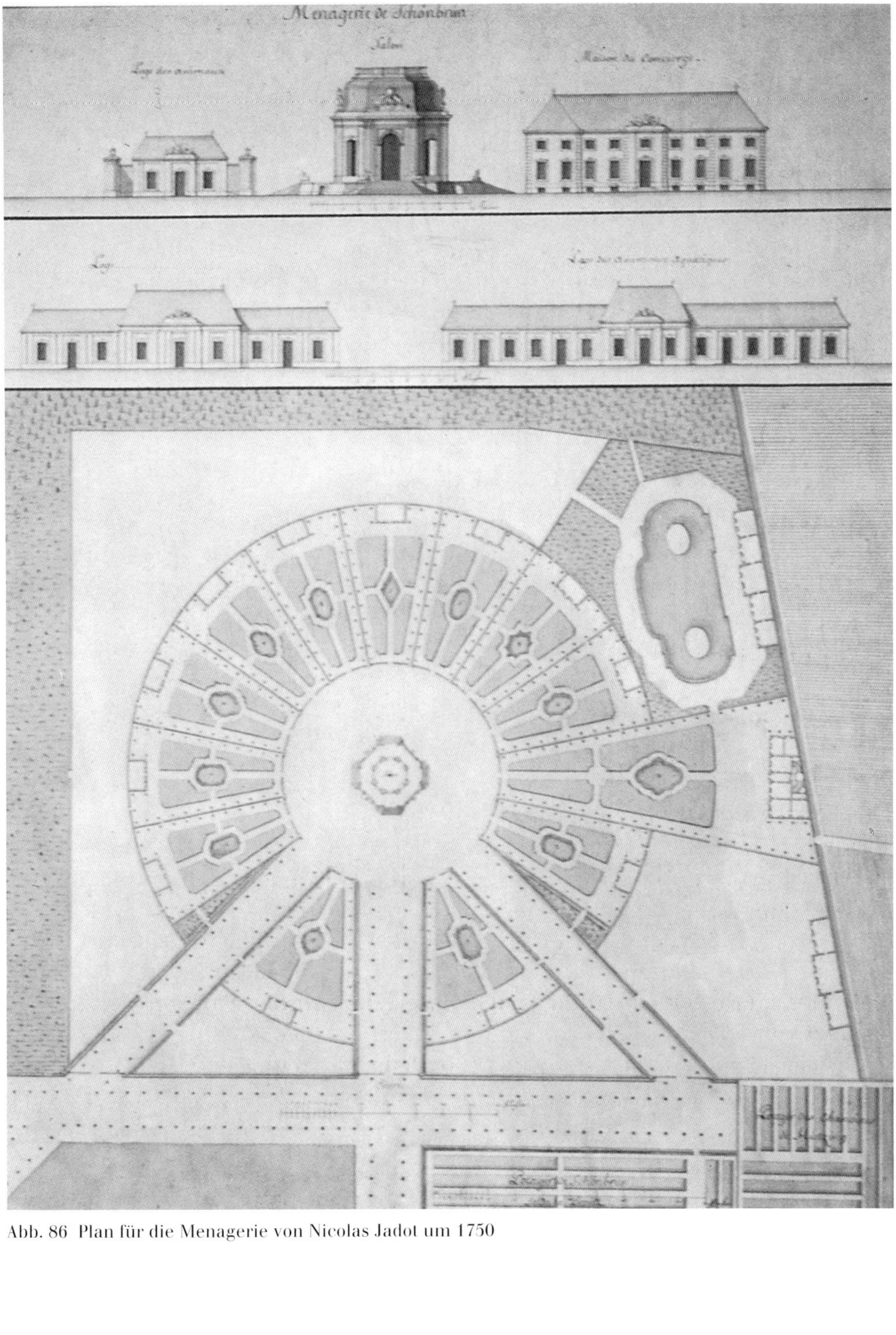

Abb. 86 Plan für die Menagerie von Nicolas Jadot um 1750

waren durch drei Meter hohe Mauern voneinander getrennt. Die Ausläufe vor den Tierhäusern gestaltete man wie kleine Barockgärten, mit gekreuzten Wegen, einem Wasserbecken in der Mitte und mit Baumreihen entlang der Radialmauern. Gegen den Mittelpavillon besaßen die Ausläufe hohe Gitter. Der Einblick in die Gehege war also nur von der aus Mitte möglich, von dort konnte man aber die ganze Anlage panoramaartig überschauen.

Eine ähnliche kreisförmige Anlage hatte Ludwig XIV. 1662 in Versailles geschaffen, sie bestand bis zur Französischen Revolution. Ein näherliegendes Vorbild war die halbkreisförmige Menagerie des Prinzen Eugen im Schloß Belvedere, die Hildebrandt um 1720 entworfen hat.

Die Gehege für verschiedene Vögel befanden sich hinter der ringförmigen Anlage, entlang der fünfeckigen Umfassungsmauer, vor allem im Entenhof mit dem großen Teich und im Straußenhof in der nordwestlichen Ecke.

Der Mittelpavillon

Vom Mittelpavillon strahlen drei Alleen aus, die die Menagerie mit dem Park verknüpfen, vor allem die große Diagonalallee zum Schloß aber auch die Kastanienallee und eine kurze Allee zum Botanischen Garten.

Für den achteckigen zentralen Pavillon nahm sich Jadot einen Entwurf aus dem weitverbreiteten Architekturtraktat „De la Distribution des Maisons de Plaisance“ von J.F. Blondel aus dem Jahr 1737 zum Vorbild.

Der Innenraum mit reich vergoldeter Vertäfelung war ein Lieblingsaufenthalt des Kaiserpaares, das hier im Sommer gelegentlich das Frühstück einnahm. Das Deckenfresko stellt Szenen aus Ovids Metamorphosen dar – lauter Episoden in denen es um die Verwandlung von Menschen in Tiere geht. Auf 12 ovalen Ölgemälden, die vielleicht Franz Fuxeder gemalt hat, sind 33 verschiedene Tiere, die damals in Schönbrunn gehalten wurden, zu sehen – darunter eine Reihe von seltenen Vögeln und die sechs wichtigsten Säugetiere der Menagerie: Silberfuchs, Affen, Rentier, Bergzebra, Kuhantilope und Gazelle mit Kitz.

Hier feierte Kaiser Franz II. bis 1804 alljährlich am 15. Oktober das Andenken seiner Großmutter und den Namenstag seiner zweiten Gemahlin, da beide Maria Theresia hießen.

In der Zwischenkriegszeit waren hier die Käfige der Papageien untergebracht. Seit 1950 dient der Pavillon als Café.

Der Kleine Fasangarten

Östlich der Menagerie befand sich der teils in der Ebene teils am Berghang liegende Kleine Fasangarten, begrenzt durch die Menageriemauer, die Rustenallee, den diagonal vom Neptunbrunnen bergauf führenden Tirolerweg und eine Querachse auf halber Höhe des Schönbrunner Berges (Abb. 8, 11 und 67).

Die Verlängerung der Hundshofallee und die diagonale Hietzinger Glorietteallee durchquerten das Gelände. Weiters führte ein schmaler Weg am Fuß des Schönbrunner Berghanges zur Menagerie. Quer über diesen Weg errichtete der Hofarchitekt Hohenberg eine Schauwand mit einem „perspektivischen Freskogemälde, welches gotische Architekturen enthält."

Es gab dort auch Gehege für Fasane und eine Anlage für die Fasanenjagd mit vier um einen Mittelpunkt kreuzförmig angelegten Futteräckern und vier Zugängen, durch welche die Jäger ungesehen ins Zentrum gelangen konnten, um von dort zu schießen.

In einem Hundezwinger am Ende der Hundshofallee (die davon ihren Namen hat) waren in der zweiten Hälfte des 19. Jahrhunderts die Doggen der Kaiserin Elisabeth untergebracht.

Schon 1780 bestand neben der Menagerie ein kleiner Reservegarten zur Anzucht von Blumen für den Lustgarten. Unter Franz Boos und noch mehr unter Heinrich Schott wurde er durch neue Gewächshäuser und Flachbeete immer mehr ausgeweitet.

Die Tierbestände

Durch die von verschiedenen Herrschern ausgeschickten Expeditionen erhielt auch die Menagerie reichlichen Zuwachs. Dazu kamen noch Geschenke fremder Fürsten, aber auch Ankäufe von privaten Wandermenagerien.

Jacquin brachte 1759 von seiner Amerika-Expedition exotische Vögel mit, die in der Menagerie und in verschiedenen Treibhäusern des Holländischen Gartens untergebracht wurden. Auch Franz Boos brachte vom Kap der Guten Hoffnung 250 Vögel, elf Affen, zwei Zebras und andere Tiere mit. Raubtiere kamen erst 1775, als die Menagerie des kaiserlichen Neugebäudes in Wien-Simmering aufgelassen wurde und man die Tiere von dort nach Schönbrunn brachte.

Wegen mangelnder Pflege und der oft nicht artgerechten Gehege gingen viele Tiere ein, vor allem an Darm- und Lungenkrankheiten.

Nachdem ein Elefant wenige Jahre zuvor gestorben war, erwarb der Kaiser 1799 die Menagerie des italienischen Schaustellers Albi und kam so wieder in den Besitz eines Elefantenpaares.

Über Franz Boos, der 1790-1828 nicht nur Direktor der Hofgärten sondern auch Leiter der Menagerie war, berichtet der Kurländer Arzt Dr. Karl Bursy nach einem Besuch der Menagerie im Sommer 1816: „Boos ging mit seinem Brot von einem zum anderen und traktierte alle, als sollten sie die Anwesenheit ihrer Gäste mit diesem Leckerbissen feiern. Viele der Zwinger sind unbesetzt, doch sind mehrere interessante Tiere da. So z. B. drei Känguruh, ein Elephant, dessen Männchen vor einiger Zeit gestorben ist, zwei echte Strauße, ein Baribal (nordamerikanischer Waschbär), Kamel und Dromedar, eine wunderniedliche Gazelle, verschiedene Spezies Schafe, eine große Familie Seidenhasen. Alle diese Tiere kennen ihre Pfleger und kommen zuversichtlich auf den Direktor zu. Zufällig kam gerade heute ein junger Löwe von 3 Monaten an, den der Prinzregent dem Kaiser geschenkt hat. Er war in Tunis mit zwei seiner Geschwister gefangen und bisher von acht Ziegen gesäugt. Zwei Italiener brachten ihn aus Triest . . . Der Italiener nahm ihn und hätschelte ihn wie eine Taube."

Die erste lebende Giraffe kam im Jahr 1828 als Geschenk des Vizekönigs Mehmed Ali von Ägypten nach Schönbrunn, nachdem Georg Scholl 1799 bei seiner Rückkehr nach vierzehnjährigem Aufenthalt am Kap der Guten Hoffnung bereits eine ausgestopfte Giraffe nach Wien gebracht hatte, die im Hofnaturalienkabinett aufgestellt wurde.

Die Reise vom Hafen Fiume über Agram und Steinamanger nach Laxenburg, die das Tier zum Teil zu Fuß zurücklegen mußte, dauerte fast zwei Monate. Am 7. August 1828 traf das Tier in Schönbrunn ein (Abb. 87).

Die Wiener pilgerten in Scharen zur Menagerie, um das langbeinige Geschöpf zu bestaunen. Paganini verzichtete sogar auf ein Geigenkonzert, da alles zu dem Wundertier eilte. Der Wirt des Gasthauses „Zur blauen Traube" in Penzing veranstaltete einen Giraffenball. Ehrengast war der ägyptische Wärter, der die Giraffe begleitet hatte, eine exotische Gestalt mit Bart und Turban. Auch die Mode reagierte auf das Ereignis, die Damen trugen Garderoben und Coiffuren „á la giraffe". Leider ging das Tier nach zehn Monaten ein, aber Schönbrunn besaß in der Folgezeit fast immer auch Giraffen.

Abb. 87 E. Gurk, Die Giraffe in Schönbrunn, um 1830

Im Lauf des 19. Jahrhunderts kamen immer wieder neue Tiere dazu. Um 1850 brachte der Direktor Heinrich Schott an den Käfigen Beschriftungen an, damit die Menagerie nicht nur der Schaulust, sondern auch der Belehrung diene. Zur Unterbringung der Tiere wurden Gehege um- und neu gebaut, doch die Menagerie blieb bis um 1900 auf die 90.000 m² große Fläche innerhalb der alten fünfeckigen Umfassungsmauer beschränkt.

Die Ära Kraus um 1900

Die Zeit von 1879 bis zum Ende des Ersten Weltkriegs ist geprägt durch die Persönlichkeit des Tiergartendirektors Alois Kraus, der den Tierbestand von 800 Stück im Jahr 1890 auf 1.842 Stück im Jahr 1902 und schließlich auf den bisher nicht wieder erreichten Höchststand von 3.470 Stück im Jahr 1914 steigerte.

Kraus beantragte schon 1880, die Radial- und Ringmauern der barocken Menagerie abzutragen und durch Gitter zu ersetzen, da die Reflexwirkung der gelben Mauern für die Tiere gesundheitsschädlich sei, und er wünschte auch eine Erweiterung in den östlich der Menagerie gelegenen Bereich des Kleinen Fasangartens. Mit der Demolierung der Mauern begann man 1889, ein letzter Rest besteht noch zwischen Loge 2 und 3.

Innerhalb des alten Menageriegeländes entstanden Neubauten für die Elefanten 1894/95, für das Flußpferd 1909/10, Außenkäfige für die Raubtierhäuser 1897 und in den Jahren 1906/07 erfolgte ein großer Umbau des Affenhauses.

1900–1908 wurden im Kleinen Fasangarten entlang des Bergweges östlich vom Affenhaus und entlang des Weges zum Neptunbrunnen Gehege für Gemsen, Mufflons und Steinböcke sowie für Hirsche und Elche errichtet.

Die Zeit der Republik

Die Schwierigkeiten der Ernährung im Ersten Weltkrieg reduzierten den Tierbestand auf fast ein Drittel. Ab 1921 wurden Eintrittsgebühren verlangt, um die notwendigen Geldmittel aufzubringen (vorher hatte es nur für einzelne Tierhäuser Eintrittsgebühren gegeben). In der Zwischenkriegszeit entstand neben verschiedenen Umbauten in den Jahren 1926/27 die Raubvogelvoliere, die durch ihre Größe und Zweckmäßigkeit zu den besten und schönsten ihrer Art zählt.

1926, bei der Jahreskonferenz Europäischer Zoodirektoren wurde statt des alten Namens „Menagerie Schönbrunn“ die Bezeichnung „Tiergarten Schönbrunn“ eingeführt.

1934 entstand neben dem Neptunbrunnen ein neuer Eingang in den Tiergarten.

Die Bombardierung Schönbrunns gegen Ende des Zweiten Weltkriegs am 21. Februar 1945 richtete auch im Tiergarten schwere Verwüstungen an, vor allem in der Nordwestecke. Der Tierbestand sank auf 400 Stück.

Unter dem Tiergartendirektor Julius Brachetka (1945–1952) und nach den Plänen von Michael Engelhardt wurden neben zahlreichen Instandsetzungen und Umbauten auch einige Neubauten durchgeführt, vor allem die Häuser für Flußpferde und Elefanten sowie das Aquarien- und Terrarienhaus mit dem davorgestellten „Krokodilpavillon“, das 1959 eröffnet wurde. Neue Wirtschaftsräume und Garagen entstanden an der Südseite durch Abgraben des Berghanges in den Jahren 1948/49.

1952 wurde der Reservegarten zum Meidlinger Tor abgesiedelt und dadurch zusätzlicher Platz für den Tiergarten geschaffen. Hier errichtete man weitgehend gitterfreie Freisichtanlagen, wie sie Karl Hagenbeck im Jahr 1907 in seinem Tierpark in Stellingen erstmals vorgeführt hat. Die Pläne entwarf Dipl.-Ing. H.Petter unter Mitwirkung des späteren Tiergartendirektors Dr. W. Fiedler. Es entstanden Gehege für Hirsche, Elche, Mufflons, Mähnenschafe, Bisons, Wisente, ein Stelzvogelhaus und die imposanten Bärenanlagen.

In den Jahren 1970/72 wurde die Seehundanlage mit einer erhöhten Tribüne errichtet, von der die Besucher die Schwimmkünste der Tiere beobachten können. Damit war endlich eine befriedigende Lösung für die Unterbringung der Seehunde gefunden, die in Schönbrunn schon seit 1906 zuerst am großen Ententeich und später im Teich vor dem Direktionsgebäude gehalten worden waren.

Ab 1. Jänner 1992 wurde die Verwaltung der privaten Schönbrunner Tiergarten Gesellschaft m.b.H. unter der Leitung von Dr. Helmut Pechlaner übergeben. 1993 erfuhr der Tiergarten eine Erweiterung durch das Areal des Tirolergartens am südlich gelegenen Schönbrunner Berg. Dort wurde 1993/94 der Haidachhof, ein aus Brandenberg in Tirol übertragenes Bauernhaus, aufgestellt und eine Abteilung für die Haltung und Präsentation gefährdeter Haustierrassen geschaffen.

Die Menagerie und ihre Besucher

Die kaiserliche Familie besuchte die Menagerie häufig und zeigte sie auch gerne ihren Gästen.

Am 15. Juni 1758 wurde, wie schon erwähnt, der türkische Botschafter Resmi Achmed Effendi durch den Park und die Menagerie geführt und nahm im Mittelpavillon eine Mahlzeit ein.

Im Juni 1771 fuhr die kaiserliche Familie nach dem Mittagsmahl in die Menagerie, um die neuen Tiere, die man aus Holland gebracht hatte, zu sehen. Besondere Bewunderung erregte ein kleiner Elefant.

1774 kam der türkische Minister Suleiman Effendi, der wegen seines Alters einen Teil des Spaziergangs zu Pferd zurücklegte und nach der Besichtigung der Menagerie einen Imbiß im Mittelpavillon erhielt.

Als guter Großvater führte Kaiser Franz II. gelegentlich seine Enkelkinder in die Menagerie, wie zum Beispiel im September 1831 den einjährigen Franz Joseph, die zehnjährige Herzogin Karoline von Salerno und den zwanzigjährigen Herzog von Reichstadt. Auch Kaiser Franz Joseph, dem es besonders die Bären angetan hatten, kam gerne mit seinen Kindern und Enkeln hierher. Einmal trug ein Diener einen verdeckten Korb mit. Bei den Bären angekommen, entnahm der Kaiser dem Korb mehrere Honigwaben, welche die Bären zur Freude der Kinder mit großem Wohlbehagen verspeisten.

Die zahlreichen Gäste, die 1873 zur Weltausstellung nach Wien und auch nach Schönbrunn kamen, besuchten bei ihren Kutschenfahrten durch den Park auch die Menagerie.

Aber nicht nur die adelige Gesellschaft sondern auch die Wiener liebten den Tiergarten. Kaiser Joseph II., der 1779 den Schloßpark Schönbrunn der Allgemeinheit öffnete, gewährte auch kostenlosen Eintritt in die Menagerie. Der Besuch des Tiergartens war ein beliebter Familienausflug. Außer dem eigenen Proviant nahm man gewöhnlich Brotteile für die Elefanten mit, Nüsse und Äpfel für Papageien und Affen, Semmeln für die Bären, Goldfische und Vögel. Leider gab es auch unvernünftige Besucher, die den Tieren Münzen hinwarfen, ein Straußenmännchen ging deshalb ein.

Nach wie vor erfreut sich der Schönbrunner Tiergarten großer Beliebtheit, und die gegenwärtige Verwaltung macht es sich zur Aufgabe, die Erhaltung der historischen Anlage mit moderner Tierhaltung und didaktisch interessanter Präsentation zu verbinden.

Der Tirolergarten

Der Tirolergarten im Waldgebiet des Großen Fasangartens am Schönbrunner Berg ist eine Schöpfung von Erzherzog Johann, der hier 1802 im Alter von 20 Jahren ein kleines natur- und volkskundliches Freilichtmuseum errichtete; eine Anlage in der sich romantische Naturschwärmerei mit naturwissenschaftlichen und volkswirtschaftlichen Interessen verband. Auch in der Folgezeit wurde der Tirolergarten von der kaiserlichen Familie als Refugium geschätzt, in dem man sich, etwas entfernt vom Schloß und von höfischer Etikette, ungezwungen bewegen konnte (Abb. 11).

Erzherzog Johann (1782–1859), war ein jüngerer Bruder Kaiser Franz II. Im Leben der Alpenbewohner sah er die Rousseauschen Ideale von Natürlichkeit, Einfachheit und Freiheitsliebe verwirklicht, die ganz im Gegensatz zur Arroganz und zum Intrigenspiel des höfischen Lebens standen. Seinen naturwissenschaftlichen Interessen entsprechend arbeitete der Erzherzog sein ganzes Leben lang an der Erforschung der wirtschaftlichen, geographischen und botanischen Situation der Alpenländer, mit dem Ziel, deren Wirtschaft zu fördern und die Lebensbedingungen der Menschen zu verbessern.

Nach zwei militärischen Inspektionsreisen durch Tirol in den Jahren 1800 und 1801, bei denen der junge Erzherzog das Land und die Menschen kennen und lieben gelernt hatte, errichtete er 1801/02 auf der Bergkuppe südlich der Schönbrunner Menagerie ein Anwesen im Tiroler Stil, bestehend aus einem Wohnhaus und einem Stadel in Blockbauweise, wo er eine Sammlung von Acker- und Hausgeräten unterbrachte und auch eine Viehwirtschaft einrichtete (Abb. 88).

Der Erzherzog wollte sogar, daß ein echter Senner aus der Schweiz dieses Anwesen bewirtschaften sollte, und bat deshalb seinen Freund, den Schweizer Historiker Johann Müller, in einem Brief, ihm einen solchen ausfindig zu machen: „. . . ich möchte gerne einen Burschen zwischen 20 und 30 Jahren daher kommen lassen, der unverheiratet, groß und wohl gewachsen wäre, von gutem sittlichen Betragen, hauptsächlich von strenger Treue und ächt schweyzerischem sinne, kurz ein Alpenhirte der die Sennerei gut verstände, das Käs-Butter- Schmalz-Erzeugnis, der auf dem Alphorn blasen könnte, der alles verstünde, was man auf den Alpen und hohen Tälern vonnöthen hat. Ich würde ihm

Abb. 88 Hieronymus Löschenkohl, Ansicht des Tirolerhauses um 1805

Wohnung, Holz, Licht und Kleidung und monathlich 18 Kaisergulden geben, er hätte bloß einen kleinen Garten mit einer kleinen Sennerey auf Schwyzer Art zu besorgen. Ich ließe ihn dabey immer in Landestracht. Sie würden mir einen großen Gefallen erzeugen, wenn sie mir einen solchen Ihrigen Landsmann verschaffen wollten." Dieses Vorhaben, das Tirolerhaus auch mit authentischem Personal zu bevölkern, wurde aber nicht verwirklicht. Eine Milchwirtschaft bestand jedoch bis zum Ende der Monarchie.

Südlich des Tirolerhauses legte Erzherzog Johann gemeinsam mit seinen Brüdern Anton und Rainer den ersten österreichische Alpengarten an. Sie wählten eine schattige Felsengrube, die nur morgens Sonne bekam, damit die Alpenpflanzen ähnliche klimatische Bedingungen vorfinden sollten wie im Gebirge.

Die Pflanzen hatten die drei Erzherzoge im Gebiet von Schneeberg, Ötscher und Hochschwab selbst gesammelt. Dieser Alpengarten bestand aber nur wenige Jahre. 1952–1954 wurde auf dem Areal des Alpengartens die Bundesforstliche Versuchsanstalt errichtet.

Außerdem gab es im Tirolergarten eine Abteilung mit Heilkräutern, Nutz- und Färberpflanzen sowie ein kleines chemisches Labor und einen Obstgarten, wo Erzherzog Johann und seine Brüder mit der Veredelung von Obstbäumen experimentierten.

Der Herzog von Reichstadt (1811–1832), Sohn Napoleons und der Erzherzogin Luise, wurde nach der Verbannung seines Vaters in Wien erzogen. Er war ein Neffe des Erzherzogs Johann. Wie alle Angehörigen des Hauses Habsburg mußte er ein Handwerk erlernen, er entschied sich für die Gärtnerei. Im Tirolergarten erhielt er ein eingezäuntes Stück Garten, wo er 1818/19 zusammen mit seinem Lehrer ein Blockhaus baute, über dem ein Hügel augeschüttet wurde und welches den Namen „Robinsonhöhle des Herzogs von Reichstadt" erhielt.

Auch Kaiser Franz Joseph verbrachte seit frühester Kindheit und bis ins hohe Alter viel Zeit im Tirolergarten, der bis 1918 ein abgesperrter Privatbereich der kaiserlichen Familie war. Durch den Tirolergarten und das Maxingtürl in der Parkmauer konnte der Kaiser ungesehen in die Gloriettegasse Nr. 9 gelangen, um die Schauspielerin Katharina Schratt zu besuchen. Um 1865 erhielt Kronprinz Rudolf (1858–1889) eine kleine Alpenhütte unweit des Tirolerhauses, wo die Kinder der Kaiserfamilie ländliches Leben kennenlernen und ausprobieren sollten.

Um 1874 wurden am Tirolerhaus und 1895 am Stadel Erneuerungen geplant. Ob sie auch durchgeführt wurden, läßt sich heute nicht mehr feststellen.

Im Tiroler Stadel wurden bis 1920 Kühe gehalten. Besonders Kaiserin Elisabeth legte großen Wert auf frische Milch. Am 29. September 1895 berichtet der Kaiser seiner Frau in einem Brief über einen Spaziergang mit Katharina Schratt: „Gestern waren wir im Tirolergarten, wo wir die beiden Kühe, Deinem Befehle gemäß, ansahen, die mir sehr gut gefielen. Auch kosteten wir kuhwarme Milch von der Kuh aus Aix les Bains, die ich besonders gut fand. Es war keine Zeit auch die andere Kuh melken zu lassen, da ich in die Stadt mußte, aber heute nach der 7 Uhr Messe kommt von jeder der beiden Kühe eine Flasche Milch zur Freundin (Katharina Schratt), um daß wir kosten können."

Nach dem Ende der Monarchie wurde der Tirolergarten ab 1920 als Meierei-Restaurant an Kommerzialrat Willy Leupold verpachtet und das Innere der

Abb. 89 Das Tirolerhaus als Gaststätte in der Zwischenkriegszeit

beiden Häuser für den Restaurantbetrieb adaptiert. Das Äußere blieb vorläufig unverändert (Abb. 89).

Mit der Zunahme der Besucher wurden an die beiden Häuser Veranden bzw. zusätzliche Wirtschaftstrakte angebaut und im Garten Sitzterrassen angelegt sowie ein Musikpavillon errichtet. Der größte An- und Umbau erfolgte 1962. 1973 wurde die Pacht der Familie Leupold aufgelöst. 1979 machte die Schloßhauptmannschaft Schönbrunn einen letzten, leider erfolglosen Versuch, die Gaststätte zu beleben. 1984 entschloß man sich, die Restaurantbauten und die beiden baufälligen Tirolerhäuser abzutragen und das Holz für den Wiederaufbau zu lagern. Bedauerlicherweise verschwand der Großteil des gelagerten Holzes im Laufe der Jahre, sodaß ein Wiederaufbau der Tirolerhäuser aus dem originalen Material nicht mehr möglich war.

1993 wurde das Areal des Tirolergartens dem Tiergarten einverleibt und in den Jahren 1993/94 übertrug man ein Bauernhaus des 18. Jahrhunderts aus Brandenberg in Tirol, welches der Besitzer abreißen wollte, in den Tirolergarten und richtete hier eine Abteilung zur Haltung historischer gefährdeter Haustierrassen ein.

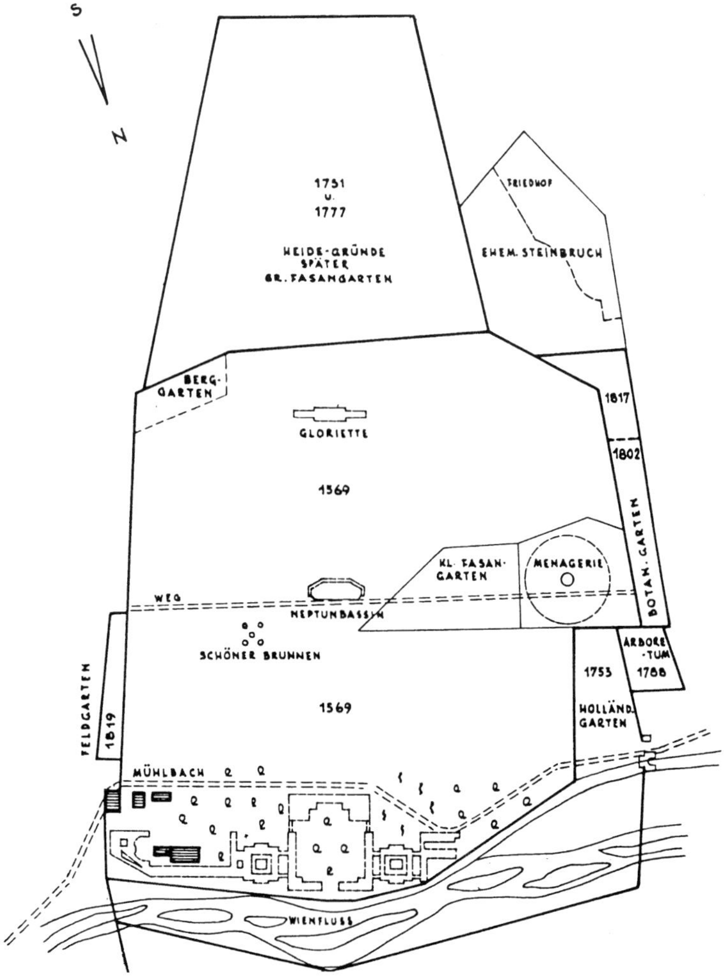

Abb. 90 Die Grunderwerbungen von Schönbrunn

STAMMTAFEL DES HAUSES ÖSTERREICH

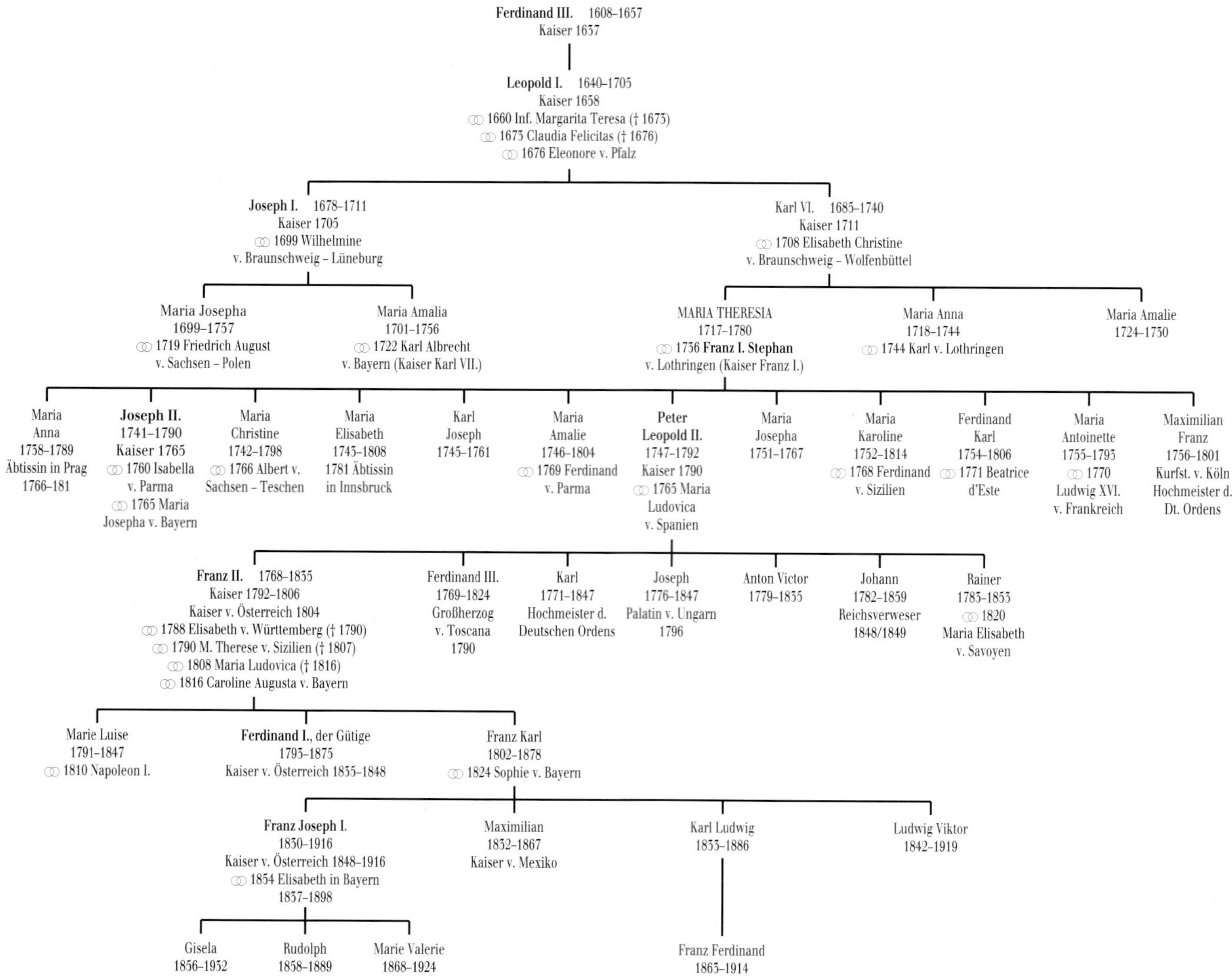

Verzeichnis der Abbildungen

Abkürzungen:

BDA	= Bundesdenkmalamt
BGV	= Bundesgartenverwaltung Schönbrunn, Planarchiv
Historisches Museum	= Historisches Museum der Stadt Wien
ÖNB	= Österreichische Nationalbibliothek

Ein vollständiger, von der Autorin verfaßter Katalog aller historischen Pläne und alten Ansichten befindet sich in zwei Bänden im Parkpflegewerk Schönbrunn, Manuskript in der Bibliothek des Bundesdenkmalamtes Wien.

1. Das zweite Projekt zu Schönbrunn von J. B. Fischer von Erlach um 1696, Kupferstich von Johann Ulrich Kraus aus dem Werk „Entwurf einer historischen Architektur" von J. B. Fischer von Erlach, 1721, Buch 4, Tafel 3
2. Entwurfsplan für das Große Parterre mit den angrenzenden Bosketten und den Schönbrunner Berg um 1750; BGV; Foto BDA
3. „Carte des Environs de Schönbrunn . . ." 1754/55, von Jean Brequin; ÖNB-Kartensammlung
4. Der kaiserliche Lust- und Tiergarten Schönbrunn, erschienen in der Bildtopographie Niederösterreichs von G. M. Vischer, 1672
5. Das erste Projekt zu Schönbrunn von Johann Bernhard Fischer von Erlach um 1690, Kupferstich von J. A. Delsenbach aus dem Werk „Entwurf einer historischen Architektur" von J. B. Fischer von Erlach, 1721, Buch 4, Tafel 2
6. Kaiser Franz Stephan I. und Kaiserin Maria Theresia bei der Gartenarbeit, Tuschzeichnung von Franz Walter, spätes 18. Jahrhundert; ÖNB-Bildarchiv
7. Das Gartenparterre von Schloß Schönbrunn, Gemälde von Bernardo Bellotto genannt Canaletto, um 1760; Kunsthistorisches Museum Wien
8. Plan der gesamten Anlage Schönbrunn von Franz Boos, 1780; ÖNB-Kartensammlung; Foto ÖNB-Bildarchiv
9. Das Hundertjahr-Jubiläum des Maria-Theresien-Ordens 1857, Gemälde von Fritz d'Allemand 1865; Schloß Schönbrunn, Billardzimmer
10. Ausschnitt aus einem Gesamtplan der Schönbrunner Gärten um 1865; BGV
11. Plan „k. k. Hofgarten Schönbrunn", 1908, Lithographie von Ofner; BGV
12. Ansichtskarte aus Schönbrunn, Vorder- und Rückseite, um 1910; im Besitz der Autorin
13. „Das Tatoo in Schönbrunn", von O. Laske, 1946; Historisches Museum Inv. Nr. 75.384
14. Grundriß zum zweiten Projekt für Schönbrunn von J. B. Fischer von Erlach, um 1796, Kupferstich aus dem Werk „Entwurf einer historischen Architektur" von J. B. Fischer von Erlach, 1721, Buch 4,Tafel 4
15. Die Hofseite des Schlosses Schönbrunn, Gemälde von Bernardo Bellotto, genannt Canaletto, 1759; Kunsthistorisches Museum Wien
16. „Der Eingang in das Schloß Schönbrunn", Kupferstich von Carl Schütz, Wien 1783; Historisches Museum Inv. Nr. 19.128
17. Der Ehrenhof, Fotographie von Ledermann, um 1900; ÖNB-Bildarchiv Neg. Nr. 293.270-B/C

18. Kammergarten der Kaiserin Wilhelmine Amalia, Kupferstich um 1720; Albertina, Sammlung Karajan, Band 55/4
19. Entwurf zu den Meidlinger Kammergärten um 1745; Albertina, Az. Nr. 9.605, Mappe 39/U. 10/Nr. 40
20. Entwurf für Treillagebauten um 1750; Planarchiv der Kultur- und Betriebsgesellschaft Schloß Schönbrunn; Foto BDA
21. Garten des Erzherzogs Anton in Schönbrunn, Plan von Hofbauinspektor Dini 1803; Albertina Az. Nr. 4.800, Mappe 39/U. 12/Nr. 52
22. Hietzinger Kammergarten, Fotographie um 1900; Historisches Museum Inv. Nr. 106.677/3
23. Hietzinger Kammergarten, Fotographie um 1925: ÖNB-Bildarchiv Neg. Nr. L 8.479-D
24. Reitschulgarten, Fotographie von 1910, ÖNB-Bildarchiv Neg. Nr. PCH 2.374
25. Die kaiserliche Orangerie in Schönbrunn, Kupferstich um 1720; Albertina, Sammlung Karajan, Band 55/4
26. Orangerie und Treibobstgarten, Kupferstich um 1820, erschienen bei Artaria Wien; Historisches Museum Inv. Nr. 19.829
27. Frühlingsfest in der Orangerie 1785, Kupferstich von Hieronymus Löschenkohl; Historisches Museum Inv. Nr. 49.631; Foto BDA
28. Soupé für den russischen Thronfolger in der Orangerie 1839, erschienen in: Franz Wolf und Friedrich Weißenbach (Hg.) „Journal pittoresque . . .“; Albertina Inv. Nr. D-456; Foto ÖNB-Bildarchiv Neg. Nr. NB 504.363-C
29. Broderiefeld im Großen Parterre, Kupferstich um 1720; Albertina, Sammlung Karajan, Band 55/4
30. Plan des Parterres von J. Hätzl um 1746/50, Albertina Az. Nr. 9.611, Mappe 39/U. 10/Nr. 38
31. Entwurf für die Beschneidung der Kastanienalleen von Nicolaus Pacassi um 1746/50; Albertina Az. Nr. 9.611, Mappe39/U. 10/Nr. 39
32. Entwurf für das Große Parterre, um 1750; BGV
33. Gärtner beim Beschneiden eines Formbäumchens, Ausschnitt aus Abb. 7
34. Vornehme Gesellschaft im Großen Parterre, Ausschnitt aus Abb. 7
35. Entwurf einer Pumpmaschine für den Schönbrunner Berg von Jean Brequin, 1772; Albertina Az. Nr. 8.816, Mappe 40/U. 20/Nr. 91
36. Projekt zur Verschönerung des Schönbrunner Berges von Johann Ferdinand Hetzendorf von Hohenberg um 1770; Albertina Az. Nr. 8.816, Mappe 39/U. 8/Nr. 30
37. Plan zur Ausgestaltung des Großen Parterres und des Schönbrunner Berges, von Carl Schütz nach Ideen von Johann Ferdinand Hetzendorf von Hohenberg, um 1772; Akademie der Bildenden Künste, Kupferstichkabinett
38. Plan für den Glorietteberg von J. F. Hetzendorf von Hohenberg, Kupferstich um 1780, wahrscheinlich von Carl Schütz; Historisches Museum Inv. Nr. 45.551; Foto BDA
39. „Das k. k. Lustschloß Schönbrunn von der Gartenseite“, um 1810/20; Historisches Museum Inv. Nr. 19.152
40. Entwurf für ein Parterrefeld von Anton Umlauft, um 1900; BGV; Foto BDA
41. Großes Parterre, kolorierte Fotographie um 1900; Historisches Museum Inv. Nr. 106.263/5

42. Neptunbrunnen und Gloriette, Stahlstich von J. Rohbock um 1860, erschienen in: A. Ruthner, Das Kaisertum Österreich in malerischen Originalansichten, 1871, (Neudruck 1985, hrsg. von Ingo Nebehay und R. Wagner); Foto ÖNB-Bildarchiv
43. Das Fest in Schönbrunn zu Ehren des Zaren Alexander II. am 3. Juni 1873, Xylogr. nach Zeichnung von V. Katzler, publiziert in der Zeitschrift „Über Land und Meer" Jg. XV, S. 821; Foto ÖNB-Bildarchiv
44. Pirutschade zu Ehren des Großherzogs von Hessen, 16. Mai 1893, Hochdruck nach Zeichnung von Franz Kollarz, publ. in: „Das interessante Blatt" 1893, Nr. 1; Foto ÖNB-Bildarchiv
45. Titelblatt zum II. Teil des Werks „Österreichs Merkwürdigkeiten die Bild- und Baukunst betreffend" von Wilhelm Beyer, Wien 1779
46. Bacchantin aus dem Werk „Österreichs Merkwürdigkeiten die Bild- und Baukunst betreffend" von Wilhelm Beyer, Wien 1779
47. Artemisia, Statue im Großen Parterre; Foto B. Hajós
48. Die Flucht aus Troja, Statuengruppe im Großen Parterre; Foto B. Hajós
49. Angerona, Statue im Großen Parterre; Foto B. Hajós
50. Jason, Statue im Großen Parterre; Foto B. Hajós
51. Hygieia, Statue im Großen Parterre; Foto B. Hajós
52. Vestalin, Statue im Großen Parterre; Foto B. Hajós
53. Paris, Statue im Großen Parterre; Foto B. Hajós
54. Hannibal, Statue im Großen Parterre; Foto B. Hajós
55. Meleager, Statue im Großen Parterre; Foto B. Hajós
56. Sibylle, Statue im Großen Parterre; Foto B. Hajós
57. Herkules, Statue im Großen Parterre; Foto B. Hajós
58. Perseus, Statue im Großen Parterre; Foto B. Hajós
59. Fabius Cunctator, Statue im Großen Paterre; Foto B. Hajós
60. Flora, Statue im Großen Parterre; Foto B. Hajós
61. Paris und Helena, Statue im Großen Parterre; Foto B. Hajós
62. Mucius Scaevola, Statue im Großen Parterre; Foto B. Hajós
63. Das östliche Najadenrondeau, kolorierter Kupferstich von L. Janscha und J. Ziegler, um 1790; Historisches Museum Inv. Nr. 64.318
64. Östliches Najadenbassin und Ruinenallee, Fotographie von Ledermann um 1900; ÖNB-Bildarchiv Neg. Nr. 293.241-B/C
65. Parade des k. k. Husarenregiments Nr. 1 in der Lichten Allee, am 6. Juni 1908, Fotographie; ÖNB-Bildarchiv
66. Schneidegerüst in der Lichten Allee; Foto B. Hajós
67. Plan der Gesamtanlage Schönbrunn, um 1770/76; Albertina Az. Nr. 5.501, Mappe 39/ U. 6/Nr. 24; Foto ÖNB-Bildarchiv Neg. Nr. ALB 46.001-C
68. Vogelschau der Gesamtanlage von Osten, Lithographie von Rudolf von Alt um 1850; Historisches Museum Inv. Nr. 50.512; Foto BDA
69. Denkmal für Marie Caroline von Neapel und ihre vier Kinder; Foto B. Hajós
70. Die Erzherzoge Franz Joseph, Ferdinand Max und Karl Ludwig beim Pavillon an der Meidlinger Vertiefung, Aquarell von Peter Fendi um 1840; Privatbesitz
71. Die Nymphe Egeria im Schönen Brunnen; Postkarte im Besitz der Autorin

72. Der Engelbrunnen, kolorierter Kupferstich von J. Jaschke, 1821; Historisches Museum Inv. Nr. 59.164
73. Der Obeliskbrunnen, Kupferstich von Carl Schütz um 1780; Historisches Museum Inv. Nr. 186.513; Foto BDA
74. Die Ruine, Kupferstich von Carl Schütz um 1780; Historisches Museum Inv. Nr. 186.513; Foto BDA
75. Die westliche Hälfte der Schönbrunner Gärten, Ausschnitt aus Abb. 8
76. Der Irrgarten um 1750, Ausschnitt aus Abb. 2
77. Diana, Statue im Hietzinger Boskettbereich; Foto B. Hajós
78. Apoll, Statue im Hietzinger Boskettbereich; Foto B. Hajós
79. Das Monument des Kaisers Franz Stephan im Holländischen Garten, Federzeichnung von Christian Brand, 1775; Albertina; Foto ÖNB-Bildarchiv Neg. Nr. ALB 42.781-D
80. Grundriß des „Holländischen Gartens" um 1753; Albertina Az. Nr. 5.510, Mappe 40/U. 18/ Nr. 77
81. Die Schönbrunner Gewächshäuser, erschienen in: A. de Laborde, „Voyage pittoresque en Autriche", Paris 1821, Bd. 2
82. Der„Hof Pflanzen Garten", Plan um 1860; BGV; Foto BDA
83. Das Große Palmenhaus, Fotographie um 1900; ÖNB-Bildarchiv
84. Grundriß des Palmenhausgartens, mit Stempel der Bauunternehmung Redlich & Berger, um 1880; BGV; Foto BDA
85. Das Innere des Großen Palmenhauses, Fotographie von Baron Stillfried, k. k. Hoffotograf, um 1900; Historisches Museum Inv. Nr. 19.191/2
86. Plan für die Menagerie von Nicolas Jadot, um 1750; Albertina
87. Die Giraffe in Schönbrunn, Kupferstich von E. Gurk, erschienen bei Tranquillo Mollo, Wien um 1830
88. Ansicht des Tirolerhauses von Hieronymus Löschenkohl, um 1805; Historisches Museum Inv. Nr. 124.652
89. Das Tirolerhaus als Gaststätte in der Zwischenkriegszeit; Postkarte im Besitz der Autorin
90. Die Grunderwerbungen von Schönbrunn; aus Glaser

Verzeichnis der Farbtafeln

I. Das Gartenparterre von Schloß Schönbrunn, Gemälde von Bernardo Bellotto genannt Canaletto um 1760 (Ausschnitt); Kunsthistorisches Museum Wien

II. Entwurf für die Gestaltung des Schönbrunner Berges um 1750/60; Historisches Museum Inv. Nr. 106.267

III. Entwurf für die Gestaltung des Schönbrunner Berges um 1770; Albertina, Az. 5.512 Mappe 39/U. 8/Nr. 32

IV. Franz Boos, Plan der Gesamtanlage Schönbrunn (Ausschnitt), 1780; ÖNB-Kartensammlung

V. Der Obeliskbrunnen, kolorierter Kupferstich von Laurenz Janscha und Josef Ziegler, um 1790; Historisches Museum Inv. Nr. 19.185

VI. „Die Ruine in dem Garten des k. k. Lustschlosses Schönbrunn", kolorierter Kupferstich von Laurenz Janscha und Josef Ziegler 1785; Historisches Museum Inv. Nr. 64.310

VII. Plan des Botanischen Gartens, um 1830; BGV

VIII. Vorschlag für die Bepflanzung eines Parterrefeldes im Großen Parterre, um 1900; Österr. Haus-, Hof- und Staatsarchiv

IX. Heckenschnitt in der Finsteren Allee; Foto M. Cremer

X. Pavillon im Hietzinger Kammergarten; Foto B. Hajós

XI. Barocke Vase im Hietzinger Kammergarten; Foto B. Hajós

XII. Das Taubenhaus; Foto B. Hajós

XIII. Rhea Kybele, gegenüber dem Schönen Brunnen, von Beyer; Foto B. Hajós

XIV. Cincinnatus, neben dem Engelbrunnen, von Beyer; Foto B. Hajós

XV. Steinvase im östlichen Najadenrondeau, von Hagenauer; Foto B. Hajós

XVI. Das Große Palmenhaus; Foto B. Hajós

Literaturverzeichnis

ALBON, Eugen Baron d', Vom Kaiser, Wien 1909

BERNOULLI, Johann, Sammlung kurzer Reisebeschreibungen und anderer zur Erweiterung der Länder- und Menschenkenntniß dienender Nachrichten, Band 14, Berlin/Leipzig 1784, S. 51–73

BEYER, Wilhelm, Österreichs Merkwürdigkeiten die Bild- und Baukunst betreffend, Wien 1779

CORTI, Egon Caesar Conte, Vom Kind zum Kaiser. Kindheit und erste Jugend Kaiser Franz Josephs I. und seiner Geschwister, Graz/Salzburg/Wien 1950

DENNERLEIN, Ingrid, Die Gartenkunst des Regénce und des Rokoko in Frankreich, Worms 1981

DERNJAC, Josef, Zur Geschichte von Schönbrunn, Wien 1885

DEZALLIER D' ARGENVILLE, Antoine Joseph, La Théorie et la Pratique du Jardinage, Paris ab 1709 (insgesamt 11 Auflagen bis 1760). Nachdruck der Auflage von 1760, Hildesheim/NewYork 1972

DEZALLIER D' ARGENVILLE, Antoine Joseph/DANREITER, Franz Anton, Die Gärtnerei sowohl in ihrer Theorie oder Betrachtung als Praxi oder Übung . . ., Augsburg 1931. (Die dritte Auflage von Dezalliers Gartentheorie erschien 1722 unter dem Namen des Zeichners der Illustrationen, Alexander Le Blond. Diese Auflage wurde von Danreiter ins Deutsche übersetzt.) Neudruck Leipzig 1986 (Hg. Harri Günther)

ERNST, Josef, Geschichte des k. k. Lustschlosses Schönbrunn, Wien 1906

ERNST, Otto (Hg.), Franz Joseph I. in seinen Briefen, Wien 1924

FLEISCHER, Julius, Das kunstgeschichtliche Material in den staatlichen Archiven Wiens von 1705–1790, Wien 1932

FREUDENREICH, Josef, Das k. k. Lustschloß Schönbrunn, dessen Geschichte sowie Erläuterungen über die im Bereiche des Parks errichteten Bau- und Bildhauerwerke, Wien 1873

GAHEIS, Franz de Paula-Anton, Spazierfahrten in die Gegenden um Wien, Bd. 4, Wien 1794, S. 1–53

GÄRTNERISCHE RUNDSCHAU, Wien, Jg. 1902 – März, S. 17–19, „Aus Schönbrunn“

GLASER, Josef, Schönbrunner Chronik, Wien 1969

GOTHEIN, Marie Louise, Geschichte der Gartenkunst, Bd. 2, Jena 1926, S. 250–255

HAINISCH, Erwin, Der Architekt Johann Ferdinand Hetzendorf von Hohenberg, Wien 1949

HAJOS, Beatrix und MANG, Brigitte, Schönbrunn, in: Historische Gärten in Österreich, Wien/Köln/Weimar 1993 (Konzept u. Red. Geza Hajos), S. 257–274

HAJOS, Beatrix, Die Schönbrunner Ruine zwischen kaiserlicher Propaganda und bürgerlicher Sentimentalität, in: Programmheft des Festivals „Mozart in Schönbrunn“, Juli 1994, S. 24–29

HAJOS, Géza, Schönbrunn, Wiener Geschichtsbücher Bd. 18, Wien 1976

Hajos, Géza, Rezension zu Reinhard Zimmermann. Künstliche Ruinen, Wiesbaden 1989, in: Österreichische Zeitschrift für Kunst und Denkmalpflege Jg. XLIV Heft 1/2, 1990, S. 128–131

Hajos, Géza, Schönbrunner Gartenkonzepte zur Zeit von Kaiser Franz Stephan I., in: Kunsthistorisches Jahrbuch Graz Jg. 25, 1993, S. 338–351

Hamann, Brigitte (Hg.), Meine liebe gute Freundin, Briefe Kaiser Franz Josephs an Katharina Schratt, Wien 1992

Hansmann, Wilfried, Gartenkunst der Renaissance und des Barock, Köln 1983

Hansmann, Wilfried, Parterres: Entwicklung, Typen, Elemente, in: Gartendenkmalpflege, Stuttgart 1985 (Hg. Dieter Hennebo), S. 141–173

Hefka, Anton, Ein Steingarten für Schönbrunn, in: Zeitschrift für Gärtner und Gartenfreunde Jg. 9, Wien 1913, S. 139 f.

Hennebo, Dieter und Hoffmann, Alfred, Der architektonische Garten. Renaissance und Barock (Geschichte der deutschen Gartenkunst, Bd. 2) Hamburg 1965

Höhle, Eva Maria, Die Schönbrunner Ruine, in: Katalog der Ausstellung „Zauber, der Medusa" (Hg. Werner Hofmann), Wien 1987, S. 436 f.

Holzschuh-Hofer, Renate, Der Relieffries an der Römischen Ruine in Schönbrunn, in: Katalog der Ausstellung des Kunsthistorischen Museums „Fürstenhöfe der Renaissance – Giulio Romano und die klassische Tradition", Wien 1989/90, S. 370–373

Jong, Erik de, „Een Teycken van den soeten vreed". Zur Interpretation des „Eisernen Mannes" am Springenberg, in: Katalog der Ausstellung „Soweit der Erdkreis reicht", Johann Moritz von Nassau-Siegen 1604–1679, Städtisches Museum Haus Koekkoek Kleve 1979, S. 195–204

Khevenhüller-Metsch, Johann Josef, Aus der Zeit Maria Theresias, Tagebücher 1742–1776, hrsg. Wien/Leipzig ab 1907

Knöbl, Herbert, Das Neugebäude und sein baulicher Zusammenhang mit Schönbrunn, Wien, 1988

Kobald, Karl, Schloß Schönbrunn, Wien 1924

Kohlmaier, Georg und Sartory, Barna von, Das Glashaus, ein Bautypus des 19. Jahrhunderts, München 1981

Kronfeld, Ernst Moritz, Österreichs Gartenbau unter Kaiser Franz Joseph I., in: Zeitschrift für Gärtner und Gartenfreunde Jg. 6, Wien 1910, S. 185–188

Kronfeld, Ernst Moritz, Park und Garten von Schönbrunn, Wien 1923

Kronfeld, Ernst Moritz, Wer vollendet Schönbrunn?, in: Festschrift der Österreichischen Gartenbaugesellschaft 1827–1927, Wien 1927, S. 80–88

Kugler, Georg und Trumler, Georg, Schönbrunn, Wien 1986

Lang, Karl Heinrich Ritter von, Skizzen aus meinem Leben und Wirken, meinen Reisen und meiner Zeit, München 1881

Lehne, Andreas, Zur Restaurierung des Schönbrunner Palmenhauses, in: Österreichische Zeitschrift für Kunst und Denkmalpflege Jg. XLIV Heft 1/2, 1990, S. 80–83

Leitich, Hans Christian, Isidor Canevale, Architekt 1730–1786. Monographische Vorarbeiten mit Schwerpunkt Österreich, Diplomarbeit am Institut für Kunstgeschichte der Universität Wien (voraussichtlicher Abschluß Herbst 1995)

Leitner, Quirin und Reichardt Heinrich Wilhelm, Monographie des kaiserlichen Lustschlosses Schönbrunn, Wien 1875

Metastasio, Pietro, La deliziosa Imperial Residenza di Schönbrunn, Wien 1776

Morachiello, Pietro, Schönbrunn: Privattheater aus Fragmenten, in: Monique Mosser und Georges Teyssot, Die Gartenkunst des Abendlandes. Von der Renaissance zur Gegenwart, Stuttgart 1993, S. 191–193

Neubauer, Erika, Die Gartenanlage [von Schönbrunn], in: Ausstellungskatalog Maria Theresia und ihre Zeit, Wien 1980 (Hg. Walter Koschatzky), S. 520 f.

Nicolai, Friedrich, Beschreibung einer Reise durch Deutschland und die Schweiz im Jahre 1781, Bd. 3, Berlin 1784, S. 85–95

Oehler, Josef, Beschreibung des kaiserlichen Lustschlosses Schönbrunn und des dabey befindlichen Gartens, Wien 1805

Pillich, Walter, Jean Trehet. Ein französischer Künstler im Dienst des Wiener Hofes 1686–1740, in: Jahrbuch des Vereins für Geschichte der Stadt Wien, Bd. 12, 1955/56, S. 130–144

Pradel, Mario Molin, Das Schloß Schönbrunn in Wien, M. Pawlak Verlagsges., Hersching 1989

Raschauer, Oskar, Die Innenausstattung des Lustschlosses Schönbrunn. Ungedruckte Dissertation der Universität Wien, Phil. Fakultät, 1926

Raschauer, Oskar, Die Orangerie zu Schönbrunn, in: Österreichische Zeitschrift für Kunst und Denkmalpflege, Jg. XII 1958, S. 21–28

Raschauer, Oskar, Schönbrunn. Eine denkmalkundliche Darstellung seiner Baugeschichte – Der Schloßbau Kaiser Josephs I., Wien 1960

Realis (Pseud. für Gerhard Dützele von Coeckelberg), Das k. k. Lustschloß Schönbrunn, Wien 1846

Riedl, Harald, Heinrich Wilhelm Schott, in: Annalen des Naturhistorischen Museums Wien, 68. Band 1964, S. 3–8

Schedler, Uta, Die Statuenzyklen in den Schloßgärten von Schönbrunn und Nymphenburg, Hildesheim/Zürich/New York 1985

Schmidl, Adolf, Wiens Umgebungen auf 20 Stunden im Umkreis, Wien 1839, S. 23–83

Schmidl, Adolf, Schönbrunns Pflanzengarten und Menagerie. Beilage zur 7. Auflage von „Wien und seine nächsten Umgebungen", Wien 1858

Schmidt, Justus, Voltaire und Maria Theresia, in: Mitteilungen des Vereins für Geschichte der Stadt Wien Jg. XI, 1931, Sonderdruck Wien 1931

Schmitt, Sigurd, Johann Bernhard Fischer von Erlach, Schloß Schönbrunn in Wien. Studien über Schönbrunn I und Schönbrunn II, München 1990

Schreiber, Georg, Schönbrunn, Wien 1989

STURMFEDER, Louise Baronin, Die Kindheit unseres Kaisers. Briefe der Aja seiner Majestät aus den Jahren 1830–1840

TIETZE, Hans, Österreichische Kunsttopographie Bd. 2, (Wien XI.–XXI. Bezirk), S. 175–189

UMLAUFT, Anton, Schönbrunn. Seine Gärten und ihre Geschichte, Wien 1894. Dieser Aufsatz ist auch erschienen in: Richard Wettstein, Die botanischen Anstalten Wiens, Wien 1894

UMLAUFT, Anton, Die Regenerierung alter Parkanlagen, in: Zeitschrift für Gärtner und Gartenfreunde (hrsg. vom Verein der Gärtner und Gartenfreunde in Hietzing), Jg. 3, Wien 1907, S. 137 f., 157–159, 181 f.

URBAN, Leopold, Die Orangerie von Schönbrunn. Diplomarbeit am Institut für Kunstgeschichte der Universität Wien, 1992

WELLER, Franz, Die kaiserlichen Burgen und Schlösser, Wien 1880, S. 207–241, 27

WIDEMANN, Josef, Mahlerische Streifzüge durch die interessantesten Gegenden um Wien, Bd. 3, Wien 1807, S. 64–158

ZIMMERMANN, Reinhard, Künstliche Ruinen, Studien zu ihrer Bedeutung und Form, Wiesbaden 1989

Register der Personen und mythologischen Gestalten

Aeneas 33, 35, 112
Aeskulap 128
Alexander der Große 22, 138, 148
Alexander II. (Zar) 101, 104
Allemand, Fritz l' 34, 104
Alt, Rudolf von 152
Amphion 136
Amphitrite 62
Anchises 112
Angerona 114 f.
Anton (Ehz.) 36, 60, 181, 212 f.
Apollo 22, 118, 138, 176, 178 f.
Artemisia 108, 112
Aspasia 116
Athene (siehe Minerva)
Augustus (Ks.) 35

Bacchus 111
Bellona 134
Bellotto, Bernardo (Canaletto) 29, 49 f., 82, 84 ff., 141, 155, 173, 175
Beyer, Johann Christian Wilhelm 32, 50, 64, 87, 89, 93, 105 ff., 114, 116 ff., 124, 128, 132, 134, 137, 146, 158, 161 ff., 168
Blondel, J. F. 204
Boos, Franz 33, 38, 89, 186, 189 ff., 205 f.
Boos, Roman Anton 107
Brachetka, Julius 209
Brand, Johann Christian 182, 185 f.
Bredemayer, Franz 38, 186 f.
Brequin de Demange, Jean 17, 27, 61, 82, 88, 141

Caesar, Julius 35, 112
Canaletto (siehe Bellotto)
Canevale, Isidore 32, 100, 158
Céré, Nicolas 188
Ceres 62, 111
Chulalongkorn von Siam (Kg.) 104
Cinncinatus, Lucius Quinctius 138, 162 f.
Colin, Alexander 74

Daniel (Prophet) 22, 33
Diana 64, 138, 177 f.
Dini (Hofbauinspektor) 60

Egeria 32, 138, 158 f.
Eleonora von Gonzaga (Ksn.) 19
Eleonora von Mantua (Ksn.) 19 f.
Elisabeth (Ksn.) 52, 68, 205, 213
Ender, Thomas 190
Engelhardt, Michael 209
Erytheis 137
Eugen von Savoyen (Prinz) 62, 204
Eurydike 138, 162

Fabius Cunctator 124, 132 f.
Farent, Dominik 74
Fendi, Peter 153 f.
Ferdinand (Ehz.) 100
Ferdinand Maximilian (siehe Maximilian von Mexiko)
Fiedler, Walter 209
Fischer von Erlach, Johann Bernhard 5, 21, 23 ff., 29, 35, 46 ff., 79 f., 145
Fischer, Johann Martin 107, 137
Flora 132 f.
Franz I. (II.) (Ks.) 36, 189, 192 ff., 195, 204, 210
Franz Joseph (Ks.) 38, 60, 68, 145, 153 f., 166, 210, 213
Franz Stephan (Ks.) 27, 29, 84, 182 f., 185, 194 ff., 202
Friedrich I. (Kg.) 185
Friedrich II. (Kg.) 35, 50
Friedrich III. (Ks.) 35 ff.
Fuxeder, Franz 204

Gervais, Louis 27, 53, 82
Gisela (Ehzn.) 153
Gottsched, Johann Christian 117
Grassi, Anton 107
Gridl, Fa. 198, 200
Günther, Joachim 107, 111
Gurk Eduard 207

Haberl-Calo, Sepp 161
Hadik, András (Gf.) 32
Hagenauer, Johann Baptist 48, 62, 107, 110, 120, 124, 128 f., 136, 138, 146, 176
Hannibal 122 ff.
Hätzl, Josef 80 f., 141
Helena 112, 134 f.
Henrici, Benedict 96, 107, 163, 168

Herkules 22, 69, 117, 129 ff., 168 f.
Hesperia 137
Hesperiden 69, 137
Hetzendorf von Hohenberg, Johann Ferdinand 30, 32, 84 f., 88, 90, 93 f., 96, 99, 146, 163, 165 ff., 205
Humboldt, Alexander 189
Hygieia 118 f.

Iris 63
Isabella von Parma 100, 148

Jacquin, Josef 194
Jacquin, Nicolas 185 f., 189, 194
Jadot, Jean Nicolas 27 ff., 53, 70, 202 ff.
Janscha, Lorenz 140
Janus 134
Jaschke, J. 160
Jason 114, 119
Johann (Ehz.) 36 f., 211 ff.
Joseph I. (Ks.) 23 ff., 50, 80
Joseph II. (Ks.) 35 f., 51, 74 f., 87, 89, 96, 100, 148, 186, 189 ff., 210
Julus 35, 112
Juno 63
Jupiter 33, 62

Kalliope 110
Karl der Große 35
Karl VI. (Ks.) 25
Karl von Lothringen 100
Karoline von Salerno 210
Kaunitz-Rietberg, Wenzel Anton (Fürst) 27, 30, 87, 180
Kempele, Wolfgang 87
Kinsky, Joseph (Gf.) 50
Kohl, Franz 59
Königer, Veit 107, 122, 129, 136
Kraus, Alois 208
Kybele (Rhea Kybele) 62, 138, 161 f.

Lang, Vinzenz 107
Laske, Oskar 44
Laudon, Gideon Ernst (Frh.) 51
Legler, Wilhelm 59
Leopold I. (Ks.) 20 f.
Leopold II. (Ks.) 189, 193
Leopoldine (Ehzn.) 190
Lessing, Gotthold Ephraim 76
Leupold, Willy 213
Linné, Carl von 181
Löschenkohl, Hieronymus 72, 76, 212
Lucrezia 110 f.
Ludwig Victor (Ehz.) 153
Ludwig XIV. (Kg.) 21 ff., 69, 204

Maly, Franz 190
Maria Beatrice d'Este (Ehzn.) 100
Maria Josepha von Bayern (Ksn.) 51
Maria Theresia (Ksn.) 27, 30, 32, 35 f., 47, 81, 87, 89, 92, 96, 98, 100, 102, 110, 117, 180, 185, 189, 195, 204
Maria von Burgund (Ksn.) 116
Marie Antoinette (Kgn.) 87, 102
Marie Caroline von Neapel (Kgn.) 148, 152 f.
Mars 136
Märter, Joseph 186 f.
Matthias (Ks.) 19, 157
Maximilian I. (Ks.) 116
Maximilian II. (Ks.) 19, 32, 202
Maximilian von Hannover (Prinz) 50
Maximilian von Mexiko (Ferdinand Maximilian) (Ks.) 153, 155, 166, 191
Medusa 117, 130, 132
Mehmed Ali 206
Meleager 64, 124 f.
Merkur 23, 126
Metastasio, Pietro 139, 144
Metternich, Klemens Lothar (Fürst) 180
Minerva (Athene) 116, 136
Mitsukito (Ks.) 200
Moll, Balthasar 185
Moll, Nikolaus 186
Mozart, Wolfgang Amadeus 76
Mucius Scaevola 135 f.
Müller, Johann 211

Napoleon Bonaparte (Ks.) 51 f.
Nasir-ed-Din, Schah von Persien 104
Neptun 32, 62, 92 f., 96, 112

Olympias 138, 148
Omphale 117
Ovid 124, 204

Pacassi, Nikolaus 27, 30, 47 f., 70
Paganini, Niccolo 206
Paris 112, 121 f., 134

Pechlaner, Helmut 209
Pedro von Brasilien (Ks.) 190
Perseus 130 ff.
Petter, Helmut 209
Philipp von Burgund 116
Piranesi, Giambattista 30, 84, 167
Platzer, Ignaz 107, 111, 126, 130
Plinius 108
Posch, Leonhard 107, 120
Prokop, Philipp Jakob 107, 112

Rainer (Ehz.) 212 f.
Reichstadt, Herzog von 210, 213
Resmi, Achmed Effendi 102, 210
Rhea Kybele (siehe Kybele)
Rohbock, L. 99
Rudolf, Kronprinz (Ehz.) 53, 122, 155

Salieri, Antonio 76
Schletterer, Jacob 107, 110
Scholl, Georg 189, 191, 206
Schot, Richard van der 29, 87, 183, 185 f., 193
Schott, Heinrich Wilhelm 38, 104, 180, 182, 190, 194, 196, 205, 208
Schratt, Katharina 68, 213
Schücht, Josef 188
Schütz, Carl 51, 85, 87, 164
Segenschmid, Franz Xaver 198
Shakespeare, William 15
Sibylle(n) 35, 127 f., 164
Siebold, Philipp Franz 200 f.
Sophie (Ehzn.) 52, 60, 158
Sphinx 50, 117
Stainville, Jacques Philippe Comte de 102
Staps, Friedrich 51 f.
Stekhoven, Adrian van 27, 29, 84, 158, 183, 185
Stephanie, Gottlieb 76
Stupicz, Matthias 186
Stürmer (Baron) 189
Suleiman Effendi 102, 210
Swieten, Gerard van 180

Tarquinius 110 f., 128
Tencalla, Pietro 19 f.
Thaler, Franz 148, 152
Thetis 95, 112
Trehet, Jean 23 f., 28, 79 f., 82, 141, 155 f.

Umlauft, Anton 39, 92, 97

Valerie (Ehzn.) 153
Venus 63
Vergil 33
Vetter, Adolf 38 f.
Vischer, Georg Matthäus 20
Vulcanus 63

Waagner Biró, Fa. 198
Wagner, Otto 145
Wawra, Heinrich von 190
Weinmüller, Josef 107, 117, 126
Welle, Philipp 190
Wilhelm von Oranien 185
Wilhelmine Amalie (Ksn.) 25, 53 f.
Winckelmann, Johann Jakob 105, 107
Windisch-Graetz, Elisabeth (Fürstin) 68

Zächerl, Franz 107, 168
Zauner, Franz Anton 48, 107, 191
Zhismann, Josef 122
Ziegler, Johann 140